Ulrike und Joachim Glatz
… in einer steinernen Urkunde lesen
Geschichts- und Erinnerungsorte in Rheinland-Pfalz

Ulrike und
Joachim Glatz

… in einer steinernen Urkunde lesen

Geschichts- und Erinnerungsorte in Rheinland-Pfalz

Nünnerich-Asmus
Verlag & Media

Bildnachweis

Hildegard von Bingen 1098–1179, Bischöfliches Dom- und Diözesanmuseum Mainz (Hildegard von Bingen)
Karl Moersch, Geschichte der Pfalz, Landau 1987, S. 312 (Pfalzgraf Johann Casimir)
Georg Holmsten, Freiherr vom Stein, Hamburg 1975, S. 113 (Freiherr vom Stein)
Schinderhannes – Prozess und Urteil 1803, Ausst. Kat. Mainz 2003, S. 44 (Schinderhannes)
Archiv Landesdenkmalpflege (GDKE) (Burg Rheinstein): Titelbild
Nach: TUBS, Wikimedia Commons, lizensiert unter Creative Commons Attribution 3.0 Unported, http://creativecommons.org/licenses/by/3.0/legalcode: S. 8
Katalog Mittelalterliche Werke aus dem Mainzer Raum, 1959, Abb. 6: S. 28
Worms, Institut für Stadtgeschichte: S. 40, 59
Die Autoren: S. 95, 177, 192
Mainz, Stadtarchiv: S. 108
Landau, Stadtholding: S. 204
Alle übrigen Abbildungen: Archiv Landesdenkmalpflege Mainz (GDKE)

208 Seiten mit 52 Abbildungen und 1 Karte

Titelabbildung: Hildegard von Bingen, Pfalzgraf Johann Casimir, Freiherr vom Stein, Schinderhannes, Burg Rheinstein

Bibliografische Information der Deutschen Nationalbibliothek

Die Deutsche Nationalbibliothek verzeichnet diese Publikation in der Deutschen Nationalbibliografie; detaillierte bibliografische Daten sind im Internet über http://dnb.d-nb.de abrufbar.

ISBN 978-3-943904-21-5

Gestaltung: Bild1Druck GmbH

Lektorat: Annette Nünnerich-Asmus, Frauke Itzerott, Mascha Schnellbacher

Gestaltung des Titelbildes: Scancomp GmbH

Printed by Nünnerich-Asmus Verlag & Media

Weitere Titel aus unserem Verlagsprogramm finden Sie unter: www.na-verlag.de

Inhaltsverzeichnis

Weitere Erinnerungsorte finden Sie hier:
oder unter www.na-verlag.de/wp-content/uploads/image/Weitere-Erinnerungsorte.pdf

Rolandsbogen
(Remagen-
Rolandseck)
Neuwied
Molsberg
Weißenthurm
Koblenz
Bad Ems
Oranienstein (Diez)
Nassau
Kobern
Rhens
Burg Eltz
(Wirschem)
Prüm
Schönau
(Strüth)
Kaub
Bacharach
Rheinstein
(Trechtingshausen)
Mainz
Ingelheim
Simmern
Mont Royal
(Traben-Trarbach)
Bingen
Bernkastel-Kues
Weilerbach
Sulzbach
Oppenheim
Hof
Iben (Fürfeld)
Disibodenberg
Trier
Meisenheim
Herrnsheim
(Worms)
Birkenfeld
Worms
Klause
Kastel
(Kastel)
Frankenthal
Oggersheim
(Ludwigshafen)
Neustadt
Speyer
Hambacher
Schloss (Neustadt)
Zweibrücken
Ludwigshöhe
(Edenkoben)
Hornbach
Trifels
(Annweiler)
Landau

VORWORT

„Wie in einer steinernen Urkunde konnte man die Geschichte der Stadt Mainz architektonisch und monumentarisch in dem Bau und Zusammenhange ihrer Straßen, Kirchen und Häuser … sehen und lesen.“ Mit diesen Worten beginnt Karl Anton Schaab den zweiten, 1844 erschienen Band seiner Geschichte der Stadt Mainz. Für ihn sind Baudenkmäler wichtige Zeugnisse, gebaute Geschichtsquellen. Sie sind Teil unserer Umwelt, wir sind auf Schritt und Tritt von ihnen umgeben. Zum Verstehen, zum Begreifen gehört das Wissen um Ereignisse, Persönlichkeiten eingebunden in den Kontext geschichtlicher Entwicklungen. Erst dann kann man die Aussagen der Kulturdenkmäler verstehen. Sie tragen bei zum kollektiven Gedächtnis einer Stadt, einer Region, letztlich des ganzen Landes. Denkmäler sind somit nicht nur Werke der Architektur oder Bildhauerei, sondern auch Vermittler von Geschichte und Erinnerung.

Das junge Bundesland Rheinland-Pfalz entstand nach dem Ende des Zweiten Weltkrieges hauptsächlich aus drei Provinzen von Bayern, Hessen und Preußen. Eine historische Kontinuität fehlte, die einzelnen Landesteile hatten ihre eigene wechselhafte Geschichte, die weit zurückreicht. So war diese Region zeitweise Kernland des Reiches, Schauplatz herausragender Ereignisse und Wirkungsstätte bedeutender Persönlichkeiten. Deshalb muss die Auswahl von rund 50 Geschichts- und Erinnerungsorten aus über 40.000 Kulturdenkmälern, die dieses Bundesland aufweist, zwangsläufig subjektiv sein. Manches Denkmal, das man erwartet, fehlt. Andere Erinnerungsorte überraschen vielleicht. Ziel ist es, die Vielfalt der Geschichtszeugnisse in den alten Kulturlandschaften an Rhein, Mosel und Lahn in diesem Bundesland widerzuspiegeln, vermittelt werden Geschichte und Geschichten hinter den Baudenkmälern, Menschen und ihre Schicksale. Schließlich sind sie wesentlicher Teil einer umfassenden Aussage.

Die Auswahl versucht alle Landesteile zu berücksichtigen, deshalb sind geschichtsträchtige Städte und Regionen immer nur beispielhaft vertreten. Bei Denkmälern mit einer langen und wechselvollen Geschichte wurde eine entscheidende Zeitschicht, verbunden mit einer Persönlichkeit, ausgewählt. So unterschiedlich wie die Erinnerungsorte sind auch deren Protagonisten.

Der behandelte Zeitraum beginnt nach dem Ende der römischen Zeit mit der fränkisch-karolingischen Epoche und reicht bis in die Zeit um und nach 1900, wobei der Erste Weltkrieg die Zäsur darstellt.

Die den Texten vorangestellten Zitate lassen Authentizität entstehen. Sie können von den betreffenden Personen oder aus der Entstehungszeit stammen, gelegentlich sind es prägnante Beschreibungen und Kommentare späterer Zeit. Die Texte werden ergänzt durch Schwarz-Weiß-Abbildungen, meist historische Aufnahmen, denn auch diese vermitteln Geschichte. Wo vorhanden, wurden dem Leser aktuelle Webadressen an die Hand gegeben.

Das Buch soll dazu anregen, Geschichts- und Erinnerungsorte in Rheinland-Pfalz aufzusuchen, Orte, die identitätsstiftend für eine Stadt oder eine Region sind, Persönlichkeiten kennenzulernen, die mit ihrem Wirken auf sehr unterschiedliche Weise Geschichte geschrieben haben.

DAS FRÜHE MITTELALTER – KONTINUITÄT UND NEUBEGINN

500 Jahre römische Herrschaft in unserem Raum von der Mitte des 1. Jhs. v. Chr. bis in das späte 5. Jh. hatten zu einer fast modern zu nennenden Infrastruktur mit Straßen, Grenzbefestigungen (Limes), Kastellen, Siedlungen und Städten mit funktionierenden Verwaltungen und Repräsentationsbauten geführt. Nach dem endgültigen Zusammenbruch der Römerherrschaft folgten Jahrhunderte des Niedergangs, wobei die kirchlichen Strukturen offensichtlich zum Teil fortdauerten; eine Kontinuität christlicher Gemeinden ist wahrscheinlich. Schon früh sind Bischöfe in Trier und bald darauf auch in Mainz nachweisbar. Politische Strukturen sind in dieser Zeit nicht fassbar, die kirchliche Organisation konnte hingegen wieder aufgenommen werden.

Die territoriale Einigung des fränkisch-merowingischen Reichsgebietes gelang Karl Martell. Mit der Regierungszeit Karls des Großen folgt der Höhepunkt an Machtkonzentration. Unter den karolingischen Herrschern wurde die Christianisierung weiter vorangebracht. Wandernde Mönche gründeten Klöster, die zu wirtschaftlichen und kulturellen Zentren wurden, aber auch der Sicherung der Königsherrschaft dienten. Im Reichsgebiet entstanden Pfalzen, in denen die Herrscher Station machen konnten, denn es war die Zeit des Reisekönigtums, es gab keine feste Residenzstadt. Auch die Klöster und die Bischofsstädte waren Stationen auf den Reisen. Häufig hielten sich die karolingischen Könige im Rheingebiet auf, denn hier wurden Heeresversammlungen und Hoftage einberufen und die großen kirchlichen Feste gefeiert. Schon die Enkel Karls teilten das Reich, sodass drei Teilreiche entstanden. Für die Fläche von Rheinland-Pfalz relevant sind das Mittelreich Lothars – Lotharingen – und das Ostreich Ludwigs des Deutschen. Unter dem sächsischen Herrschergeschlecht der Ottonen gelang erneut eine Reichseinheit und eine innere Stabilisierung. Durch das alleinige Herrschaftsrecht des ältesten Sohnes konnten Reichsteilungen zukünftig vermieden werden.

... War eine jener Säulen, durch ihre Länge ermüdet ... jählings gestürzt, sodaß aus Furcht vor dem Zusammensturze niemand daselbst den göttlichen Dienst feierte ... Poppo nun befestigte den Dom wieder mit großer Arbeit und Kosten ...

(Gesta Treverorum, um 1100)*

DER DOM ZU TRIER – KIRCHLICHE TRADITION SEIT DER ANTIKE

Die Kirchengruppe von Dom und Liebfrauenkirche beherrscht noch heute den Stadtkern von Trier. An keinem anderen Ort lässt sich der Fortbestand religiöser Tradition von der Antike über die schwierigen Zeiten der Völkerwanderung bis in das Mittelalter so gut verfolgen.

Im 4. Jh., in der Zeit Kaiser Konstantins des Großen, entstand auf dem Gelände eines kaiserlichen Palastes – der Legende nach dem der hl. Helena, der Mutter Konstantins – eine Doppelkirche. Helena soll auch von einer Reise in das Heilige Land kostbare Reliquien nach Trier gebracht haben: einen Kreuznagel Christi, den Leibrock Christi und die Gebeine des hl. Apostel Matthias; Reliquien, die seit dem Mittelalter große Verehrung genießen. Im späten 4. Jh. ließ Kaiser Gratian dort einen Neubau errichten, den sog. Quadratbau. Die flache Decke der großen, quadratischen Halle trugen vier riesige Säulen aus Odenwälder Granit. Eine vor dem Dom liegende Säule, der sog. Domstein, gibt noch heute eine Vorstellung von der Monumentalität dieses Kirchenbaus. Die Maße dieser Halle waren die Vorgabe für den gesamten späteren Dombau. Nach mehreren Zerstörungen, vor allem beim Normanneneinfall im späten 9. Jh., erlitt die Kirche zwar Schäden, wesentliche Teile der Grundmauern blieben jedoch stehen. Bis zu einer Höhe von 25 m sind die spätantiken Mauern noch im heutigen Dom erhalten, besonders eindrucksvoll zu sehen an der Nordseite.

Zwei herausragende Bischöfe bestimmten die Geschicke des Bistums Trier im ausgehenden 10. und frühen 11. Jh. Ihre Baumaßnahmen sicherten und prägten den Dom in den kommenden Jahrhunderten.

---

* zit. nach: F. Ronig, Der Trierer Dom, Jahrbuch d. Rheinischen Vereins für Denkmalpflege und Landschaftsschutz, Neuss 1980, S. 34.

Der aus einer holländischen Grafenfamilie stammende Erzbischof Egbert war ein hochgebildeter, tatkräftiger Mann. So brachte er die bis dahin schleppend verlaufenden Wiederaufbauarbeiten am Dom energisch wieder in Gang. Im Quadratbau ersetzte er eine eingestürzte Säule und begann mit dem Neubau einer daran anschließenden Basilika. Sein Tod verhinderte den Weiterbau. Mit seinem Namen sind vor allem hochrangige Werke der Buchkunst verknüpft, wie der sog. Codex Egberti, eine Prachthandschrift mit einem Bilderzyklus zum Leben Jesu. Auch eine hervorragende Goldschmiedewerkstatt existierte zu seiner Zeit in Trier. Von deren außerordentlicher Kunstfertigkeit zeugen das reiche Reliquiar zur Aufbewahrung eines Kreuznagels Christi ebenso wie der Tragaltar zur Aufbewahrung einer Sandale des Apostels Andreas.

Trier, Dom (Nordseite), Mauerwerk des römischen Quadratbaus

Mit Erzbischof Poppo übernahm 1016 ein Mann mit vielfältigen Begabungen und Interessen das Erzbistum Trier. Unter ihm wurde die schon wieder ins Stocken geratene Dombaustelle erneut in Angriff genommen, allerdings mit einem völlig neuen Plan. Diese Neukonzeption bestimmt das Bild der Westseite des Domes bis heute. Zuerst wurde die Erneuerung des Quadratbaus vollendet. Im Anschluss baute man ein Langhaus, dessen Ausdehnung durch die Maße des Quadratbaus festgelegt war. Nach Westen wurde der Bau durch eine Doppelturmfront mit einer Apsis abgeschlossen. Diese eindrucksvolle Fassade gehört zu den Höhepunkten der Architektur im 11. Jh. Mit den Bauarbeiten war bald nach 1030 begonnen worden. Die Vollendung erlebte Erzbischof Poppo nicht mehr. Er starb, wie die Quellen berichten, 1047 an den direkten Folgen seines Eifers beim Dombau. So soll er eines Tages auf der Baustelle gesessen haben, die Sonne schien heißer als gewöhnlich und glühte auf sein Haupt, das kahl war. Sein Gehirn entzündete sich, er wurde vom

Fieber ergriffen und starb. So wird sein Tod in den Gesta Treverorum (Taten der Treverer, Geschichten und Aufzeichnungen, um 1100) beschrieben. Erst unter seinen Nachfolgern konnte der Westbau beendet werden.

Nicht nur dem Dom hat Erzbischof Poppo durch eine außergewöhnliche Baumaßnahme seine bis heute prägende Gestalt gegeben. Ein weiteres Bauwerk in Trier verdankt ihm seine Rettung. Die Porta Nigra, das nördliche römische Stadttor, war nach dem Ende der römischen Herrschaft in den nachfolgenden Jahrhunderten als Steinbruch genutzt worden. Simeon, ein Mönch aus dem Sinai-Kloster, begegnete in Trier Erzbischof Poppo und begleitete ihn auf einer zweijährigen Pilgerfahrt in das Heilige Land. Nach der Rückkehr bewegte Poppo Simeon dazu, als Eremit im Ostturm der Porta Nigra zu leben. Simeon starb nach wenigen Jahren und wurde dort auch begraben. Erzbischof Poppo betrieb nun in Rom die Heiligsprechung des Eremiten und baute in die Porta Nigra eine Doppelkirche zum Gedenken an den Heiligen ein. In unmittelbarer Nähe gründete er ein Kanonikerstift, das mit Einkünften gut ausgestattet wurde. Hier fand Poppo auf seinen Wunsch hin seine letzte Ruhestätte in der Nähe des so verehrten Heiligen und Freundes. Der Kirchenbau wurde später um eine romanische Apsis erweitert. Im frühen 19. Jh., als Trier zu Frankreich gehörte, bestimmte Kaiser Napoleon, dass die Kirche abgetragen werden sollte, um den Bau in den „alten Stand“ zu versetzen. Nur die Apsis blieb bei den Abbrucharbeiten erhalten und erinnert an den einstmaligen Kultort des hl. Simeon und die Rettung der Porta Nigra im Mittelalter.

Der Trierer Dom erfuhr im Laufe seiner Geschichte viele Veränderungen, Renovierungen, Um- und Anbauten. Durch die geniale Planung unter Erzbischof Poppo wurde der spätantike Quadratbau so im späteren mittelalterlichen Dom verankert, dass er bis heute Bestand hat.

www.bistum-trier.de

Literatur

Jochen Zink, Die Baugeschichte des Trierer Domes von den Anfängen im 4. Jh. bis zur letzten Restaurierung, in: Franz Ronig, Der Trierer Dom, Jahrbuch d. Rheinischen Vereins für Denkmalpflege und Landschaftsschutz, Neuss 1980, S. 17ff.

Pirmin selbst, Bischof und Christi Bekenner,
bewohnt dieses Haus und heiligt den Ort …
Das Volk der Franken hier suchte er mit klarer Lehre zu gewinnen
Und erbaute für Gott sehr viele heilige Stätten …
(Grabinschrift des Pirmin von Hrabanus Maurus, 818/827)*

KLOSTER HORNBACH – PIRMIN, GLAUBENSBOTE DER PFALZ

In der Südwestpfalz, wenige Kilometer nördlich der Grenze zu Lothringen, liegt das Städtchen Hornbach, das aus einem im 8. Jh. gegründeten Benediktinerkloster entstanden ist. Vom engeren Klausurbereich nördlich der evangelischen Kirche aus dem späten 18. Jh. haben sich die Grundmauern der karolingischen Klosterkirche erhalten. Daneben liegt der spätgotische Kreuzgang mit den ehemaligen Klosterbauten, die heute als Hotel und Klostermuseum genutzt werden. Zum Klosterbereich gehörten auch die kreuzförmige romanische Kirche des Fabianstiftes und die Ruinen einer etwas jüngeren Kapelle, die möglicherweise dem hl. Michael geweiht war. Umgeben sind Kloster und anschließende Stadt mit Rathaus von einer in großen Teilen erhaltenen Befestigungsmauer.

Auf seinem langen Weg war der Mönch Pirmin 742 in die Einöde des Pfälzer Waldes gekommen. Leben und Persönlichkeit des Klostergründers sind in einer nach seinem Tod entstandenen Vita überliefert. So hatte er 724 sein erstes Kloster auf der Insel Reichenau gegründet. Mittelzell war auch das älteste Kloster auf der Insel im Bodensee, eingerichtet nach der benediktinischen Ordensregel. Pirmin gilt als der geistige Schöpfer der Reichenauer Klosterlandschaft. Weitere Klostergründungen folgten, darunter Murbach im Elsass. Belegt ist sein Wirkungskreis im Alemannischen und im Elsass, weshalb er auch als Apostel der Alemannen gilt. Seine geistige Herkunft dürfte entgegen früherer Annahmen im iro-fränkischen Mönchtum liegen, er war einer seiner letzten Vertreter. Für seine Gründungen erreichte er die „Große Klosterfreiheit“, die Unabhängigkeit vom zuständigen Diözesanbischof. Das Kloster sollte nach seiner Auffassung seinen eigenen Bischof haben.

* zit. nach: Richard Antoni, Leben und Taten des Bischofs Pirmin, Stuttgart 2005, S. 108f.

Hornbach, Kapelle über dem Pirminius-Grab im Chor der ehemaligen Abteikirche

Sein spirituelles Ideal war die „Peregrinatio“, das klösterliche Leben in der Fremde, das er sehr konsequent betrieb. Bei seinen Unternehmungen konnte sich Pirmin auf die Förderung und den Beistand des fränkischen Hausmeiers Karl Martell stützen, der die karolingische Dynastie begründete. Klöster waren Ausgangspunkte für die Kolonisation und Entwicklung einer Infrastruktur und Verbündete bei der Sicherung der Herrschaft.

Kloster Hornbach wurde die letzte Klostergründung Pirmins. In der Vita wird berichtet, dass ein Adliger namens Warnharius von den Taten des Pirmin gehört hatte, und ihn deshalb zu sich rief. Er zeigte ihm seine Güter und versprach ihm Land, um einen Ort für den Gottesdienst zu schaffen. An dieser Stelle erbaute Pirmin die erste kleine Kirche in Fachwerk. Warnharius gehörte zum Adelsgeschlecht der Widonen, den späteren Saliern. Das Kloster entwickelte sich, Pirmin versammelte einen Kreis von Mönchen, weshalb der Bau einer größeren Klosterkirche begonnen wurde. Von diesen Anfängen haben sich Fundamentmauern einer einschiffigen Saalkirche innerhalb einer späteren, größeren, romanischen Pfeilerbasilika erhalten. Warnharius schenkte dem Kloster darüber hinaus einen großen Waldbezirk zur Sicherung der Einkünfte. An der Stelle, an der die Schweinehirten des Klosters im Wald ihre Hütten hatten, entstand eine Siedlung. Daraus entwickelte sich später Pirmasens. Als Pirmin 753 starb, konnte er vor der Chorapsis in der Klosterkirche in einer gemauerten Grabkammer beigesetzt werden. Zur Grabkammer führten vom Chor einige Stufen hinunter. Schon bald nach seinem Tod verehrte man ihn als Heiligen und Kirchenpatron. Hrabanus Maurus, Abt von Fulda und späterer Erzbischof von Mainz, formulierte im frühen 9. Jh. die Grabinschrift, deren Text überliefert ist. In späterer Zeit wurde ein in Sandstein gearbeitetes Fenster in die Grabkammer eingefügt. Wahrscheinlich konnten durch diese Öffnung die Pilger den Schrein des Heiligen sehen und verehren.

Kloster Hornbach entwickelte sich zum „reichsten und angesehensten Benediktinerkloster zwischen Speyer und Metz“ (Dehio). Im 11. Jh. wurde es zum Eigenkloster der salischen Herrscher und stand unter deren besonderem Schutz. In dieser Blütezeit des Klosters entstanden weitere Bauten. Nachgewiesen ist eine mächtige, flachgedeckte dreischiffige Pfeilerbasilika des 11.–13. Jhs. mit Ostquerhaus und Chor sowie einer Doppelturmfassade. Die Gesamtlänge der Klosterkirche belief sich auf knapp 71,5 m. Schon die Dimension des Kirchenbaus ist zusammen mit der Qualität erhaltener Steinmetzarbeiten Hinweis auf Bedeutung und Reichtum. Auch als das Kloster von König Heinrich IV. an die Bischöfe von Speyer übergeben wurde, gedieh es weiterhin gut. Als letzter wichtiger Bau wurde am Ende des 15. Jhs. der Kreuzgang in spätgotischen Formen erneuert.

Danach begann ein allmählicher Niedergang des Klosters. Man war kaum noch in der Lage, die Bauten instand zu halten. Als Folge der Reformation wurde das Kloster 1558 aufgehoben. Bereits Abt Johann Kindhausen (1512–48) hatte geheiratet und sich dem lutherischen Glauben angeschlossen. Im Kloster wurde eine Lateinschule eingerichtet. Die Gebeine des hl. Pirmin überführte man zunächst nach Speyer und dann in die Jesuitenkirche von Innsbruck.

Schon während der Nutzung einiger Bauten zu Schulzwecken verfiel das Kloster immer mehr, 1705 stürzte der Vierungsturm der Kirche ein, 1768 wurden der Ostflügel des Kreuzgangs und der östliche Abteiflügel wegen Baufälligkeit abgebrochen. In den folgenden Jahren kam es zum fast vollständigen Abbruch der mittelalterlichen Klosterkirche und zum Bau der neuen protestantischen Kirche, teilweise über dem südlichen Seitenschiff der Klosterkirche. An den bedeutenden Stifterabt Pirminius erinnert nur noch die Grabstätte vor dem Chor der Klosterkirche. Bei Ausgrabungen wurde 1956 die längliche gemauerte Grabkammer entdeckt. Über der Stätte errichtete man einen kleinen kapellenartigen Raum.

www.klosterstadt-hornbach.de

Literatur

Hornbach – Die Geschichte einer Stadt, Hrsg. Förderverein Kultur, Hornbach 2002.

Pia Heberer, Das Kloster Hornbach in der Pfalz, Baugeschichte und Sakraltopographie, Speyer 2010.

Nach dieser Verteilung und Regelung der Regierungsaufgaben nahm er Abschied von den Seinen, verließ die Welt und zog nach dem Kloster Prüm. Dort ließ er sich sein Haupthaar abnehmen, legte das Kleid des heiligen Wandels an und beschloss sein Leben am 29.September (855) in dem Bekenntnis seines Glaubens.

(Regino von Prüm über Kaiser Lothar I.)*

DIE KAROLINGISCHE ABTEI PRÜM – EIN KAISER WIRD ZUM MÖNCH

Das Ortsbild der ehemaligen Kreisstadt Prüm in der Eifel wird dominiert von den mächtigen barocken Bauten der früheren Benediktiner-Abtei, der Kirche mit ihrer Doppelturmfassade und die um zwei Höfe an der Nordseite gruppierten Klosterbauten. Das Kloster wurde begründet im Jahre 721 durch die Edelfrau Bertrada und ihren Sohn Charibert, die der Sage nach auf der südwestlich von Prüm gelegenen Burg Mürlenbach lebten. Besiedelt wurde das Kloster zunächst durch Mönche aus Echternach, dort war Willibrord Abt. 755 erneuerte König Pippin der Kleine, der mit einer Enkelin Bertradas gleichen Namens verheiratet war, die Klostergründung, brachte Mönche aus Frankreich hierher und versah das Kloster mit großen Schenkungen, die dauerhaft die Einkünfte sicherten. Pippin und Bertrada die Jüngere waren die Eltern Karls des Großen. Über das Aussehen des Klosters in karolingischer Zeit ist wenig bekannt. Die Weihe der neuen Klosterkirche ist für das Jahr 761 überliefert. Eine der Hauptaufgaben der Mönche bestand zunächst im Gebetsauftrag zur Memoria Pippins und Bertradas, die damit Sorge für ihr Seelenheil trugen. Zur Aufwertung des Klosters trug unter anderem auch eine wertvolle Reliquie, die Sandalen Jesu, bei, die Pippin bald nach der Weihe der Klosterkirche geschenkt hatte.

Prüm entwickelte sich zum Familienkloster der Karolinger und zum Missionszentrum der Eifel. Das Kloster wurde wirtschaftlicher, geistiger und kultureller Mittelpunkt der Region. Durch ihre enge Beziehung zum Herrscherhaus kam den Äbten eine besondere Rolle zu: Sie hielten sich häufig in unmittelbarer Nähe des Kaisers auf und waren Begleiter auf Reisen. Im ersten Jahrhundert nach der Neugründung führten drei außergewöhnliche Äbte das Kloster mit sehr langen Amtszeiten. So stand Marquard 25 Jahre dem Kloster als Abt vor und geleitete es sicher durch die

* zit. nach: Regino von Prüm, Reginonis chronica, in: Quellen zur karolingischen Reichsgeschichte III, bearbeitet von Reinhold Rau, Darmstadt 1982, S. 189.

Reichskrise dieser Zeit. Er war als Vermittler in Familienstreitigkeiten, vor allem bei Erbauseinandersetzungen, gefragt. In schwierigen Situationen diente das Kloster sogar als Gefängnis für Angehörige des Kaiserhauses. Pippin der Bucklige, Sohn Karls des Großen, wagte mit Unterstützung einiger Adliger den Aufstand gegen seinen Vater, da sein Erbanspruch aufgehoben wurde. Der Aufstand scheiterte, seine Mitverschworenen wurden hingerichtet, Pippin zur Klosterhaft begnadigt und nach Prüm überstellt. Dort starb er nach fast zwanzigjähriger „Haft“. Eine Generation später betraute König Lothar I. das Kloster mit der heiklen Aufgabe, seinen damals erst zehnjährigen Halbbruder Karl in Klosterhaft zu nehmen; er wurde allerdings bereits nach acht Monaten wieder frei gelassen. Die karolingischen Herrscher nutzten Prüm auf ihren Reisen von und nach Aachen, hielten sich aber auch gerne zur Jagd in den Ardennen dort auf.

Neben reichspolitischen Aufgaben hatte das Kloster einen großen Besitz zu verwalten. Der Fernbesitz reichte bis zum Rhein, zur Mosel und zur Maas, in die Bretagne, in die Niederlande, die Pfalz, sogar bis an die Rhône. Für viele Orte ist die Nennung im Prümer Urbar, dem Besitzverzeichnis des Klosters, sowie im goldenen Buch die erste urkundliche Erwähnung. Im Kloster Prüm lebten bis zu 300 Mönche. In der Schreibstube entstanden kostbare Handschriften mit prächtigen Buchmalereien. Eine der bedeutenden Persönlichkeiten war der aus Altrip stammende Abt Regino (892–899), der Werke zur Musik, zum Kirchenrecht und eine Chronik verfasste, die von Christi Geburt bis 906 reichte. Ihr verdanken wir das Wissen um viele Ereignisse

Prüm, Basilika, Grabtumba Kaiser Lothars I. in der Gestaltung von 1874

aus der Frühzeit des Klosters. Auch eine Vita des hl. Goar und ein Kalender entstanden im 9. Jh. in Prüm, Werke des Mönches Wandalbert.

Die Nachfahren Karls des Großen vermochten es nicht, dessen Reich zu erhalten. Bereits unter seinem Sohn Ludwig kam es zu Teilungen. Lothar I. musste dann im Vertrag von Verdun 843 die Dreiteilung des Reiches seines Großvaters hinnehmen. 855 dankte Kaiser Lothar ab, nachdem er in der sog. Prümer Teilung den ihm verbliebenen Reichsteil an seine Söhne weitergegeben hatte. Er trat in das Kloster Prüm ein, wo er wenige Tage später starb. Sein Grab fand er vor dem Hauptaltar der Klosterkirche. Hrabanus Maurus, der große Gelehrte und Abt von Fulda, verfasste eine Grabinschrift, die den großen Herrscher preist, der am Ende seines Lebens ein einfacher Mönch wurde.

Im Laufe des 13. Jhs. büßte Kloster Prüm seine besondere Stellung unter den deutschen Klöstern in Verbindung mit großen Gebietsverlusten an die Vögte ein. Hinzu kamen ständige Konflikte mit dem Erzbistum Trier, die darin gipfelten, dass Prüm im 16. Jh. dem Erzbistum unterstellt wurde und der Erzbischof von nun an auch Abt von Prüm war.

1721, genau 1.000 Jahre nach der Klostergründung, begann der barocke Neubau der Kirche unter dem Trierer Erzbischof Franz Ludwig von Pfalz-Neuburg, wobei lediglich ein Turm des Vorgängerbaus in das Konzept miteinbezogen wurde. Die neue Kirche entstand auch nicht genau über dem karolingisch-mittelalterlichen Bau, sondern weiter nördlich. Aus diesem Grunde mussten die Gebeine Kaiser Lothars erhoben und neu bestattet werden. Die heutige Gestaltung des Kaisergrabes an der Südseite des Chores erfolgte 1874 mit Unterstützung Kaiser Wilhelms I. Auf dem Friedhof südlich der Klosterkirche steht ein einfaches Steinkreuz, das der Überlieferung zufolge den Platz des ursprünglichen Hochaltars markiert.

Kloster Prüm erinnert an die große Bedeutung der Klöster in der Zeit der Karolinger. Heute kann dieser Teil der Klostergeschichte an den Gebäuden nicht mehr festgemacht werden, zumal sich auch der Standort verschoben hat. Das von König Pippin gestiftete Sandalenreliquiar und das Grab Kaiser Lothars I. in der Umgestaltung des 19. Jhs. sind die einzigen konkreten Bezugspunkte. Ansonsten vermittelt die Anlage das Bild einer prächtigen, unter dem Einfluss der Trierer Erzbischöfe entstandenen, Barockabtei mit zum Teil großartiger Architektur.

www.pruem.de

Literatur

Franz Josef Faas, Prüm in der Eifel, Neuss 1976.

Bernd Isphording, Prüm – Studien zur Geschichte der Abtei (721–855), Mainz 2005.

Aber er begann auch zahlreiche Bauwerke, die dem Königreich zur Zierde und zum Nutzen gereichten ... Auch begann Karl mit dem Bau von zwei herrlichen Palästen: der eine war nicht weit von Mainz in der Nähe seines Gutes Ingelheim, der andere in Nymwegen ...

(Einhard, Vita Caroli Magni, um 830)

DIE PFALZ KARLS DES GROSSEN – IMPERIALE PRACHT IN INGELHEIM

Auf einer Hangterrasse am Rhein liegt der Ort Nieder-Ingelheim. Im Stadtgrundriss des Ortskerns spiegeln sich noch heute die Grundzüge der karolingischen Kaiserpfalz. Bauliche Reste der Zeit Karls des Großen lassen sich im Ortsbild an mehreren Stellen finden.

In seiner Beschreibung des Lebens Karls des Großen behandelt Einhard in Kapitel 17 auch die wichtigsten Bauten, die auf den karolingischen Kaiser zurückgehen. Neben der Marienkirche in Aachen und der 500 Schritte langen Rheinbrücke in Mainz erwähnt Einhard zwei Paläste in Nymwegen und in Ingelheim. Karl hatte hier in den 770er-Jahren mit dem Bau einer repräsentativen Pfalzanlage an Stelle eines fränkischen Hofguts begonnen. Beherrschendes Bauwerk war die Aula Regia, die königliche Halle (40,5 x 16,5 m), die als Thronsaal, Ort großer Versammlungen und Gerichtsverfahren diente. Der einst 13 m hohe Raum mit einer halbrunden Apsis für den auf einem Podest stehenden Thron war prachtvoll ausgestattet. So war der Boden mit Marmorplatten und Porphyr belegt, dem seit der römischen Kaiserzeit den Herrschern vorbehaltenen purpurroten Stein. Die Wände waren mit Wandmalereien geschmückt, von denen man Fragmente gefunden hat. Ein Lobgedicht des Ermoldus Nigellus aus dem Jahre 826 auf Kaiser Ludwig den Frommen beschreibt unter anderem auch die Inhalte der Ausmalung, biblische Szenen sowie Taten heidnischer und christlicher Herrscher. Innerhalb des Pfalzbezirks stand die Pfalzkapelle mit einem Kleeblattchor, die dem Herrscher und seinem Hof diente. Pfarrfunktion für die Bevölkerung hatte die außerhalb der Pfalz gelegene Remigius-Kirche.

Ein monumentaler Halbrundbau von knapp 90 m Durchmesser schloss den Pfalzbezirk nach Süden ab. Im Scheitel befand sich das sog. Heidesheimer Tor, von dem

* Einhard, Vita Karoli Magni, Kapitel 17, Lateinisch-Deutsche Ausgabe, Stuttgart 1977, S. 39.

Ingelheim, Kaiserpfalz, staufische Stadtmauer und Apsis der karolingischen Aula Regia

Teile im staufischen Umbau erhalten sind. Das Halbrund umstanden außen sieben Rundtürme. Im Inneren verlief ein Säulengang, in dem römische Spolien wie Säulenschäfte, Basen und Kapitelle verbaut waren. Der prachtvolle Halbkreisbau hat seine Vorbilder in der römischen Villen- und Palastarchitektur. Die Ingelheimer Kaiserpfalz war wohl um 800 vollendet, dürfte also etwas älter sein als die Pfalz in Aachen. Anlass für diesen in vieler Hinsicht ungewöhnlichen Bau war ein gesteigertes Repräsentationsbedürfnis möglicherweise in Zusammenhang mit der Kaiserkrönung Karls des Großen im Jahre 800 in Rom.

Karl der Große hielt sich mehrfach in Ingelheim auf, gelegentlich auch über den ganzen Winter, feierte hier Weihnachten und Ostern, berief Hoftage ein. Auch weitreichende politische Entscheidungen wurden hier getroffen, wie die Entmachtung des Bayernherzogs Tassilo, verbunden mit der Aufhebung des Herzogtums Bayern.

Karls Sohn und Nachfolger Ludwig der Fromme besuchte Ingelheim ebenfalls recht häufig. Hier empfing er Gesandtschaften ausländischer Herrscher wie des byzantinischen Kaisers Theophilus. Wenn in Ingelheim Reichsversammlungen abgehalten wurden, hatte die Pfalz in dieser Zeit den Rang eines repräsentativen kaiserlichen Wohnsitzes. Schwer erkrankt ließ sich Ludwig auf eine der Pfalz vorgelagerte Insel im Rhein bringen. Dort starb er 840 in Anwesenheit des Mainzer und des Trierer Bischofs. Nach seiner Bestattung in Metz folgte eine Phase des Stillstandes. Seit dem 10. Jh. wurde unter den ottonischen Herrschern wieder gebaut. Eine monumentale Saalkirche mit mächtigem Querhaus entstand, die kleine Pfalzkapelle verlor ihre Bedeutung. Regelmäßig feierte Otto der Große in Ingelheim nun die Osterfeste mit großer Prachtentfaltung. Synoden (Kirchenversammlungen) wurden abgehalten und wichtige Zusammenkünfte arrangiert. Kaiserin Theophanu beriet sich in der Pfalz mit Erzbischof Willigis von Mainz.

Zu einer besonderen Begegnung kam es 1163, als Friedrich I. Barbarossa sich hier mit der Äbtissin Hildegard von Bingen traf (s. Disibodenberg S. 42). Aus Respekt vor Karl dem Großen hatte Friedrich I. die Pfalz erneuern und zu einer befestigten Burg ausbauen lassen. Doch nach ihm erlosch das Interesse endgültig.

Das Pfalzgebiet wurde 1402 zur Bebauung frei gegeben. Die Folge waren Abbrüche, um Baumaterial zu gewinnen, sowie eine ungeordnete Bautätigkeit, welche die Struktur verunklärte. In den folgenden Jahrhunderten wurde Nieder-Ingelheim durch Bauten verschiedenster Art überformt. Die Reste der ehemaligen Kaiserpfalz verschwanden in und unter neuen Häusern. Erst seit dem 19. Jh. und vor allem in den letzten Jahrzehnten haben archäologische Grabungen in Verbindung mit Freilegung und Restaurierung karolingischer Befunde entscheidend zur Anschaulichkeit beigetragen.

Heute ist die Ingelheimer Kaiserpfalz in Verbindung mit Museum und Besucherzentrum ein historischer Ort, an dem man königliche bzw. kaiserliche Repräsentation von der Zeit Karls d. Großen bis zum Ende der Stauferzeit nachvollziehen kann. Aula Regia und Halbkreisbau gehören zu den herausragenden Zeugnissen karolingischer Architektur in Deutschland.

www.kaiserpfalz-ingelheim.de

Literatur

Holger Grewe, Die Ausgrabungen in der Königspfalz zu Ingelheim am Rhein, in: Deutsche Königspfalzen, Hrsg. Lutz Fenske u. a., Göttingen 2001, S. 155ff.

Holger Grewe, Ingelheim in der Pfalz Karls d. Großen, in: Kreuz, Rad, Löwe (Darmstadt 2012), S. 245ff.

Wolfram Letzner, Die 50 bekanntesten archäologischen Stätten Deutschlands, Mainz 2013, S. 100ff.

Er war ein Mann von großer Klugheit, der zur Zeit des jugendlichen Ludwig über das Reich der Franken mit brennender Sorge wachte, viele Zerwürfnisse im Reich einer Versöhnung zuführte ...

(Widukind von Corvey über Erzbischof Hatto, in Res gestae Saxoniae, 10. Jh.)*

ERZBISCHOF HATTO UND DER MÄUSETURM – EIN FEHLURTEIL DER GESCHICHTE

Unweit von Bingen liegt auf einer Felseninsel im Rhein der sog. Mäuseturm, ein im Kern mittelalterlicher, mehrgeschossiger Bau. Die neben der Loreley-Sage bekannteste Sage des Mittelrheins bringt ihn mit dem Mainzer Erzbischof Hatto in Verbindung. So soll Hatto in Zeiten einer großen Hungersnot die Armen in einer Scheune zusammen gerufen haben. Dann befahl er, die Scheune anzuzünden. Als er das Jammergeschrei hörte, bemerkte er: „Hört ihr, wie die Mäuse pfeifen?“ Alsbald verfolgten ihn Mäuse, er floh auf den Turm im Rhein, doch die Mäuse kamen durch das Wasser hinter ihm her und fraßen ihn auf.

Der historische Ausgangspunkt der Sage liegt in karolingischer Zeit. Im 9. Jh. regierten in Mainz zwei Bischöfe mit Namen Hatto, Hatto I. (891–913) und Hatto II. (968–970).

Bischof Hatto I. stammte aus dem alemannischem Adel; er wurde um 850 geboren. Über seine frühen Jahre ist wenig bekannt, seit den 880er-Jahren gehörte er zu den Beratern König Karls III. Als Abt des Klosters Reichenau wurde er 888 eingesetzt, wenige Jahre später zum Erzbischof von Mainz ernannt (892), blieb aber gleichzeitig Abt der Reichenau. Dem einflussreichen Bischof kam eine besondere Rolle im Reich zu, in dem in der zweiten Hälfte des 9. Jhs. infolge häufiger Reichsteilungen instabile Verhältnisse herrschten. Er fungierte in der Regierungszeit dreier Könige (Arnulf von Kärnten, Ludwig das Kind und Konrad I.) als „Königsmacher“ und galt als „Primas von Germanien“ (so Abt Regino von Prüm in einer Widmungsanrede).

Auch als Stifter von Kirchenbauten und Kunstwerken ist Hatto bekannt. Es wird berichtet, dass er vor einer Reise nach Italien seine mitgeführten Schätze seinem

* zit. nach: Winfried Wilhelmy (Hrsg.), Glanz der späten Karolinger – Hatto I. Erzbischof von Mainz (891–913) – Von der Reichenau in den Mäuseturm, Mainz 2013, S. 43.

Bingen, Mäuseturm mit Burg Ehrenfels (hist. Aufnahme)

Freund, Bischof Salomo von Konstanz, übergab „aus Misstrauen gegen seine Mainzer", mit der Bitte, die Schätze zu seinem Seelenheil zu verschenken, sollte er von seinem Tod hören. Salomo verkündete wahrheitswidrig den Tod Hattos und verteilte die Schätze an die Armen und an die Kathedrale von Konstanz. Hatto beließ es bei seiner wohlbehaltenen Rückkehr aus Italien dabei. In Mainz erbaute er den „Alten Dom" (wohl die heutige Johanniskirche). Über Hattos Tod im Jahr 913 wurden verschiedene Versionen verbreitet. So soll er durch eine List den Grafen Adalbert von Babenberg an den König (Ludwig das Kind) ausgeliefert und somit dessen Hinrichtung zu verantworten haben. Deshalb sei er eines plötzlichen Todes gestorben, sein Grab ist nicht bekannt. Das fehlende Grab hatte zur Folge, dass im 13. Jh. die Mär aufkam, Hatto sei von Teufeln gepackt und in den glühenden Schlund des Ätna geworfen worden. Ebenfalls im 13. Jh. entstand die Version der Verfolgung durch die Mäuse, die aber vornehmlich Bischof Hatto II. angedichtet wurde. Dieser zweite Hatto hat allerdings nur zwei Jahre regiert; über sein Leben und Wirken sind wenig gesicherte Quellen bekannt. In dieser Zeit ist aus Hatto I. der grausame Bischof geworden, dem man viele Untaten anlastete, obwohl ihn seine Zeitgenossen als mächtigen, klugen, großzügigen und kunstsinnigen Mann beschrieben haben.

Spätestens seit der Erfindung des Buchdrucks findet die Hatto-Sage weite Verbreitung. Während der Reformationszeit wurden die Geschehnisse instrumentalisiert, der Wahrheitsgehalt geht unter im Streit der protestantischen Gegner und der katholischen Verteidiger des Bischofs. Seit dieser Zeit werden beide Bischöfe vertauscht, die Geschichte wird endgültig unübersichtlich. Auch der Turm im Rhein bei Bingen wird im 16. Jh. in die Erzählung mit einbezogen. Abbildungen des Turmes mit Mäusen finden sich u. a. in Sebastian Münsters Cosmographia (1545).

Vermutlich im 14. Jh. ließ der Mainzer Erzbischof auf einer Rheininsel bei Bingen eine Zollstation errichten, an strategisch günstiger Stelle, an der sich das Rheintal verengt. Der Name Mäuseturm ist wohl abgeleitet von Mautturm = Zollturm. Zusammen mit den Burgen Ehrenfels am Steilhang auf der rechten Rheinseite und Burg Klopp auf der linken Seite des Rheinufers bildete er zudem ein Wehrsystem, das das Territorium des Erzbistums Mainz absicherte und zugleich Zeugnis der erzbischöflichen Machtpolitik war. Seit dem 17. Jh. verlor der Turm seine Funktion und war immer mehr dem Verfall preisgegeben. Nach verschiedenen notdürftigen Reparaturen setzte sich in der 2. Hälfte des 19. Jhs. der preußische König Friedrich Wilhelm IV. persönlich für die Wiederherstellung nach Plänen des Kölner Dombaumeisters Zwirner ein.

Orientiert an historischen Abbildungen wurde der Turm, dessen untere Geschosse in ihrer mittelalterlichen Substanz erhalten blieben, im oberen Teil in neugotischen Formen ergänzt. Sein Äußeres mit dem Ecktürmchen und den Zinnenkränzen wurde so zu einem Sinnbild der Rheinromantik. Hinzugefügt wurde ein großes Relief mit dem preußischen Adler, Zeichen des preußischen Hoheitsgebietes. Durch die Rheinromantik hatte die Sage neuen Auftrieb bekommen. Vor allem in englischen Reiseführern war die Erzählung beliebt, bot doch der gespenstisch in den tobenden Wogen des Binger Lochs stehende Turm die ideale Kulisse für eine Schauergeschichte.

Der Mäuseturm und Erzbischof Hatto sind durch eine jahrhundertelange Überlieferung verbunden, obwohl es dafür keinen historischen Anlass gibt. Das Bild des grausamen Erzbischofs entstand im Mittelalter durch bewusst unrichtige Überlieferungen. Es hat sich im Laufe der Zeit so verselbständigt, dass der historische Hatto völlig dahinter verschwunden ist.

www.bingen.de

Literatur

Winfried Wilhelmy (Hrsg.), Glanz der späten Karolinger – Hatto I. Erzbischof von Mainz (891–913) – Von der Reichenau in den Mäuseturm, Mainz 2013.

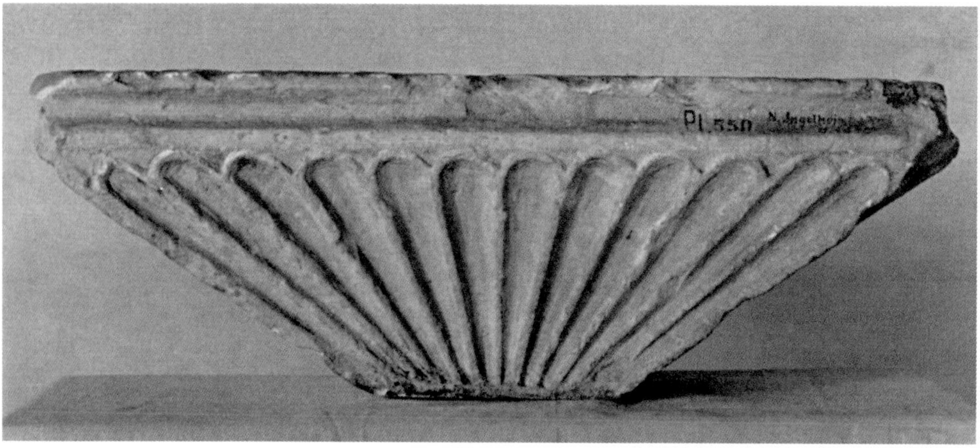

Karolingisches Kapitell aus Ingelheim

DAS HOHE MITTELALTER - KÖNIG, KIRCHE UND ADEL

Um 1000 festigten sich die Strukturen. Mit Konrad II. gelangte das Geschlecht der Salier zur Königswürde, dessen Wurzeln im Wormser Gebiet lagen. Ein Jahrhundert bestimmten sie die Geschicke des Reiches, gefolgt von den Staufern. Der rheinland-pfälzische Raum wurde Kernland des Reiches. Entscheidungen von großer Tragweite fielen hier. So konnten die Auseinandersetzungen zwischen Herrscher und Kirche um die Einsetzung von Bischöfen und Äbten erst mit dem Wormser Konkordat (1122) beendet werden, das die Rolle der Herrscher deutlich einschränkte. Die drei großen Erzbistümer Mainz, Trier und Köln festigten ihren Einfluss und erweiterten ihre Territorien. Daneben konnte sich auch die Pfalzgrafschaft bei Rhein im südlichen Landesteil etablieren. Und auch das Bild der Städte änderte sich. Etwa zur gleichen Zeit entstanden die drei Kaiserdome am Rhein: Speyer, Mainz und Worms, Großbaustellen bisher nicht gekannter Dimension. Die Gründung von Stiften und Domschulen diente der Ausbildung von Klerikern, die in den Verwaltungen eingesetzt wurden. Immer häufiger machten die Herrscher auf ihren Reisen durch das Reich in den großen Bischofsstädten Station und waren Gast des Bischofs. Die Klöster blieben geistige Zentren.

An den Verkehrswegen wurden Burgen zum Schutz, wegen der Zolleinnahmen, aber auch um Macht zu demonstrieren, errichtet. Den großen Judengemeinden kam wachsende Bedeutung zu. Sie wurden geschätzt als Garanten wirtschaftlicher Kraft. Zugleich und immer wieder aber waren Verfolgungen und Pogrome zu beobachten, so im Zusammenhang mit den Kreuzzügen.

Nachdem der große Kaiser Karl gestorben war, hat als erster Erzbischof Willigis aus Metall die Türflügel gemacht. Der Meister dieses Werkes, Beringer, bittet inständig den Leser, dass du für ihn zu Gott betest.
(Inschrift auf den Bronzeflügeln des Marktportals des Mainzer Domes, 1009)*

DER MAINZER DOM – KATHEDRALE DES REICHSERZKANZLERS

Die vieltürmige Silhouette des Domes überragt und prägt heute wie schon seit 1.000 Jahren das Bild der Innenstadt von Mainz. Der mächtige Kirchenbau ist der Mittelpunkt der Stadt, um ihn entwickelte sich über Jahrhunderte städtisches Leben. Zugleich ist der Dom sichtbares Zeichen der großen Zeit der Mainzer Erzbischöfe im Mittelalter.

Als Willigis 975 von Kaiser Otto II. zum Erzbischof von Mainz erhoben wurde, übernahm er eines der wichtigsten Bistümer nördlich der Alpen. Schon im 4. Jh. Bischofssitz, hatte das Bistum Mainz durch außergewöhnliche Bischofspersönlichkeiten wie Bonifatius eine Vormachtstellung erreicht. Willigis stand als Erzbischof der größten Kirchenprovinz mit 15 Suffraganbistümern, also nachgeordneten Bistümern, vor. Das Territorium reichte von Chur (Schweiz) im Süden bis Verden an der Aller im Norden und Prag im Osten. Auch innerhalb des Reiches erfüllte Willigis entscheidende Aufgaben. Als Reichserzkanzler war er der mächtigste geistliche Reichsfürst, was sich darin zeigte, dass er für den dreijährigen Otto III. nach dem frühen Tod Ottos II. die Regentschaft führte. Zugleich war er Berater der Witwe Ottos II., der aus Byzanz stammenden Kaiserin Theophanu. Der Nachfolger des kinderlosen Otto III., Heinrich II., gelangte mit der Hilfe von Willigis auf den Thron, der ihn kurzerhand in Mainz krönte, ohne dass eine Wahl durch die Reichsfürsten stattgefunden hätte. Die Legitimation wurde trotzdem nicht in Frage gestellt, die Salbung durch den Mainzer Erzbischof erhob ihn zur Königswürde.

Es verwundert nicht, dass Willigis hier in seiner Residenz mit dem Bau eines neuen Domes ein Zeichen setzten wollte, das dem Anspruch des Erzbischofs gerecht wurde. Der Bau sollte nicht an der Stelle des alten Domes, wohl der spätkarolingischen/

* zit. nach: Fritz Arens, Der Dom zu Mainz, Darmstadt [4]2009, S. 52ff.

ottonischen Johanniskirche entstehen, sondern auf einer Fläche östlich zum Rhein hin. Der alte Dom behielt seine Funktion bis zur Weihe des Neubaus, nicht nur aus Gründen der Tradition. Willigis hatte so auch während der Bauzeit eine repräsentative Bischofskirche zur Verfügung. Die Johanniskirche wurde später durch ein Paradies, einen langen Gang, mit dem neuen Dom verbunden. So begann am Ende des 10. Jhs. das große Werk. Es entstand eine dreischiffige, flachgedeckte Basilika mit einem Querhaus im Westen sowie einem Ostquerhaus mit flankierenden Türmen. Die Dimension des Neubaus war gewaltig. Seine Länge entsprach fast dem heutigen Dom, das westliche Querhaus überragte sogar das heutige, aus staufischer Zeit stammende. Die unteren Geschosse der beiden Rundtürme sowie die Mauerflächen über den beiden östlichen Portalen haben sich noch vom Willigis-Bau erhalten. Die architektonische Gliederung der Türme bestand aus Lisenen, Rundbogenfriesen und horizontalen Gesimsen. Auch vom Westquerhaus stecken noch Reste in der Südwand der Gotthardkapelle.

Im Osten schloss sich ein Atrium an, ein geschlossener Säulen– oder Arkadenhof, mit einer vorgelagerten Eingangskirche, wahrscheinlich einer Marienkirche.

Mit seinem Neubau bezog sich Willigis unmittelbar auf den Bau von Alt-Sankt Peter in Rom. Wie in Rom stand und steht heute noch der Hauptaltar im Westchor des Domes, während dem Ostchor untergeordnete liturgische Aufgaben zukommen. Das ausladende Westquerhaus und das Atrium mit der Marienkirche, später Liebfrauenkirche, haben ihr Vorbild ebenfalls in Rom. So manifestierte sich die Vorstellung, Mainz als zweites Rom zu sehen. Zusammen mit der Johanniskirche, dem alten Dom, entstand unter Willigis eine „Kirchenfamilie“ von einmaliger Ausprägung.

Aber noch ein weiteres Ziel verfolgte Willigis mit seinem Neubau. Für den Dom hatte er eine zweiflüglige Bronzetür, das Marktportal, anfertigen lassen. Die Inschrift nennt Willigis, der nach Karl dem Großen als erster ein solches Werk herstellen ließ. Damit wird der Bezug deutlich, denn Kaiser Karl hatte an der Aachener Pfalzkapelle, der Krönungskirche, ein Bronzeportal anbringen lassen. Willigis war bei seinem Amtsantritt vom Papst das Privileg verliehen worden, Vorrang vor allen Bischöfen im nördlichen Reich zu haben, besonders im Hinblick auf Salbung und Krönung des Königs. So war Willigis an Krönungen in Aachen beteiligt. 997 wurde nun durch ein Dekret angeordnet, dass nur der Bischof von Lüttich als Ortsbischof und der Erzbischof von Köln in Aachen die Messe lesen durften, die aber unverzichtbarer Bestandteil des Krönungszeremoniells war. Willigis konnte folglich in Aachen keine Krönung mehr vollziehen und beschloss mit dem Mainzer Dom eine eigene Krönungskirche zu schaffen. Durch die Bronzetüren und ihre Inschrift wird dieser Anspruch offensichtlich. Tatsächlich sind Krönungen überliefert, allerdings noch im alten Dom. Die Pläne gingen nicht in Erfüllung, Aachen behauptete seinen Rang als Krönungskirche.

Mainz, Dom, Marktportal mit Bronzetür des Erzbischofs Willigis

Tragischerweise brannte der neue Dom am Tag der Weihe, dem Johannistag (24. Juni) 1009 ab. Obwohl sofort mit dem Wiederaufbau begonnen wurde, erlebte Willigis die Vollendung nicht mehr, er starb 1011. Die Bauarbeiten zogen sich lange hin und konnten erst unter Erzbischof Bardo abgeschlossen werden. In Gegenwart Kaiser Konrads. II. und seines Sohnes und Nachfolgers Heinrich III. wurde der Dom 1036 geweiht.

Willigis initiierte in Mainz noch eine weitere Großbaustelle, den Neubau des Stiftes St. Stephan hoch über der Stadt. Wie der Dom besaß auch die Stephanskirche einen Ost- und einen Westchor. Das Stift war Ausgangspunkt für die Organisation der Pfarreien in Mainz und darüber hinaus. Willigis wurde dort nach seinem Tod bestattet.

Seit der Zeit des Erzbischofs Willigis hat der Dom immer wieder Zerstörungen, Wiederherstellungen und Neugestaltungen erfahren, ohne dass Standort und Grundrissdisposition des ersten Dombaus grundlegend verändert wurden. Der Dom ist bis heute Grabstätte der Mainzer Erzbischöfe bzw. Bischöfe, deren eindrucksvolle Grabdenkmäler seit dem 13. Jh. hier erhalten sind.

www.bistummainz.de

Literatur

Basilika Nova Moguntina – 1000 Jahre Willigis-Dom St. Martin in Mainz, Aufsatzband, Mainz 2010.

Dethard von Winterfeld, Zur Baugeschichte des Mainzer Domes, in: Der verschwundene Dom (Katalog), Mainz 2011, S. 44ff.

Denn jene frommen Kaiser schienen es sich zum löblichen Vorsatz gemacht zu haben, ... dieses damals fast herabgekommene Speyer auf ihre Kosten zu verjüngen und ihrem Gedächtnisse zu weihen ...

(aus der Vita des Benno von Osnabrück, 1020–1088)*

DER DOM DER SALIER ZU SPEYER – HÖHEPUNKT ROMANISCHER ARCHITEKTUR

Bis heute dominiert der romanische Kaiserdom in Speyer das Bild der Stadt durch seine Größe und Gestalt. Er ist einbezogen in das Stadtgefüge. Alle wichtigen Straßen der alten Stadt führen auf den Dom zu, vor allem die heutige Maximilianstraße, die direkt auf den Westbau des Domes ausgerichtet ist.

Das Erbe der Ottonen, deren Machtzentrum in Sachsen lag, traten mit Konrad II. die Salier an, die ihre Besitzungen im Worms- und im Speyergau hatten. Nach seiner Wahl in Kamba, einem untergegangenen Ort gegenüber von Oppenheim, wurde Konrad II. 1024 im Mainzer Dom durch Erzbischof Aribo zum König gekrönt. Die Grablege seiner Vorfahren war der Dom zu Worms, doch wollte Konrad II. mit dem Aufstieg seines Geschlechtes auch deutliche Zeichen setzen. Die Planung für einen neuen Dom in Speyer begann. Der Sage nach soll er am selben Tag die Grundsteine für Kloster Limburg an der Haardt anstelle einer salischen Burg und für den Dom in Speyer gelegt haben. Auch aus familiären Gründen wandte er sich von Worms ab (s. Worms, Dom S. 38) und Speyer zu, was dieser kleinen, bis zu diesem Zeitpunkt unbedeutenden Bischofsstadt einen bemerkenswerten Aufschwung bescherte, weit über die Zeit der Salier hinaus.

In einem ersten Bauabschnitt wurde eine dreischiffige Basilika mit mächtigem Westbau, Kuppel und zwei Türmen sowie einem östlichen Querhaus, großem Chor, Vierungskuppel und ebenfalls zwei flankierenden Türmen konzipiert. Das Mittelschiff sollte flach gedeckt werden. Doch bereits 1039 starb Konrad II. Der Bau war bis dahin noch nicht über die Fundamente hinaus gekommen. Trotzdem wurde Konrad wunschgemäß in Speyer bestattet. Seinen Platz in der Gruft erkennt man an den schweren Eisenbändern, mit denen der steinerne Sarkophag gesichert werden

* zit. nach: Hans Erich Kubach und Walter Haas, Der Dom zu Speyer (Kunstdenkmäler), München 1972, S. 17f.

musste, da er mitten in der Dombaustelle stand. Seine Frau Gisela starb wenige Jahre später und wurde an seiner Seite beigesetzt. Der Sohn und Nachfolger Heinrich III. unterstützte den Dom mit vielen Zuwendungen, sodass der Bau zügig voran ging. Als Heinrich III. 1056 starb, standen schon die Langhauswände, der Dom war jedoch noch nicht vollendet. Zwar erfolgte 1061 eine Domweihe, möglicherweise aber nur eines Teils der Kirche.

Unter Heinrich IV. wandte man sich nun von der alten Planung ab und wagte in diesem zweiten Bauabschnitt, für dessen Realisierung Teile von Bau I abgerissen werden mussten, die Einwölbung. Gleichzeitig entwickelte man das gebundene System, in dem zwei Gewölbejoche der Seitenschiffe einem Gewölbejoch im Mittelschiff entsprechen. Ein Modell, das Schule machte und vielfach nachgeahmt wurde. Der entscheidende Umbau fand zwischen 1082 und 1106 statt mit der Erweiterung der Krypta über den Chor hinaus unter das gesamte Querhaus und dem Neubau des Querhauses, der Einwölbung des Langhauses mit der außen umlaufenden Zwerggalerie. Bis heute vermitteln die Ostteile des Domes den abgeschlossenen Bauzustand des frühen 12. Jhs., wobei der bildhauerische Schmuck unvollendet blieb, was an beiden Querschiffen zu sehen ist. Mit dem Tod Heinrichs IV. ließ das Interesse am Dombau in Speyer und dadurch auch die finanzielle Förderung nach; ein Vorgang, der in Mainz gleichermaßen zu beobachten ist.

Schon die Dimension des am östlichen Rand der Stadt auf einem Hochufer gelegenen Domes ist gewaltig. Der Bau misst in seiner gesamten Länge 134 m, was für seine Entstehungszeit bedeutet, dass die Ost-Westerstreckung der gesamten Stadt gerade einmal dem Vierfachen des Domes entsprach. Die Häuser der Stadt waren im 11. Jh., von wenigen Ausnahmen abgesehen, nicht höher als zwei Geschosse, sodass die mächtige Baumasse des Domes noch imposanter wirkte als heute. Speyer entwickelte sich bereits in der Salier-Zeit zu einer recht bedeutenden Stadt, die auch Schauplatz wichtiger Ereignisse war. Von hier brach Kaiser Heinrich IV. 1076 zum Gang nach Canossa auf, um den Papst zu bitten, den Kirchenbann zu lösen. Im Speyerer Dom rief an Weihnachten 1146 Bernhard von Clairvaux Kaiser Konrad III. zum Kreuzzug auf.

Alle salischen Kaiser bzw. Könige wurden in der Kaisergruft bestattet; von Kaiser Konrad II. und seiner Gemahlin Gisela, deren Sohn Heinrich III., Heinrich IV. und seiner ersten Gemahlin Bertha bis zum letzten Salier Heinrich V., der 1125 gestorben ist.

Lange Zeit wurde wenig am Dom verändert. Nach dem Ende der Salier-Herrschaft stand Speyer nicht mehr im Mittelpunkt des reichspolitischen Interesses, auch wenn in den folgenden Jahrhunderten die fürstliche Grablege in Speyer immer wieder genutzt wurde, so für König Philipp von Schwaben (gest. 1208) und Beatrix, die Gattin Friedrichs I. Barbarossa. 1291 fand Rudolf von Habsburg hier seine letzte

Speyer, Dom, Krypta

Ruhestätte. Neben ihm liegt sein 1308 ermordeter Sohn Albrecht von Österreich und der in der Schlacht von Göllheim 1298 gefallene Adolf von Nassau.

1689 erlitt der Dom zusammen mit der Stadt schwere Schäden durch die Truppen des französischen Königs Ludwig XIV. im pfälzischen Erbfolgekrieg. Am Dom blieben die Ostteile erhalten, die westlichen Partien des Langhauses stürzten ein. Der Westbau wurde niedergelegt, da er baufällig war. Beim Wiederaufbau im 18. Jh. wurde der Innenraum in den überlieferten romanischen Formen wieder hergestellt. Man fühlte sich der Tradition des ehrwürdigen Baus verpflichtet. Im 19. Jh. veranlasste der bayerische König Ludwig I. als Landesherr (s. Ludwigshöhe S. 191) die Wiederherstellung des Westbaus. Trotz aller Orientierung am mittelalterlichen Vorbild ist er in Gestaltung und Detail ein Werk der Neoromanik.

Mit dem Dom in Speyer schufen die drei salischen Kaiser nicht nur eine neue Bischofskirche, sondern auch einen repräsentativen Rahmen für die neue Grablege der Salier, ein deutliches Zeichen für das Selbstbewusstsein des an die Macht gelangten Geschlechts. Gleichzeitig gelang mit dem Dom, der heute das größte erhaltene romanische Bauwerk überhaupt darstellt, ein Sakralbau, der für die Entwicklung der Architektur im 11./12. Jh. bahnbrechend, innovativ und vorbildhaft zugleich war.

www.dom-speyer.de

Literatur

Hans Erich Kubach, Der Dom zu Speyer, Darmstadt 1974.

Matthias Müller u. a. (Hrsg.), Der Dom zu Speyer. Konstruktion, Funktion und Rezeption zwischen Salierzeit und Historismus, Darmstadt 2013.

Er legte die Kirche des hl. Petrus an seinem Bischofssitze nieder, weil sie außerordentlich klein war und legte den Grundstein zu einer Kirche von wunderbarer Größe. Ihren Bau führte er in wenigen Jahren mit großer Schnelligkeit fast bis zur Vollendung, so dass es schien, als sei sie nicht erbaut worden, sondern wie auf Wunsch plötzlich dort entstanden.

(Lebensgeschichte Bischof Burchards, 11. Kap, 11. Jh.)*

BISCHOF BURCHARD ALS BAUHERR – EINE GLANZVOLLE EPOCHE FÜR WORMS

Schon von Weitem sichtbar ist der vieltürmige Bau des romanischen Domes in Worms. Auf einer Anhöhe gebaut, bildet die doppelchörige Anlage mit dem zur Stadt gerade geschlossenen Ostchor eine beeindruckende, das Stadtbild dominierende Baugruppe.

Gründer und Bauherr des ersten großen Domes war Bischof Burchard von Worms. Er entstammte einem hessischen Adelsgeschlecht und wurde um 965 geboren. Seine Bildung erfuhr er in Koblenz, wurde aber bald von Erzbischof Willigis nach Mainz berufen und konnte dort in der erzbischöflichen Verwaltung umfassende Einblicke in die Organisation des ausgedehnten Bistums erhalten.

Nachdem drei designierte Bischöfe innerhalb kurzer Zeit verstorben waren, wurde Burchard, wohl mit Unterstützung von Erzbischof Willigis, im Jahre 1000 zum Bischof von Worms geweiht. Er fand die Stadt in schlimmem, fast verödetem Zustand vor. In seiner Vita wird beschrieben, dass die Mauern Räubern und Raubtieren leichten Zugang boten, die Stadt keine Wohnstätte, sondern ein Schlupfwinkel für wilde Tiere sei. Diese Schilderung, entstanden nach dem Tod Burchards, mag die Verhältnisse besonders drastisch darstellen, um die Leistung des Bischofs eigens zu betonen. Im Großen und Ganzen dürften die Zustände wohl so oder ähnlich gewesen sein. Sofort nach seinem Amtsantritt begann Burchard mit der Sicherung und Wiederbelebung der Stadt. Auch der Neubau des Domes ist in diesem Zusammenhang zu sehen. Burchard plante, wie sein großer Förderer Willigis in Mainz, einen Bau „von wunderbarer Größe“, wie in der Vita zu lesen ist.

---

* zit. nach: Bischof Burchard 1000–1025 – Tausend Jahre Romanik in Worms, Worms 2000, S. 16.

Seit merowingischer Zeit stand an dieser Stelle eine deutlich kleinere Bischofskirche, an der in karolingischer Zeit Baumaßnahmen vorgenommen wurden. Glanzvolle Ereignisse, wie die Hochzeit Karls des Großen mit seiner dritten Frau Fastrada fanden hier statt. Dem in Worms ansässigen Geschlecht der Salier diente der Dom als Familiengrablege. Die salische Herzogsfamilie führte eine als „ungerecht" empfundene Herrschaft in Worms. Bischof Burchard gelang es, die Salier zum Rückzug zu bewegen und ihre Burg im Tausch gegen andere Besitzungen aufzugeben. Die Burg wurde bis auf die Grundmauern abgerissen und an ihrer Stelle das Stift St. Paul gegründet. Die Salier-Grabstätte jedoch wurde unverändert in den Neubau des Burchard-Domes übernommen. Hier bestattet war Konrad der Rote, Schwiegersohn Kaiser Ottos des Großen, der 955 in der Schlacht auf dem Lechfeld gegen die Ungarn gefallen war. Seine Beisetzung fand unter großen Ehren im Dom statt. Weitere Angehörige des Geschlechtes fanden dort ihre letzte Ruhestätte. Erst mit der Wahl Konrads II. zum deutschen König wurde die Grablege der Salier in den Speyerer Dom verlegt.

Die Dimension des Burchard-Baus entsprach der des heutigen Domes, auch die Bauform stimmte in wesentlichen Teilen überein. Der Dom war als dreischiffige Basilika mit einem Querhaus und zwei Choranlagen geplant, die jeweils von zwei Rundtürmen flankiert wurden. In diesen Bereichen ist der Burchard-Dom noch im aufgehenden Mauerwerk zu erkennen. Die Ausstattung war höchst aufwendig und wurde allgemein bewundert. Ein Fußboden mit geometrischen Mustern aus hellem Marmor und Schieferplatten sowie vergoldete Kapitelle, von denen berichtet wird, ließen den Dom zu einer würdigen Bischofskirche werden. Auch die häufigen Aufenthalte deutscher Könige brachten besonderen Glanz nach Worms. Während eines Besuchs von König Heinrich II. wurde auf dessen Bitte hin der Dom festlich geweiht. König und Bischof führten die feierliche Prozession an, viele Menschen nahmen an diesem außerordentlichen Ereignis teil. Doch schon kurz nach der Weihe stürzte der Westbau wegen des schlechten Baugrundes ein, konnte aber noch zu Lebzeiten des Bauherrn wiederhergestellt werden. Neben dem Dom widmete sich Burchard der Gründung der Wormser Kollegiatsstifte St. Paul, St. Andreas und St. Martin. Kollegiatsstifte waren von großer Bedeutung für das Bistum. Hier wurden Kleriker ausgebildet, die sowohl für weltliche Aufgaben, wie die Verwaltung der Güter, und geistliche Aufgaben, wie die Seelsorge, geschult wurden. Für den Bischof waren die aus adligen Familien stammenden Geistlichen loyale Helfer bei der Bewältigung der vielfältigen Aufgaben innerhalb des Bistums.

In der Bergkirche St. Peter in Hochheim, außerhalb von Worms gelegen, fand Burchard einen Rückzugs- und Ruheort, den er aber auch zum Schreiben nutzte. Hier entstand wohl das „Dekret", eine Sammlung kirchenrechtlicher Vorschriften. Als Burchard 1025 starb, hatte er den Grundstock zu einer Blütezeit der Stadt gelegt. Wie in der Lebensgeschichte beschrieben wird, wurde er durch alle Kirchen zum Dom getragen und dort an zentraler Stelle im Westchor vor dem Laurentius-Altar beigesetzt.

Worms, Dom, Blick auf die Ostteile (Aufnahme 1927)

Der Dom fand seinen Niederschlag auch in der Sage. So wird im Nibelungenlied die Domtreppe zum Schauplatz des Streites der Königinnen Kriemhild und Brunhild.

Der Dom Bischof Burchards war in der folgenden Zeit Ort vieler Hof- und Reichstage, König Heinrich IV. hielt sich häufig hier auf, feierte im Dom hohe Kirchenfeste. Seit dem frühen 12. Jh. begann eine grundlegende Erneuerung des Domes, bei der der Grundriss beibehalten wurde. Ausgehend vom Ostchor entstand der hochromanische Dom in mehreren Bauabschnitten. Die strenge, fassadenartige Ansicht zur Stadt hin betont die Monumentalität des Ostchores, es folgt das schlichtere Querhaus. Das Nordportal im Langhaus diente dem Bischof zum Einzug von der Bischofspfalz her. Zuletzt entstand der Westchor mit der fünfseitigen Chorapsis und dem achteckigen Chorturm, eine der schönsten Schöpfungen spätromanischer Architektur. Jetzt erhielt der Dom seinen charakteristischen, reichen Skulpturenschmuck an den Solbänken der Fenster und den Säulenbasen der Zwerggalerie. Am Ende des 12. Jhs. war der Neubau vollendet. Der Dom besaß nun seine, von wenigen Ergänzungen wie dem Südportal in gotischer Zeit abgesehen, bis heute gültige Form.

www.wormser-dom.de

Literatur

Bischof Burchard 1000–1025 – Tausend Jahre Romanik in Worms, hrsg. v. Gerold Bönnen, Worms 2000.

Irene Spille, Worms, Dom St. Peter, Regensburg [4]2007.

Im Alter von acht Jahren ließ sie (Hildegard) sich auf dem Berg des hl. Disibod einschließen, um mit Christus begraben zu werden ... Bei ihr war die fromme gottgeweihte Frau Jutta. Diese erzog sie sorgfältig im Gewande der Demut und Unschuld ...

(Vita der hl. Hildegard, 12. Jh.)*

DISIBODENBERG – WIRKUNGSSTÄTTE DES HL. DISIBOD UND KLOSTERBERG DER HL. HILDEGARD

Am Zusammenfluss von Nahe und Glan liegen versteckt im Wald auf einer Bergkuppe die Ruinen des ehemaligen Klosters Disibodenberg.

Auf diesem Berg in der fruchtbaren Nahelandschaft hatte der iro-schottische Wandermönch Disibod mit einigen Gefährten im 7. Jh. eine Einsiedelei und ein kleines Kloster gegründet. Nach seinem Tod wurde das Grab des als Heiligen verehrten Disibod viel besucht und blieb unzerstört, als im Laufe der Zeit das kleine Kloster zur Ruine wurde. Erst der Mainzer Erzbischof Willigis, betrübt über den wüsten Zustand des Disibod-Klosters, besetzte den Berg erneut mit zwölf Kanonikern, deren Unterhalt er durch umfangreichen Landbesitz sicherte. Um 1108 wurde das Kanonikerstift in ein Benediktinerkloster umgewandelt, angeschlossen wurde eine Frauenklause, die der Aufsicht des Männerkonvents unterstand.

1106 wurde die damals achtjährige Hildegard, Tochter des Adligen Hildebert von Bermersheim, in die Obhut der Jutta von Sponheim gegeben. Mit ihr und einer weiteren Gefährtin zog sie kurz danach in die Frauenklause auf dem Disibodenberg. In dieser Zeit begann der große Umbau der Klosteranlage. Die mächtige Abteikirche, eine dreischiffige Pfeilerbaslika mit Querhaus, Hauptapsis und einem achteckigen Vierungsturm, wurde errichtet. An diesen schloss sich der Kreuzgang an. Die Frauenklause lag abseits des eigentlichen Klosters, war aber mit der Frauenempore der Abteikirche verbunden. Hildegard konnte, wie sie es später beschrieb, den Baufortgang von ihrer Klause aus beobachten. Friedhofskapelle, Kapitelsaal, Marienkapelle, Refektorium und Küchentrakt gehörten zu der weitläufigen Klosteranlage. Mit der Schlussweihe der Klosterkirche 1143 und der

* Das Leben der hl. Hildegard, berichtet von den Mönchen Gottfried und Theoderich, Salzburg 1980.

Verbringung der Gebeine des hl. Disibod in ein Grab hinter dem Hauptaltar war die Gesamtanlage vollendet.

Während dieser langen Bauzeit lebte Hildegard in der sich ständig vergrößernden Frauenklause, die inzwischen auf 20 Frauen angewachsen war. Jutta von Sponheim, die „magistra“, die Meisterin, verstarb 1136. Hildegard wurde zu ihrer Nachfolgerin gewählt, ihr zur Seite stand der Mönch Volmar. Seit ihren Jugendjahren hatte Hildegard Visionen, doch erst als sie 42 Jahre alt war, wurde ihr durch eine Erleuchtung aufgetragen: „Schreibe, was du siehst und hörst!“ So beschreibt sie die von Gott gestellte Aufgabe, die sie, wenn auch zögernd, annahm. Zusammen mit dem Mönch Volmar begann sie mit der Niederschrift. Auf dem Disibodenberg entstand das erste Buch mit dem Titel „Scivias“ (Wisse die Wege). Auf der Trierer Synode von 1147/48, an der Geistliche aus der ganzen europäischen Welt teilnahmen, wurden Hildegards Visionen erstmals öffentlich gemacht. Von Zweifeln geplagt, fürchtete sie das Urteil der Geistlichkeit. Papst Eugen III. jedoch war fasziniert und sicherte ihr Unterstützung zu. Ihre visionäre Begabung wurde somit von höchster Stelle sanktioniert, sie wurde zur Fortsetzung ihres Werkes ermutigt. Das Buch Scivias, dem noch viele folgen sollten, begründete ihren Ruf als Mystikerin. Viele junge, adlige Frauen ersuchten um Aufnahme in die Frauenklause des Disibodenbergs, denn Hildegards Ruhm verbreitete sich. Dies sicherte dem Kloster Einnahmen, da die Frauen ihre Mitgift einbrachten. Das Männerkloster verwaltete den Besitz der Frauenklause.

Zur Zeit der Trierer Synode fasste Hildegard den Entschluss, den Disibodenberg zu verlassen. Ihre Gründe hat sie nie dargelegt. Sie plante mit ihren Schwestern ein eigenes, unabhängiges Kloster auf dem Rupertsberg bei Bingen. Der Abt von Disibodenberg wollte die berühmte Nonne, die dem Kloster weite Beachtung und beträchtliche Einnahmen brachte, nicht ziehen lassen. Erst nach Intervention des Mainzer Erzbischofs durfte Hildegard schließlich mit 20 adligen Schwestern nach fast 40 Jahren das Kloster auf dem Disibodenberg verlassen. Volmar, ihr treuer Sekretär, begleitete sie. Der Neuanfang auf dem Rupertsberg war schwer; nach mehr als zehn Jahren erhielt das neue Kloster seine völlige Unabhängigkeit und die Besitzungen aus der Mitgift der Nonnen. Hildegard lebte bis zu ihrem Tod 1179 auf dem Rupertsberg, hoch angesehen und als Ratgeberin weit geschätzt. Dort vollendete sie ihr umfassendes Werk. Ihre Schriften zur Heilkunde, zur Naturkunde, zur Musik, aber auch zu theologischen Problemen finden bis heute Beachtung. Daneben führte sie eine rege Korrespondenz mit bedeutenden Persönlichkeiten der Zeit.

Nach dem Auszug Hildegards wurde es ruhig um den Disibodenberg. Das im 13. Jh. nur noch von wenigen Mönchen besetzte Kloster wurde dem Zisterzienserkloster Otterberg übergeben. Eine neue wirtschaftliche und geistige Blüte begann, was sich in mehreren Neu- und Umbauten, unter anderem auch dem der Abteikirche, nieder-

Disibodenberg, südliche Querhausapsis der ehem. Klosterkirche

schlug. Zahlreiche Grabsteine spiegeln die Anziehungskraft des Klosters in dieser Zeit wider. Es war begehrte Begräbnisstätte für zahlreiche Stifter.

Doch auch hier kam der Niedergang. Im 16. Jh. wurde das Kloster nach langen Querelen aufgelöst, die Bauten befanden sich in schlechtem Zustand. Der letzte Abt heiratete 1560 und wurde evangelischer Pfarrer.

Seit dieser Zeit wurden die Ländereien des Klosters verpachtet, ein Teil der Klostergebäude eine Zeit lang von den Pächtern bewohnt. Bis in das 18. Jh. standen noch eindrucksvolle Überreste der Klosteranlage, wie historische Darstellungen zeigen. Im späten 18. Jh. begann der Abbruch, die Bewohner der Gegend benutzten die Bauten als Steinbruch, die Zerstörung des Klosters konnte trotz aller Verbote nicht verhindert werden.

Im 19. Jh. wandelte man das Terrain um in eine gärtnerisch gestaltete Ruinenlandschaft ganz im Sinne der Romantik, beliebtes Ausflugsziel für die Kurgäste der nahe gelegenen Bäder Kreuznach und Bad Münster am Stein. Heute liegen die Fundamentmauern wie ein riesiger Grundriss inmitten eines Waldgebietes. Noch immer beeindruckend sind die Ruinen der Klosterkirche und des Kreuzgangs, der Marienkapelle sowie des Abteigebäudes und des Hospizes.

Auch wenn der Standort der Frauenklause nicht sicher nachgewiesen werden kann, so ist der gesamte Disibodenberg der Ort, an dem eine der außergewöhnlichsten Frauengestalten des 12. Jhs. ihre prägende Zeit erlebte.

www.disibodenberg.de

Literatur

Hildegard von Bingen 1098–1179, Ausst. Kat., Mainz 1998.

Falko Daim/Antje Kluge-Pinske (Hrsg.), Als Hildegard noch nicht in Bingen war, Regensburg/Mainz 2009.

O Tochter, möge Gott dich zu einem Spiegel des Lebens machen ... Diejenigen, die Gottes Werke zu vollbringen wünschen, sollen immer darauf achten, dass sie irdene zerbrechliche Gefäße sind, weil es nur Menschen sind.
(aus einem Brief der Hildegard von Bingen an Elisabeth von Schönau, 1152)*

KLOSTER SCHÖNAU – WIRKUNGSSTÄTTE DER VISIONÄRIN ELISABETH

Einsam in idyllischer Landschaft im Taunus liegt das ehemalige Kloster Schönau. Durch ihre Abgeschiedenheit bietet die aus nur wenigen Bauten bestehende Klosteranlage mit der Klosterkirche, dem Kreuzgang und den Klostergebäuden einen Eindruck der Ruhe und der Besinnung, wie es schon die bedeutendste Nonne Elisabeth in der Gründungszeit im 12. Jh. erlebt haben dürfte, auch wenn die Klosterbauten heute aus gotischer bzw. barocker Zeit stammen.

Wie viele Klostergründungen dieser Zeit stiftete ein Adliger, Graf Rupprecht von Laurenburg, 1132 die Abtei, um sein Seelenheil durch das ständige Gebet der Mönche zu sichern. Die Klosterkirche wurde als dreischiffige Basilika mit einer Doppelturmfassade errichtet, wie eine frühe Darstellung zeigt. Teile des Mauerwerks sind im gotischen Chor der heutigen Kirche noch erhalten, Reste der Bauplastik wie Kapitelle und Basen von Säulen lassen etwas vom einstigen architektonischen Reichtum erahnen. Mönche aus dem Benediktinerkloster St. Jakob in Mainz besiedelten Schönau, das innerhalb weniger Jahre beträchtlich anwuchs. In unmittelbarer Nähe wurde bald darauf ein Nonnenkloster gegründet, das dem Männerkonvent unterstellt war und von einer „magistra“, einer Meisterin, geleitet wurde.

Ihre Eltern gaben die zwölfjährige Adlige Elisabeth im Jahr 1142 in das Nonnenkloster. Sie lebte nach ihrer Einkleidung in Demut, Frömmigkeit und Askese in dem kleinen Frauenkonvent. Eine körperliche und seelische Krise löste 1152 die erste visionäre Verzückung bei Elisabeth aus, der in den nächsten Jahren weitere folgen sollten. Auf Elisabeths dringenden Wunsch hin trat 1155 ihr Bruder Egbert in den Männerkonvent ein. Von da an überließ sich Elisabeth ganz seiner Führung. Egbert schrieb ihre Visionen nieder, denn Elisabeth war trotz einer gewissen Bildung dazu

* zit. nach: Josef Loos, Hildegard von Bingen und Elisabeth von Schönau, in: Festschrift Hildegard von Bingen 1179–1979, Mainz 1979, S. 269.

Kloster Schönau bei Strüth (Aufnahme 1952)

nicht in der Lage, war sie doch des Lateinischen nur unvollkommen mächtig. So entstand das „Buch der Gotteswege“ (Liber viarum dei), das in direkter Nachfolge von Hildegard von Bingens Werk „Wisse die Wege“ (Scivias) steht. Mit dieser großen Äbtissin (s. Disibodenberg S. 42) stand Elisabeth in Briefkontakt, von ihr erfuhr sie Trost und Zuspruch, aber auch Mahnung zur Demut und Fürsorge. So schrieb ihr Hildegard, dass der Körper durch unkluge Kasteiung und Enthaltsamkeit untauglich für das geistliche Leben werde.

1157 starb die erste magistra des Nonnenkonvents und Elisabeth wurde zu ihrer Nachfolgerin gewählt. Es folgten weitere Werke, die unter dem Einfluss Egberts entstanden sind. Elisabeths Visionen bezogen sich häufig auf sehr konkrete Ereignisse. So glaubte man in Köln bei einem Fund von Gräberfeldern die 11.000 Jungfrauen der hl. Ursula gefunden zu haben. Elisabeth erschaute in ihren Visionen die Geschichte der hl. Jungfrauen, das daraus entstandene Werk wurde Elisabeths am meisten verbreitete Schrift. Reliquien zweier dieser Jungfrauen wurden von Köln nach Schönau übersandt. Dort widmete man ihnen einen Altar. Auch die von ihr in Visionen gesehene „Auferstehung Mariens“ gehörte zu den bekannteren Werken.

Der ekstatische Charakter ihrer Visionen überanstrengte ihren von Askese und Krankheiten geschwächten Körper. Elisabeth starb im Alter von nur 36 Jahren und wurde neben dem Altar der Klosterkirche beigesetzt. Ihre Werke waren im Mittelalter weit verbreitet. Handschriften und später auch gedruckte Versionen fanden in ganz Europa großen Zuspruch. Ihre von den religiösen Vorstellungen ihrer Zeit bestimmten Visionen waren leichter verständlich und erfreuten sich deshalb größerer Beliebtheit als die Werke der großen Visionärin Hildegard von Bingen, deren mystische, symbolische Bilder erst in späterer Zeit eine angemessene Würdigung fanden und bis heute gelesen werden, während Elisabeths Visionen fast vergessen sind.

Nach dem Tod des ersten Abtes von Schönau, Hildelin, folgte Egbert. Unter ihm und seinen Nachfolgern erfuhr das Werk Elisabeths besondere Achtung und Verehrung. Schönau wurde ein einflussreiches Kloster mit ausgedehnten Besitztümern. Dies spiegelt sich auch in den Bauten wider. Im Kreuzgang zeugt der große zwölfeckige Klosterbrunnen mit Ecksäulchen aus dem 13. Jh. davon.

In spätgotischer Zeit wurde der Chor der Klosterkirche neu gebaut, das romanische Langhaus behielt man bei. Dies machte eine Umbettung der Gebeine der hl. Elisabeth notwendig. Sie wurden in einer eigenen Kapelle an der Nordseite der Kirche in einem Sarkophag bestattet. Durch die Erhebung der Gebeine kamen Reliquien in verschiedene Orte, unter anderem auch nach Mainz. Während des Dreißigjährigen Krieges plünderten Truppen das Kloster und zerstörten das Grab. Von Elisabeth blieb nur eine Schädelreliquie erhalten, die heute noch verehrt wird.

Kirche und Klostergebäude erhielten nach einem verheerenden Brand im 18. Jh. ihre heutige Gestalt. Hochaltar, Seitenaltäre und Chorgestühl sind vorzügliche Arbeiten vermutlich aus Mainzer Werkstätten. Eine Statue und ein Gemälde der hl. Elisabeth zeugen von der Hochachtung und Bewunderung, die ihr durch die Jahrhunderte zuteil wurde.

Das Nonnenkloster wurde schon im frühen 17. Jh. aufgelöst, das Männerkloster 1803. Heute ist Schönau als sog. Patronatsbau in der Obhut des Landes Rheinland-Pfalz, die Kirche dient als Pfarrkirche. An das Leben und das Werk der großen Visionärin Elisabeth in der Nachfolge der Hildegard von Bingen wird hier heute noch erinnert.

www.strueth.de

Literatur

M. Backes, Bau- und Kunstgeschichte von Kloster und Kirche Schönau, in: Festschrift anlässlich des 800 jährigen Todestages der hl. Elisabeth von Schönau, Schönau 1965, S. 101ff.

M. Backes, Kloster Schönau im Taunus, Köln 1976.

Als wir auf dem ersten berge waren, denn es sind drei solcher felsenköpfe, die nahe beisamen liegen, da fanden wir bald den eingang, denn die türe und die stiege waren noch unversehrt, ja so wol erhalten, als wenn die steinmezen und werkmeister erst gestern weggegangen wären ... Rechts gieng eine türe in die kapelle und ich trat mit einer solchen rührung hinein, dass mir schon da die hellen tränen aus den augen fielen; denn ich dachte an alle die männer, die vor mir darin gestanden hatten.

(Joseph Freiherr von Laßberg, 1829)*

BURG TRIFELS – HORT DER REICHSINSIGNIEN UND GEFÄNGNIS FÜR RICHARD LÖWENHERZ

Der Name „Trifels“, also „drei Felsen“, bezieht sich auf die landschaftliche Situation und die drei rund 500 m hohen, durch Burgruinen bekrönten Bergkegel aus Sandstein. Diese bilden ein eindrucksvolles Panorama südöstlich von Annweiler. Zur Hauptburg, dem Trifels, treten Anebos und Münz (Scharfenberg). Der grandiosen Situation entspricht die historische Bedeutung des Trifels. Auch wenn die früheste urkundliche Erwähnung erst 1081 zu verzeichnen ist, geht die Anlage doch wahrscheinlich auf den Salierkaiser Konrad II. zurück, der um 1025/30 auch den Speyerer Dom als Grablege und Kloster Limburg an der Haardt begründete. Von der salischen Burg sind nur wenige Reste erhalten.

Die sichere Lage des Trifels führte dazu, dass 1125 die Reichsinsignien durch den Salierkaiser Heinrich V. kurz vor seinem Tod hier an den Stauferherzog Friedrich von Schwaben übergeben wurden. Sie sollten „auf der besonders festen Burg“ bleiben bis zur Wahl eines neuen Königs. Mit Unterbrechungen wurden die Kleinodien auf dem Trifels bewahrt bis 1298. Seit dem frühen Mittelalter waren die Reichsinsignien fester Bestandteil der Krönungszeremonie, sie dienten der Legitimation des Herrschers. Auch bei Hoftagen oder hohen Feiertagen wurden die Insignien getragen. Wichtigstes und traditionsreichstes Herrschaftszeichen war die Reichskrone, aus Gold, Emailplatten und Edelsteinen gefertigt, deren früheste Teile im 10. Jh. entstanden sind. Auch das mit Perlen und Edelsteinen besetzte Reichskreuz, das zugleich Reliquienbehälter u. a. für Partikel vom Kreuz Christi ist, gehört zusammen mit der heiligen Lanze zu den wesentlichen, unerlässlichen Insignien. Lanze und Kreuz wurden bei Krönungs-

* Die Beschreibung der Trifelskapelle durch Joseph Freiherr von Laßberg 1786, 1829, in: Burgen und Schlösser 2/2005, S. 107ff.

Burg Trifels, Kapellenerker am Bergfried

zeremonien vorangetragen. Im Laufe der Zeit kamen weitere Stücke wie der Reichsapfel, das Reichsschwert und das Zepter hinzu. Auch kostbare Gewänder gehörten zum Ensemble, wie der Krönungsmantel oder bestickte Prachthandschuhe.

Als Reichsburg wurde der Trifels seit dem späten 12. Jh. für die verschiedenen Aufgaben repräsentativ ausgebaut. Zunächst errichtete man den ursprünglich freistehenden Kapellenturm, den Kaiser Friedrich I. Barbarossa und sein Sohn Heinrich IV. noch aufstockten. Aus staufischer Zeit stammen die unteren drei von insgesamt vier Geschossen. Bemerkenswert ist die sorgfältige Ausführung des Mauerwerks mit Buckelquadern, ein verhältnismäßig hoher Aufwand. An der Ostseite springt im zweiten Geschoss ein halbrunder Erker vor, der die Chorapsis der Kapelle umschließt. Er wird getragen von drei figürlich gestalteten Konsolen. Ein Kegeldach schließt nach oben ab. Innen zeigt die Kapelle Stilformen, die an den Wormser Dom erinnern. Der Kapellenraum besitzt ein Kreuzrippengewölbe mit einem offenen, ringförmigen Schlussstein. An den Kapellenturm wurde in der Stauferzeit der etwas niedrigere Palas angebaut. Damals entstand auch ein Brunnenturm am Rand der Anlage, die durch verschiedene Zwingermauern ergänzt wurde. Die Grundfläche des Felsplateaus entspricht einem langgezogenen Dreieck. Dies führte dazu, dass die einzelnen Bauten der Burg, vor allem Bergfried oder Kapellenturm und der Palas, dicht zusammengerückt und im Inneren miteinander verbunden sind.

Sicherheitsaspekte waren es auch, weshalb der Trifels zeitweise als Staatsgefängnis diente. Bereits im frühen 12. Jh. war hier der Mainzer Erzbischof Adalbert von Saarbrücken inhaftiert, der Kanzler Kaiser Heinrichs V. Er wurde zum Gegner des Kaisers, da er sich auf die Seite des Papstes geschlagen hatte. Zu den berühmten Gefangenen zählte der englische König Richard Löwenherz, der hier 1193 in Gewahrsam war, bis er gegen ein hohes Lösegeld wieder freigelassen wurde. Hieran erinnert eine Sage, wonach der Sänger Blondel den unbekannten Aufenthaltsort des englischen Königs ausfindig machte, indem er ein Lied sang und der prominente Häftling dann einfiel.

Weitere hochstehende Gefangene auf dem Trifels waren Wiprecht von Groitzsch, der im Streit des späteren Königs Heinrich V. mit seinem Vater auf der falschen Seite stand. 1206/1208 befand sich der Kölner Erzbischof Bruno auf dem Trifels in Haft. Im Streit zwischen Philipp von Schwaben mit seinem Gegenkönig Otto V. hatte er Partei für den Gegenkönig ergriffen. Schließlich soll auch Heinrich VII., der Sohn Friedrichs II., hier gefangen gewesen sein, da er sich gegen seinen Vater aufgelehnt hatte.

Von hier brach Kaiser Heinrich VI. zu seinem siegreichen Feldzug gegen die Normannen in Süditalien auf. Der erbeutete Schatz wurde ebenfalls auf dem Trifels sicher geborgen. Die unterhalb liegende Siedlung Annweiler gehörte zum Reichsgut und wurde 1219 zur Stadt erhoben. Dabei wurde ihr als einer der ersten mittelalterlichen Städte das Münzrecht verliehen.

Seit dem 14. Jh. verlor der Trifels seine reichspolitische und strategische Bedeutung. Die Reichsinsignien wurden an wechselnden Orten verwahrt. Heute befinden sie sich in der Schatzkammer der Wiener Hofburg. Auf dem Trifels werden Kopien der wesentlichen Stücke gezeigt.

Nach Zerstörung durch Brand 1602 wurde die Ruine als Steinbruch ausgebeutet. Restaurierungen erfolgten schon 1843 durch den bayerischen Staat mit Unterstützung des 1866 gegründeten Trifelsvereins. 1937 begannen Ausbau und Planung des Trifels zu einer nationalen Weihestätte. Die Nationalsozialisten hatten die Absicht, am historischen Ort an die Reichsgeschichte anzuknüpfen und ihren Machtanspruch auf diese Weise zu legitimieren. Der Ausbau des Trifels geriet während des Zweiten Weltkriegs ins Stocken und wurde danach auf der Grundlage der Planung der 1930er Jahre vollendet.

Trotz aller Umbauten und Rekonstruktionen im 20. Jh., die das Erscheinungsbild teilweise verfälschen, beeindruckt der Trifels noch heute durch seine einmalige Lage und vermittelt das Bild eines sicheren Hortes.

www.annweiler.de

Literatur

Bernhard Meyer, Burg Trifels, Führungsheft 15, Regensburg 2004.

Jan Keupp u. a., „Die Keyserlichen Zeychen …“ – Die Reichskleinodien – Herrschaftszeichen des Heiligen römischen Reiches, Regensburg 2009.

Heute ein großes Bauergehöft ... würde dies Thalburg ganz in Vergessenheit gerathen sein, wenn nicht in ihrem Innern die Reste einer Kapelle enthalten wären, ein wahres Juwel der frühgotischen Bauweise und ein Meisterwerk der Steinmetzkunst.

(F. Peters, 1869)*

HOF IBEN – AUF DEM WEG DES NAUMBURGER MEISTERS

Am Rand von Rheinhessen zwischen Bad Kreuznach und Alzey liegt der Hof Iben bei Fürfeld, eine Art Weiler, bestehend aus mehreren Gehöften. Inmitten der landwirtschaftlichen Gebäude steht eine kleine gotische Kapelle, die auf Grund ihrer idealen Architektur und äußerst qualitätvollen Bauplastik aus dem Rahmen dörflicher bzw. regionaler Baukunst fällt.

Die spärlichen Geschichtsquellen berichten erstmals 1258 von einer Niederlassung des Templerordens an dieser Stelle, wahrscheinlich aber existierte diese Ansiedlung schon im 12. Jh. Der Orden war 1119 im Zusammenhang mit den Kreuzzügen gegründet worden. Seine Hauptaufgabe bestand darin, die Jerusalempilger sicher ins Heilige Land zu begleiten. Innerhalb kürzester Zeit breiteten sich die Templer aus und hatten Besitzungen in ganz Europa. König Philipp der Schöne von Frankreich klagte sie 1307 des Irrglaubens und der Irrlehre an. Bereits 1312 erfolgte die Aufhebung des Ordens durch Papst Clemens V.

Auf einer kleinen Anhöhe über dem Appelbachtal, an der Kreuzung zweier wichtiger Wege, gründete der Templerorden eine Komturei, die man sich als große Hofanlage mit einer Kirche als Mittelpunkt vorstellen muss. Diese Komtureien dienten vor allem der Bewirtschaftung der Güter zur Finanzierung der Züge in das Heilige Land. Aufgrund ihrer Aufgaben hielten sich die Ordensritter nur selten in ihren Niederlassungen auf.

Die gotische Kapelle ist nur der Chor einer spätromanischen Kirche, deren Schiff 1832 abgebrochen wurde. Kurz vor der Mitte des 13. Jhs. war ein Werkstattverband von hervorragenden Steinmetzen mit dem Bau des Chores beauftragt worden. Die

* F. Peters, Die Burg-Kapelle zu Iben, Bonn 1869, S. 5.

hohe handwerkliche Qualität zeigt sich an der sorgfältigen Oberflächenbearbeitung, der präzisen Quaderung und den ausgewogenen Bauformen. Zahlreiche Versatzmarken deuten darauf hin, dass diese Werkstatt über eine gute Organisation mit hochspezialisierten Steinmetzen verfügte, die einzelnen Teile vorgefertigt und dann vor Ort versetzt wurden.

Hof Iben, frühgotische Kapelle (Aufnahme um 1910)

Der kleine, nur aus einem Joch bestehende Chor mit dem filigranen, ganz aus Sandstein gearbeiteten Dachreiter beeindruckt zum einen durch die Harmonie der Architektur, zum anderen durch die exquisite Bildhauerarbeit.

Kapitelle und Schlusssteine zeigen in ihrem floralen Schmuck außerordentliche Naturtreue. Die dargestellten Pflanzen und Blätter sind bestimmbar. Man erkennt Weinreben, Rosen, Eichenlaub, Zaunrübe, Beifuß, Haselstrauch, Maulbeerbaum und andere Pflanzen, die im Mittelalter alle auch symbolische Bedeutung hatten. Technisch sind die Architekturdetails ebenfalls meisterhaft gearbeitet. So stehen die einzelnen Blätter und Stiele vielfach frei vor dem Kelch der Kapitelle.

Keine Quelle, Urkunde oder Inschrift gibt Auskunft darüber, wer diese Steinmetzwerkstatt war, wer dieses für die Region so beispiellose Werk geschaffen hat. Ihre Ursprünge liegen in Nordfrankreich. In den dreißiger Jahren des 13. Jhs. wurde in Reims die großartige Kathedrale gebaut. Zahlreiche Bildhauer waren dort beschäftigt und erhielten ihre Ausbildung. 1233 wurde der Bau wegen Auseinandersetzungen des Bischofs mit den Bürgern unterbrochen. Die Folge war eine Abwanderung der hochqualifizierten Handwerker. Der Weg führte einen solchen Werkstattverband in das Rhein-Main-Gebiet. Die Steinmetze fanden Arbeit am gerade im Bau befindlichen

Mainzer Dom und schufen dort den Westlettner, dessen Skulpturenschmuck, wenn auch nur noch in Fragmenten erhalten, eine erstaunliche Ähnlichkeit zur Ibener Kapelle zeigt. Von Mainz aus war der Weg nach Iben nicht weit. Der Westlettner und die Chorkapelle müssen in unmittelbarer zeitlicher Nähe entstanden sein.

Nach dem Ende der Arbeiten zog die Bauhütte weiter. Ihre Spur lässt sich nach Naumburg verfolgen. Die Stifterfiguren und der Lettner im Naumburger Dom gehören zu den Meisterwerken dieses Hüttenverbandes. Da Quellen fehlen, verwendet man in der Kunstgeschichte einen Notnamen und bezeichnet den Bildhauer als den „Naumburger Meister", obwohl man heute sicher davon ausgehen kann, dass nicht ein einzelner Meister all diese Werke schuf, sondern eine Werkstatt mit mehreren Mitarbeitern. Dies zeigen die Steinmetzzeichen der Ibener Kapelle. Ein Teil lässt sich auch auf Werksteinen in Naumburg nachweisen. Von Naumburg führte der Weg dann weiter nach Meißen. Auch am Meißner Dom sind die gleichen Steinmetzzeichen zu entdecken, die stilistischen Bezüge sind überzeugend. Von Frankreich über Hof Iben und Mainz bis nach Naumburg und Meißen lässt sich der Weg dieser Werkstatt verfolgen, die über einen Zeitraum von etwa 30 Jahren Bildwerke von europäischem Rang hervorbrachte, mit einem genialen Werkmeister an der Spitze.

Nach der Aufhebung des Templerordens fiel Hof Iben in der Folgezeit an verschiedene Herrschaften und war seit dem frühen 19. Jh. in Privatbesitz. Die Kapelle ist heute im Besitz des Landes Rheinland-Pfalz.

Hof Iben ist ein Ort, der an den bereits vor 700 Jahren verbotenen Templerorden der Kreuzfahrerzeit erinnert, vor allem aber steht hier in der Einsamkeit ein Kleinod mittelalterlicher Bau- und Bildhauerkunst.

Literatur

Wolfgang Bickel, Templerkapelle Iben, Worms 2009.

Der Naumburger Meister, Katalog Naumburg 2011, Bd.1, S. 596ff.

... In allem, der Raumgestaltung, wie der auf Spitze getriebenen malerisch-barocken Formbehandlung, stößt man bei diesem merkwürdigen kleinen Bau auf einen eigenartig schneidigen Ton, den wir uns mit der Vermutung erklären möchten, dass der Meister gar kein Kirchenbautenmeister, sondern in der Profanarchitektur heimisch war, von der aus er sich ausnahmsweise einmal an einer kirchlichen Aufgabe versuchte.

(Georg Dehio, 1911)*

DIE BURGKAPELLE VON KOBERN – EIN GEBAUTES RELIQUIAR FÜR DAS HAUPT DES HL. MATTHIAS

Am Unterlauf der Mosel liegen auf einem langgestreckten Bergrücken über dem Ort Kobern zwei Burgruinen, die Niederburg mit zentralem Bergfried und umgebenden Mauern von Palas, Zwinger und anderen Bauten und – oberhalb – auf einem hohen Berg, die Altenburg oder Oberburg, von der sich ein mächtiger, quadratischer Bergfried und die Matthiaskapelle erhalten haben. Diese entspricht in ihrer Form als großer, achteckiger Zentralbau nicht den üblichen, meist kleineren und in Palasbauten integrierten Burgkapellen, sondern unterscheidet sich von diesen durch Bauform, Gestaltung und Funktion.

Aus den Quellen lässt sich wenig erfahren. So gehen beide Burgen auf die Herren von Kobern zurück. Im 12. Jh. erlosch die männliche Linie. Durch Heirat trat das Adelsgeschlecht der Isenburger mit Gerlach III., d. h. Gerhard I. von Kobern, der sich ab 1183 Gerlacus Kobrunensis nannte, die Nachfolge an. Überliefert sind Auseinandersetzungen mit dem Trierer Erzbischof Johann I., insbesondere wegen des Ausbaus der Burg, der immer auch als Machtprobe im Herrschaftsbereich des Trierer Erzbistums zu sehen war.

Seit dem 14. Jh. berichten Schriftquellen von der Existenz einer Kopfreliquie des hl. Matthias, doch ist davon auszugehen, dass sich diese bereits seit dem 13. Jh. auf der Burg und im Besitz der Herren von Kobern und ihrer Nachfolger, den Isenburgern, befand. Es wird vermutet, dass Heinrich von Isenburg am Kreuzzug gegen Damiette in Ägypten (1217–1221) teilgenommen hat und die Matthiasreliquie über ihn nach Ko-

* Georg Dehio, Handbuch der Deutschen Kunstdenkmäler IV – Südwestdeutschland – Berlin 1911, S. 181f.

Kobern, Obernburg, Matthiaskapelle, Innenraum (hist. Aufnahme)

bern gelangte. Zu diesem Kreuzzug hatte der Trierer Erzbischof Theoderich II. (1212–1242) eigens aufgerufen. Eine konkrete Bestätigung durch Quellen fehlt jedoch.

Im 13. Jh. wurde mit Sicherheit mit dem Bau einer Kapelle begonnen, die sich durch eine besonders aufwendige Architektur auszeichnet. Der Außenbau zeigt eine Wandgliederung durch Lisenen, Bogenfriese und Fenster in Fächerform bzw. mit Kleeblattabschluss, Motive der niederrheinischen Romanik. Bekrönt wird der Bau durch einen zentralen Turm. Nach Norden schließt sich ein ebenfalls polygonaler, fast runder Chor an, der vielleicht auf einen Vorgängerbau zurückgeht. Innen überrascht die Vielfalt der Formen der späten Romanik bzw. frühen Gotik. Hier umstehen schlanke Dienste die Säulen, welche den Turm tragen. Die Kelchknospenkapitelle sind schon ganz der Gotik verpflichtet. Es gibt auch figürliche Darstellungen, wie die Symbole der Evangelisten. Mit dem „Säulenwald" in der Mitte der Kapelle korrespondiert die ebenfalls sehr reiche innere Wandgliederung. Die Besonderheit der Architektur der Kapelle, innen wie außen, legt den Schluss nahe, dass hier im frühen 13. Jh. im Zusammenhang mit der Matthiasreliquie ein gebautes, also steinernes Reliquiar entstehen sollte. Überdies erinnert die Architektur der Matthiaskapelle an die zahlreichen Nachbauten des Heiligen Grabes und anderer Gebäude in Jerusalem. In jedem Fall ist ein Bezug zum Heiligen Land feststellbar. Der Kapellenbau war, nicht zuletzt wegen seines Turmes, schon von Weitem sichtbar. Quellen zu einer Wallfahrt fehlen, obwohl es diese mit Sicherheit gegeben haben dürfte. Möglicherweise war die kostbare Reliquie aber nur ausgewählten Adelskreisen zugänglich.

Mit der Matthiasreliquie gerieten die Koberner – absichtlich oder zufällig – in Konkurrenz zu Trier, da sich in der Benediktinerabtei St. Matthias seit langer Zeit das Grab des hl. Matthias mit dem vollständigen Körper, also auch mit Kopf, befand, das einzige Apostelgrab nördlich der Alpen. Die Reliquien soll die hl. Helena, die Mutter Konstantins des Großen, nach Trier gebracht haben. Aufgrund der großen Bedeutung prominenter Reliquien im Mittelalter – und eine solche war das Haupt des hl. Matthias – konnte sich der Trierer Erzbischof durchaus provoziert gefühlt haben, zumal er Lehensherr der Oberburg in Kobern war. So verwundert es nicht, dass Erzbischof Kuno von Falkenstein kurzerhand die Matthiasreliquie in seine Obhut nahm und auf die Burg Ehrenbreitstein in Koblenz bringen ließ. Im 15. Jh. gelangte sie in den Trierer Domschatz. 1927 regte der apostolische Nuntius Eugenio Pacelli, der spätere Papst Pius XII., an, die Reliquie in die Abtei St. Matthias zu überführen, was auch geschah – eine diplomatische Form der Problemlösung.

Die Matthiaskapelle wurde immer wieder instandgesetzt, auch als sich die Reliquie längst nicht mehr dort befand; so unter anderem 1836 durch den Koblenzer Architekten Johann Claudius von Lassaulx auf Initiative des preußischen Kronprinzen Friedrich Wilhelm, des späteren Königs Friedrich Wilhelm IV.

Sie ist ein herausragendes Bauzeugnis des frühen 13. Jhs. an der Mosel, das in Zusammenhang zu sehen ist mit der Kreuzzugsbewegung und der Reliquienverehrung im hohen Mittelalter.

www.koberngondorf.de

Literatur

Udo Liessem u. Alexander Thon, Niederburg und Obernburg Kobern mit Matthiaskapelle, Regensburg 2008.

Carola Geiecke, Neue Forschungsergebnisse zur Matthiaskapelle bei Kobern-Gondorf, in: Burgen und Schlösser 3/2007, S. 156ff.

Wie sehr gehören unsere Lehrer in Mainz, in Worms und in Speyer zu den Gelehrtesten der Gelehrten, zu den Heiligen des Höchsten ... Von dort geht die Lehre aus für ganz Israel ... seit dem Tag ihrer Gründung richteten sich alle Gemeinden nach ihnen, am Rhein und im ganzen Land Aschkenas.

(Isaak Or Sarua, 2. Hälfte des 12. Jhs.)*

DER HEILIGE SAND IN WORMS – 1.000 JAHRE JÜDISCHE KULTUR AM RHEIN

Unweit des romanischen Doms, zunächst außerhalb der Stadtbefestigung, dann in diese einbezogen, liegt der Heilige Sand in Worms, der alte jüdische Friedhof, wohl der größte, sicher aber der bedeutendste unter den rund 220 jüdischen Friedhöfen in Rheinland-Pfalz. Seine Anfänge reichen zurück bis in die Zeit um1000, als sich die jüdischen Gemeinden in den Bischofsstädten etablierten. Belegt wurde er bis in die Zeit nach 1900, als ein neuer jüdischer Friedhof beim 1909 gegründeten kommunalen Friedhof auf der Hochheimer Höhe angelegt wurde.

Erhalten sind auf dem Heiligen Sand über 2.000 Grabsteine. Davon entstammen etwa 750 dem Mittelalter, d. h. dem 11.–15. Jh., ein einmaliger Bestand. Der Heilige Sand ist somit der älteste erhaltene jüdische Friedhof Europas.

Nach jüdischen Glaubensvorstellungen dürfen Friedhöfe, die Beinamen wie „Haus der Ewigkeit“ tragen, nicht aufgegeben werden. Dies gebieten die hohe Achtung und der Respekt vor den Toten, deren Eigentum Grab und Grabstein sind. Auch aus diesem Grund sollen Männer beim Besuch jüdischer Friedhöfe eine Kopfbedeckung tragen. Dass der Heilige Sand in Worms trotz aller Verluste verhältnismäßig gut durch die Wirren der Zeit gekommen ist, ist ein einzigartiger Glücksfall. Bis heute kommen Juden aus aller Welt zum Heiligen Sand. Ihr Ziel sind die Gräber berühmter Gelehrter, die im Judentum wie Heilige verehrt werden. Man erkennt diese Grabsteine an aufgelegten Steinchen mit Zetteln, auf denen Wünsche geschrieben sind.

Der Besucher betritt den Friedhof vom Andreasring her und gelangt in einen Vorhof mit dem Leichenhaus, das den Tahararaum enthält, der früher zur Vorbereitung und Waschung der Leichen diente.

---

* zit. nach: Rainer Barzen, Jüdische Regionalorganisation am Mittelrhein, in: Europas Juden im Mittelalter, Symposium Speyer 2002, Trier 2004, S. 248.

Worms, jüdischer Friedhof Heiliger Sand, mittelalterliche Grabsteine (hist. Aufnahme)

Im älteren Teil des Friedhofs stehen die Grabsteine des Mittelalters. Die alten Grabsteine, ausnahmslos aus Sandstein gearbeitet, enthalten gerahmte Schriftfelder. Die Rahmung zeigt einfache Stilformen wie romanische Bogenfriese, gotische Spitzbögen oder einfache Profile. Figürliche Motive wie Hauszeichen sind selten. Jüdische Grabsteine sind als Geschichtsquelle von großer Bedeutung. Die Inschriften enthalten weit mehr als Namen und Daten. Hier finden sich Hinweise auf die Person, ihre Aufgabe in der Gemeinde, religiöse Textzitate und anderes mehr. Die Formulierungen sind nicht selten von bemerkenswerter literarischer Qualität.

Der älteste Grabstein in Worms ist der eines Mannes, der 1058/59 verstarb, dessen Namen jedoch nicht entziffert werden konnte. Bisher galt der des Jakob (gestorben 1076/77) als der älteste.

Zu den Steinen, welche besondere Beachtung finden, gehören diejenigen des Rabbi Meir von Rothenburg (gestorben 1293) und des Alexander ben Salomo Wimpfen (gestorben 1307). Rabbi Meir war eine hoch angesehene Autorität in theologischen und juristischen Fragen, tätig in Rothenburg und Mainz. Er wurde 1286 durch Rudolf von Habsburg gefangen genommen, da man glaubte, er habe eine Auswanderungswelle nach Palästina verursacht, was damals eine Schwächung der Wirtschaftskraft bedeutete. 1307, vierzehn Jahre nach seinem Tod im Elsass, gelang es dem jüdischen Kaufmann Alexander ben Salomo unter Einsatz seines gesamten Vermögens, den Leichnam auszulösen und nach Worms zu bringen, um ihn hier zu bestatten. Sein einziger Wunsch war es, neben dem großen Gelehrten begraben zu werden, was auch geschah.

Im 16. Jh. wurde die Friedhofsfläche nach Südosten hin erweitert. Auf diesem höher gelegenen Teil findet man die jüngeren Bestattungen. Die Grabmäler entsprechen in ihrer Gestaltung den üblichen Stilformen, manche tragen auch zweisprachige Inschriften, Zeichen der Assimilation der Juden an die Gesellschaft

Zu den in Worms bestatteten Gelehrten gehört Rabbi Jakob Molin, genannt Maharil (gest. 1427), einer der berühmtesten Mainzer Rabbiner. Rabbi Simson Bacharach (gest. 1670), der einige Jahre als Prediger in Prag wirkte, und Rabbi Isaak Adler (gest. 1823) fanden hier ihre letzte Ruhestätte. Sein Enkel war der jüdische Philosoph Felix Adler (1851–1933).

Mit dem Begriff SchUM, der aus den Anfangsbuchstaben der hebräischen Städtenamen für Speyer, Worms und Mainz besteht, bezeichnet man den Zusammenschluss, man könnte auch sagen das Netzwerk, der drei jüdischen Gemeinden mit ihren Talmudschulen. Von hier gingen im Mittelalter Impulse in die jüdische Welt, hier getroffene Entscheidungen waren allgemein verbindlich in religiösen, juristischen oder medizinischen Fragen. Bis heute hat dieser Begriff in der jüdischen Welt Gewicht. Texte und Gebete der großen SchUM-Zeit des 11. und 12. Jhs. sind nach wie vor gültig.

In Worms hat sich an der nördlichen Stadtmauer das alte jüdische Viertel erhalten mit den Häusern an der Judengasse, der mittelalterlichen Mikwe (Ritualbad) und der ursprünglich 1174/75 errichteten, in den 1950er-Jahren nach Zerstörung rekonstruierten Synagoge. Der Judenhof in Speyer bewahrt eine architektonisch besonders aufwendige Mikwe, wohl ein Werk der Dombauhütte, und die Ruinen der beiden mittelalterlichen Synagogen.

Zweifellos ist der Heilige Sand in Worms das wichtigste Zeugnis für jüdische Geschichte und Kultur nicht nur in Rheinland-Pfalz.

Literatur

Fritz Reuter, Warmaisa – 1000 Jahre Juden in Worms, Frankfurt [2]1987.

Die SchUM-Gemeinden Speyer – Worms – Mainz auf dem Weg zum Welterbe, Tagungsband, hrsg. v. der Generaldirektion Kulturelles Erbe Rheinland-Pfalz, Regensburg 2013.

DAS SPÄTE MITTELALTER - DIE MÄCHTIGEN (VIER) KURFÜRSTEN

Seit dem 14. Jh. änderten sich die Machtverhältnisse entscheidend, denn die Kurfürsten vergrößerten ihren Einfluss. Was die Goldene Bulle 1356 endgültig festschrieb – das Recht der Kurfürsten, den deutschen König zu wählen – deutete sich aber schon vorher an. Mit den Vereinbarungen zum Kurverein von Rhens lösten sich die Kurfürsten von der päpstlichen Einflussnahme. Neben den drei geistlichen Kurfürsten, den Erzbischöfen von Köln, Mainz und Trier, wurde die Pfalzgrafschaft zum vierten konstanten Faktor. Hinzu traten die Fürstbischöfe in Speyer und Worms sowie mächtige Äbte wie in Prüm. Mit Erzbischof Balduin, seinem Bruder Kaiser Heinrich VII. und seinem Großneffen Kaiser Karl IV. gewann das Haus der Grafen von Luxemburg an Macht.

Den Burgen kam im 14. Jh. eine Schlüsselrolle zu. Sie waren Herrensitz, Wehrbau, wirtschaftlicher, politischer und kultureller Mittelpunkt. Der Besitz von Burgen bedeutete Macht. Die Gebietsverteilung am Mittelrhein, Burgen und Städte spiegelten die Machtverhältnisse deutlich wider. In dieser Region besaßen die mächtigsten Fürsten Territorien. Doch auch viele kleinere Geschlechter, die zu Einfluss gekommen waren, wie die Grafen von Katzenelnbogen, waren mit mehreren Burgen am Rhein vertreten. Für die weltlichen Fürsten war es auf Grund der üblichen Erbteilungen schwierig, ihre Machtbereiche langfristig zu festigen. Mit dem Ende des 15. Jhs. war schließlich ein Wendepunkt erreicht. Am Vorabend der Reformation wurden auf dem Reichstag von Worms 1495 verbindliche Institutionen wie das Reichskammergericht und der ewige Landfrieden geschaffen und Rittertum und Burgen verloren an Bedeutung; Söldnerheere und Festungen trugen nun der Entwicklung der Waffen- und Wehrtechnik Rechnung.

Wie ich nun da oben stand, die im reinsten Verhältnis geschwungenen hohen gotischen Bogen mit den reichen Fensterverzierungen sich in den Abendhimmel erhoben, die glatten Strebepfeiler und zierlichen Spitzsäulen ... da ergriff mich ein Gefühl tiefer nachhaltiger Rührung.

(Carl Gustav Carus, Tagebuch, 1835)*

DIE WERNERKAPELLE IN BACHARACH – BAUKUNST UND JUDENFEINDLICHKEIT IM MITTELALTER

Auf halber Höhe über der Stadt Bacharach und unterhalb der Burg Stahleck steht die Ruine der hochgotischen Wernerkapelle, ein Bau höchster architektonischer und bildhauerischer Qualität, der zugleich an die Verfolgung der Juden im Mittelalter erinnert und mahnt. 100 Stufen führen vorbei an der romanischen Peterskirche und dem historischen Posthof hinauf zur Kapelle über den Häusern von Bacharach.

1287 wurde in Oberwesel ein Knabe mit Namen Werner tot aufgefunden. Er war Opfer eines Gewaltverbrechens geworden, das man jedoch den Juden anlastete. Es kam zu Ausschreitungen gegen die Juden in Bacharach und Umgebung. Der Knabe wurde in einer dem hl. Kunibert geweihten Kapelle, die an der Stelle der heutigen Wernerkapelle stand, aufgebahrt. Trotz deutlicher Zurückhaltung der geistlichen wie weltlichen Obrigkeit entwickelte sich schnell eine Wallfahrt und schon bald begann man mit dem Neubau einer Kirche.

Die Wernerkapelle besitzt einen kleeblattförmigen Chor, eine sog. Dreikonchenanlage, an den sich ein kurzes Joch mit Empore anschließt. Im östlichen Chor stand der dem hl. Kunibert geweihte Hauptaltar, im nördlichen befand sich die Grablege Werners, das Ziel der Wallfahrer. Die südliche Choranlage diente als Eingangshalle. Erkennbar ist dies noch heute am linken, mit Blendmaßwerk geschmückten Türgewände.

Die Kapelle wirkt wie ein Zentralbau und wegen der feinen Detailformen und Profile wie ein gebautes Reliquiar. Unterstrichen wurde dieser Eindruck im Mittelalter durch eine intensiv rote Farbfassung. Hinzu kamen Vergoldungen einzelner Teile.

* Carl Gustav Carus, Tagebuch einer Reise im Jahre 1835, zit. nach: Andreas Bitz, „Alles das ist Bacharach“, Bacharach ^{2}2002, S. 36.

Bacharach, Choransicht der Wernerkapelle (hist. Aufnahme)

Die Besonderheit zeigt sich auch im Material, denn die Kapelle besteht weitgehend aus Sandstein, der von weit her, vom Main über den Rhein auf Flößen herangeschafft werden musste, während man am Mittelrhein Kirchenbauten wie die romanische Peterskirche unterhalb üblicherweise in dem direkt verfügbaren Schieferbruchstein errichtete. Den reich profilierten Pfeilern und Wandvorlagen entsprechen die filigranen, drei- und vierbahnigen Fenster mit reichen Maßwerkformen – Drei- und Vierpässe – in den Spitzbögen. Ein Fenster der Nordseite zeigt eine spätgotische Gestaltung mit sog. Fischblasenornamenten, d. h. tropfenförmigen Gebilden. Die hohe Entwicklungsstufe der Architektur wird deutlich im Bemühen die Wandflächen weitgehend zu Gunsten von Fenstern aufzulösen.

Überliefert und an den Maßwerkformen ablesbar gab es immer wieder Bauunterbrechungen, so 1337, als die unvollendete Kapelle – vorläufig – geweiht wurde. Erst Winand von Steeg, einem bedeutenden Humanisten, Juristen und Theologen, gelang es, den Bau zu vollenden. Winand von Steeg war seit 1421 Pfarrer in Bacharach und wohnte im Pfarrhof, dem späteren Posthof unterhalb der Kapelle. Die Vollendung des Baus wurde über Spenden finanziert. Seine Bemühungen, auch die Heiligsprechung des Knaben Werner zu erreichen, scheiterten nach langem Prozess am Widerstand der römischen Kurie, insbesondere des Papstes Martin V. (1417–1431).

Wie Religionshistoriker längst nachgewiesen haben, handelte es sich bei der tragischen Geschichte des Knaben Werner um eine sog. Ritualmord-Legende. Man konstruierte solche Legenden, um so die Verfolgung der Juden zu legitimieren. Eine zweite Wernerkapelle entstand beim Hospital im wenige Kilometer flussabwärts gelegenen Städtchen Oberwesel, ebenfalls bald nach dem Tod Werners. Vollendet wurde dieser Bau, der sich malerisch über der rheinseitigen Stadtmauer erhebt, um die Mitte des 14. Jhs. Nach Zerstörungen im Pfälzischen Erbfolgekrieg 1689 konnte die Oberweseler Wernerkapelle im 18. Jh. wiederhergestellt werden. Seit wenigen Jahren trägt sie den Namen „Mutter Rosa" nach der Gründerin der Waldbreitbacher Franziskanerinnen. Werner wird seit 1963 auch nicht mehr im Heiligenkalender des Bistums Trier geführt.

Die Wallfahrt war mit der Einführung der Reformation in der Kurpfalz, zu der auch Bacharach gehörte, beendet. Der Kult des Knaben Werner blieb auf die beiden Orte Bacharach und Oberwesel begrenzt. Allerdings gelangten in der Mitte des 16. Jhs. Reliquien nach Besançon, was zu einer Verehrung Werners (frz. Vernier) als Winzerheiliger in Südostfrankreich führte.

Im Pfälzischen Erbfolgekrieg wurde das Dach der Kapelle beschädigt, als bei der Beschießung der Burg Stahleck Trümmer herabfielen. Es gelang der kleinen katholischen Kirchengemeinde in der Folgezeit nicht, den Bau wieder instand zu setzten. Man sah sich sogar gezwungen, in der Mitte des 18. Jhs. den nördlichen Chor wegen Bergrutschgefahr abzubrechen.

Die Ruine der Kapelle im mittelalterlich geprägten Ortsbild von Bacharach zusammen mit der malerischen Rheinlandschaft sprach die Menschen der Romantik in besonderer Weise an. Hiervon zeugen ungezählte bildliche Darstellungen und Beschreibungen.

Bereits 1843 regte Ferdinand von Quast, der erste preußische Konservator, eine Restaurierung an, wobei darauf zu achten sei, „daß die Ruine nicht ihren malerischen Charakter verliert." Konsequent wurden auch in der Folgezeit Überlegungen, den Bau wieder zu vervollständigen, aufgegeben zu Gunsten einer Konservierung der originalen Substanz und des Ruinenbildes.

Die Wernerkapelle in Bacharach ist einer der architekturgeschichtlich bedeutendsten gotischen Sakralbauten zwischen Köln und Straßburg mit stilistischen Bezügen zur Oppenheimer Katharinenkirche und den gotischen Kapellen des Mainzer Domes. Der preußische Provinzialkonservator Paul Clemen stellte in seinem Restaurierungsbericht 1901 ihre Bedeutung als romantische Ruine heraus, als „eines der malerisch wertvollsten, allen Künstlern unvergesslichen Architekturbilder am Rheine". Er nimmt auch Bezug auf die Ritualmordlegende, indem er schreibt: „Das Bauwerk ist auch in kulturgeschichtlicher Beziehung ein höchst merkwürdiges Monument: wohl das früheste Monument des Antisemitismus am Rhein ..."

Literatur

Anja Krämer, Die Wernerkapelle in Bacharach, Baugeschichte, Rezeptionsgeschichte in der Rheinromantik und Restaurierungsgeschichte, Stuttgart 1990 (Magisterarbeit).

Friedrich Ludwig Wagner/Arnold Wolff, Die Wernerkapelle in Bacharach am Rhein, Köln ^{2}1997.

Er vereinigte den Gelehrten, den Krieger, den Fürsten und den frommen geistigen Vater in einer Person; und wenn die trierischen Erzbischöfe nach Verdienst geordnet werden sollen, so gebührt ihm ohne Bedenken der erste Platz.

(Adam Storck über Erzbischof Balduin, 1818)*

ERZBISCHÖFLICHE VERKEHRSPOLITIK – DIE BALDUINSBRÜCKE IN KOBLENZ

Noch heute verbindet die Balduinsbrücke über die Mosel die Altstadt von Koblenz mit dem Stadtteil Lützel. Der Name erinnert an Erzbischof Balduin von Trier, einen der mächtigsten Kirchenfürsten des 14. Jhs.

Balduin entstammte dem Geschlecht der Grafen von Luxemburg. Nach dem frühen Tod seines Vaters studierte und lebte er mit seinen Brüdern in Paris am Hof des französischen Königs. Für ihn war die geistliche Laufbahn vorgesehen. Mit 22 Jahren wurde er vom Domkapitel in Trier zum Bischof gewählt und führte das Erzbistum fast 50 Jahre, er prägte es in dieser Zeit wie kein anderer. Sowohl in der Reichspolitik als auch in seinem Erzbistum erreichte er eine herausragende Stellung.

Als stimmberechtigter Kurfürst bei der Königswahl gelang es ihm, seinen Bruder Heinrich als König durchzusetzen. 1310 brach er mit seinem Bruder zur Kaiserkrönung nach Rom auf. Dieser Zug endete in einer Katastrophe, denn Heinrich starb auf dem Rückweg an Malaria. Balduin widmete sich nun verstärkt seinen kirchlichen Aufgaben. Er war nicht nur Erzbischof eines großen Bistums, sondern auch Landesherr des Erzstiftes Trier und hatte damit auch weltliche Herrschaftsfunktionen. Unter seinen Vorgängern war das Gebiet des Erzstiftes, zu dem Bereiche um Trier und Koblenz zählten und das nicht mit dem Territorium des Bistums übereinstimmte, deutlich erweitert und durch Burgen gesichert worden. Dennoch übernahm Balduin das Bistum in desaströsen finanziellen Verhältnissen. Durch den Aufbau einer effizienten Administration, mit Hilfe seiner Familie, durch Zolleinnahmen und Abgaben der Juden, denen er Schutz versprach, konnte er innerhalb

* zit. nach: Anton Neugebauer, Balduin-Erinnerungen im 19. und 20. Jh., in: Balduin von Luxemburg 1285–1354, hrsg. v. Franz-Josef Heyen, Mainz 1985, S. 573.

weniger Jahre eine positive Bilanz erreichen. Über das Erzstift verteilt be- und entstanden zahlreiche Burgen, sie bildeten ein Netz von Stützpunkten und dienten der Organisation und Sicherung des Territoriums. Zum Teil waren es Lehensburgen, d. h. Burgen, die zwar im Besitz des Erzstiftes waren, aber dort ansässigen Familien zum Lehen übergeben waren, die zur Treue und zum ritterlichen Dienst verpflichtet waren. Die Landesburgen waren mit Amtmännern besetzt, die der Landesherr ernannte und die Verwaltungsaufgaben vor Ort übernahmen. Ihnen zur Seite stand ein Kellner, der die Abgaben der Bevölkerung in Form von Naturalien verwaltete. Balduin ließ mehrere Burgen bauen, den Neugründungen gab er seinen Namen: Balduinstein, Baldenau, Balduinseck, Baldeneltz u. a. Zusammen mit den Lehensburgen verfügte Balduin über ein Netzwerk von insgesamt mehr als 100 Burgen, die für eine wirkungsvolle Verwaltung mit Infrastruktur sowie militärischen Schutz sorgten.

Seine besondere Förderung erfuhr der Handel durch den Ausbau von Verkehrswegen. Zu den außergewöhnlich aufwendigen Projekten gehörte der Brückenbau. So ließ Balduin in Trier die alte Römerbrücke erneuern und ersetzte die Holzkonstruktion über den gemauerten Pfeilern durch steinerne Bögen. Auch über Kyll und Ruwer wurden neue Brücken errichtet.

Das kostspieligste und langwierigste Unternehmen war der Bau der Moselbrücke zwischen Koblenz und Lützel. In der Nähe des Bauplatzes bestand in römischer Zeit eine Brücke, die wohl schon im 5. Jh. unterging. Danach konnte man nur mit der Fähre auf das andere Ufer übersetzen. 1332 wurde auf dem Lützeler Ufer mit dem Bau begonnen. Auf einer Länge von 325 m überspannen 14 gemauerte Bögen die Mosel. Als Fundament dienen Eichenholzroste, schräg zugespitzte Eisbrecher schützen die Pfeiler. Ursprünglich war die Brücke hell verputzt mit eingeritzten Fugen. Um den Bau zu finanzieren, wurden Ablassprivilegien erteilt und Gelände zur Baumaterialgewinnung gekauft. Beim Tod Balduins 1354 war die Brücke noch nicht fertig gestellt. Sein Nachfolger im Amt des Erzbischofs musste noch einen Weinberg in Winningen kaufen, der dann als Steinbruch für den Brückenbau ausgebeutet wurde. Weitere Ablässe waren zur Finanzierung nötig. Hinzu kam eine Genehmigung des Kaisers, hier Brückenzoll zu erheben, was nochmals Einnahmen brachte. Erst mit dem Bau eines mächtigen Torturms auf Koblenzer Seite im 15. Jh. war die Brücke vollendet. Auf der Lützeler Seite gab es ein kleineres Tor.

In seinen letzten Lebensjahren konnte Balduin den erneuten Aufstieg seines Hauses Luxemburg zur Königswürde erleben und mitgestalten. Sein Großneffe Karl wurde als Karl IV. 1346 deutscher König; als Sohn König Johanns von Böhmen (s. Klause Kastel S. 180) und der Tochter des böhmischen Königs Wenzel war dem Herrscher aus dem luxemburgischen Grafengeschlecht auch Böhmen zugefallen. Karl IV. baute Prag zu einer prachtvollen Residenz aus. Für den Bau der Karlsbrücke über die Moldau in Prag soll er sich bei Balduin Anregungen geholt haben.

Koblenz,
Balduinsbrücke

Als Balduin starb, hinterließ er ein wohlgeordnetes Erzbistum mit einer funktionierenden Verwaltung, die Einteilung in Ämter hatte über Jahrhunderte Bestand. Durch Landfriedensverträge war das Territorium gesichert, Handel und Verkehr konnten sich entwickeln. Der Bau der Moselbrücke in Koblenz ist eine bemerkenswerte technische Leistung. Für die Stadt wurde eine Verbindung geschaffen, die wirtschaftlich und verkehrspolitisch von großer Bedeutung war. Bis heute gehört die Brücke trotz mancher Veränderungen zu den hervorragenden Beispielen mittelalterlicher Brückenbaukunst.

Literatur

Fritz Michel, Die Kunstdenkmäler der Stadt Koblenz. Die profanen Denkmäler und die Vororte, München 1954, S. 140ff.

Balduin von Luxemburg 1285–1354. Festschrift, hrsg. v. Franz-Josef Heyen, Mainz 1985.

Danach fuhr der König mit den Herren von Bacharach den Rhein hinab, und da sie gen Boppard kamen, wo des Königs Stuhl zu Rhense steht, da war der Stuhl köstlich bereitet mit goldenen und mit seidenen Tüchern; da wurde der König darauf gesetzt von den Kurfürsten, wie es von altersher Herkommen ist.

(Chronist Eberhart Windecke, 1442)*

DER KÖNIGSTUHL BEI RHENS – ZENTRALER VERSAMMLUNGSORT DER KURFÜRSTEN

Erst seit 1929 befindet sich der Königstuhl, ein an Sakralbauten erinnerndes, eher merkwürdiges Monument, auf einer Anhöhe oberhalb des Städtchens Rhens am Mittelrhein. Die Formen des Denkmals verweisen eindeutig auf das 19. Jh. Seine Geschichte beginnt aber bereits im 14. Jh.

Der Königstuhl ist in seiner Bedeutung und Funktion eng mit den Kurfürsten und dem deutschen Königtum verbunden. Die Kurfürsten hatten im Mittelalter das Privileg, den König zu wählen. Hier in Rhens grenzten vier der sieben Kurfürstentümer aneinander. Rhens selbst gehörte zu Köln, die Städte Boppard und Koblenz zu Trier. Die Burg Lahneck auf der rechten Rheinseite war mainzisch, die Marksburg hatte der Pfalzgraf bei Rhein als Lehen. Schon seit dem frühen 14. Jh. war Rhens zu einem Treffpunkt der Kurfürsten geworden. Überliefert ist, dass die Beratungen im Nussbaumgarten am Rhein stattfanden.

Am 16. Juli 1338 wurde in Rhens eine der reichspolitisch wichtigsten Institutionen gegründet, der „Kurverein von Rhens“, wobei „Kur“ für die Wahl, d. h. die „Kür“ des deutschen Königs, steht. Festgelegt wurde außerdem, dass der von den Kurfürsten mehrheitlich Gewählte den Titel „Römischer König“ mit allen Befugnissen führen darf und dass hierzu keine Zustimmung des Papstes notwendig ist. Die Zahl der Kurfürsten wurde wenige Jahre später – 1356 – in der „Goldenen Bulle“ auf sieben festgelegt, nämlich auf die drei geistlichen Kurfürsten, die Erzbischöfe von Köln, Mainz und Trier, und die vier weltlichen Kurfürsten, den Pfalzgrafen bei Rhein, den König von Böhmen, den Markgrafen von Brandenburg und den Herzog von Sachsen. 1346 fand in Rhens sogar eine Königswahl statt. Der Luxemburger Karl IV. von

* zit. nach: Helmut Prößler, Rhens 874- 1974; Geschichte und Gegenwart, Rhens 1974, S. 50.

Böhmen wurde hier als Gegenkönig zu Ludwig dem Bayern gewählt, da der sonst übliche Wahlort Frankfurt zu Ludwig hielt. Nach seiner Wahl forderte Karl IV. die Bürger von Rhens auf, am Rheinufer ein „Gestuls" für die Königswahl zu errichten. Es ist anzunehmen, dass es sich hierbei zunächst um eine hölzerne Konstruktion handelte.

Die zweite Wahl eines deutschen Königs in Rhens fand ebenfalls unter dramatischen Umständen statt. Wegen Vernachlässigung seiner Pflichten stand der damalige König Wenzel heftig in der Kritik. Seine Absetzung wurde massiv betrieben. Aus der zunächst breiten Opposition gegen ihn verblieben zuletzt nur die vier rheinischen Kurfürsten aus Trier, Köln, Mainz und der Pfalz, die sich in Rhens trafen. Die drei Kurfürsten aus den östlichen Landesteilen blieben der Versammlung fern. So wurde Wenzel im August 1400 seines Amtes enthoben und am nächsten Tag Pfalzgraf Rupprecht III. zum König gewählt. Aachen stand als Krönungsort nicht zur Verfügung, sodass die Krönung in Köln stattfinden musste. Da sich der abgesetzte König Wenzel nach Böhmen zurückzog, wurde die Legitimation von Rupprechts Königtum trotz des schwierigen Beginns nicht in Frage gestellt. Alle Bemühungen, den Königsstuhl danach dauerhaft zum Wahlort zu bestimmen, scheiterten jedoch. Rhens blieb aber eine wichtige Station auf dem Weg zwischen Frankfurt, dem offiziellem Wahlort, und Aachen, wo die deutschen Könige gekrönt wurden. Den hölzernen Königsstuhl ersetzte man durch einen massiven, verputzten Mauerwerksbau, dessen Aussehen durch mehrere Ansichten überliefert ist. Im 16. Jh. geriet Rhens jedoch mehr und mehr in Vergessenheit, denn Frankfurt wurde Wahl- und Krönungsort zugleich. Noch bis in das späte 18. Jh. gaben hier die neugewählten Koblenzer Bürgermeister ein Festessen anlässlich ihrer Ernennung.

In den napoleonischen Kriegen wurde der Königsstuhl durch die Franzosen zerstört. Da Reisende immer wieder nach dem Königsstuhl fragten, ergriff der Rhenser Bürgermeister Reusch 1834 die Initiative und regte eine Wiederherstellung an. Da jedoch „die Einwohner von Rhens zur Erhaltung alterthümlicher Denkwürdigkeiten keinen Sinn" hätten – so Reusch – könne die Finanzierung nicht durch die Gemeinde erfolgen.

Beauftragt wurde schließlich der Koblenzer Bauinspektor und Architekt Johann Claudius von Lassaulx, der zunächst vorschlug, lediglich ein Erinnerungsmal an den Königsstuhl zu errichten, da es vom ursprünglichen Bau kaum noch Reste gab. Letztlich kam es in den folgenden Jahren zu einer Rekonstruktion am ursprünglichen Platz am Rheinufer, wobei Lassaulx die überlieferten Formen des Monuments im Großen und Ganzen übernahm, im Detail aber recht frei gestaltete. Anstelle des verputzten Mauerwerks traten dunkle Basaltquader mit breiten Fugen.

Der achteckige Bau besteht aus einem ebenerdigen, gewölbten Raum über einer Mittelstütze. Von diesem öffnen sich sieben große Spitzbögen nach außen anstelle

Rhens, Königsstuhl (Aufnahme 1952)

der Rundbögen beim Vorgängerbau. Strebepfeiler fangen das Gewölbe ab. An der achten Seite gelangt man über eine hohe Treppe und durch ein Spitzbogenportal auf die Plattform, die eine Brüstung einfasst.

Der Wiederaufbau in den 1840er-Jahren wurde unterstützt durch Spenden aus ganz Deutschland. Auch der preußische König Friedrich Wilhelm IV. förderte das Projekt durch die Finanzierung des Baumaterials, wurde hier doch an mittelalterliche Herrschertraditionen erinnert. Man sah die Rekonstruktion als nationale Aufgabe wie den Weiterbau des Kölner Domes, mit dem 1842 begonnen wurde. Nach dem 1843 vollendeten Wiederaufbau des Königstuhls, der mit Ausnahme des Kapitells der Mittelstütze keine Originalteile mehr aufweist, wurde das Denkmal durch die Aufgabe des ursprünglichen Standorts am Rheinufer im Jahr 1929 zugunsten der Erweiterung eines Industriebetriebs entwertet.

Trotz aller Veränderungen ist der Königsstuhl in Rhens ein wichtiges Zeugnis der Reichsgeschichte, auch wenn er als Wahlort Episode blieb. Zugleich zeigt der Umgang mit diesem Monument eine historisch-national geprägte Sicht des Mittelalters im 19. Jh.

Literatur

Ernst Schubert, Kurfürsten und Wahlkönigtum, in: Balduin von Luxemburg 1285–1354. Festschrift, hrsg. v. Franz-Josef Heyen, Mainz 1985, S.103ff.

Henriette Kühl, „... Groß und herrlich ... ein Koloss, eine Pyramide, ein Dom zu Köln" – Politische Denkmäler 1813–1848, in: Gebaute Träume am Mittelrhein, der Geist der Romantik in der Architektur, Ausst. Kat. Landesmuseum Koblenz 2002, S.73ff, hier: S.78ff.

Nachweislich seit 1157 stets im Besitz des selben Geschlechtes ... durch die Einsamkeit und Schönheit der Phantasie wunderbar entgegenkommend – so ist Burg Eltz für den unmittelbaren Eindruck „die Burg" schlechthin, und zwar im Gesamtcharakter mehr Wohnung als Wehrburg ... Das Gewirr und Gezipfel ihrer steilen Dächer und Erker läßt uns im Original anschauen, was wir sonst nur in Bruchstücken oder aus alten Bildern und Kupfern kennen.

(Georg Dehio, 1911)*

BURG ELTZ – EINE WOHNGEMEINSCHAFT MIT 800 JAHREN FAMILIENTRADITION

Entstanden im hohen Mittelalter an einer Straße, die von der Mosel hinauf führt zum Maifeld, ist Burg Eltz eine der bekanntesten Burgen überhaupt. Die Überlieferung reicht zurück bis ins frühe 12. Jh., wenngleich es wahrscheinlich zuvor auch schon einen befestigten Platz gab. Die erste Erwähnung eines kaiserlichen Ministerialen mit Namen Rudolph von Eltz in einer Schenkungsurkunde Kaiser Barbarossas markiert zugleich auch die fassbaren Wurzeln dieses Geschlechtes, in dessen Besitz die Burg bis heute ist.

Die vielgestaltige, aus mehrgeschossigen Häusern bestehende Burganlage wurde in strategisch günstiger Lage auf einem 70 m hohen Felsen errichtet, der an drei Seiten von der Elz umflossen wird. Teile der Burg, so romanische Bauteile beim Kempenicher Haus, reichen tatsächlich bis in die Zeit der ersten Erwähnung zurück.

Auch wenn Burg Eltz niemals gewaltsam zerstört wurde, bedeutet das nicht, dass es keine Veränderungen oder Umbauten gab. Gebaut wurde nicht nur das ganze Mittelalter hindurch. Erst in der Mitte des 17. Jhs. war die Burganlage mit der Fertigstellung der Kempenicher Häuser vollendet.

Eine Stammesteilung vor 1268 führte auch zu einer Teilung der Burg sowie der zugehörigen Besitzungen und Güter. Die drei Hauptlinien des Hauses Eltz waren nach ihren Wappen Eltz vom Goldenen Löwen, Eltz vom Silbernen Löwen und Eltz von den Büffelhörnern benannt. Burg Eltz wurde zu einer Ganerbenburg, in der

* Georg Dehio, Handbuch der Deutschen Kunstdenkmäler, Bd. IV Südwestdeutschland, Berlin 1911, S. 76.

Burg Eltz (hist. Aufnahme)

mehrere Linien des Hauses in einer Erb- und Wohngemeinschaft zusammenlebten. Das bedeutet, dass jeder Zweig der Familie, der auf der Burg ansässig war, sein eigenes Haus hatte. Auf Burg Eltz entstanden so auf kleiner Grundfläche neun bis zu zehn Geschosse hohe, selbstständige wohnturmartige Bauten; Platt-Elz, Rübenacher Haus sowie die Kempenicher und Rodendorfer Häuser. Ganerbenbriefe regelten das Zusammenleben mit allen Rechten und Pflichten. Die Bauform spiegelt diese Struktur wider, eine Gruppierung mehrerer Wohntürme um einen engen Hof. Jedes Haus hat seinen eigenen Charakter, wobei alle zusammen ein Ganzes bilden. Die malerische Gesamtwirkung entsteht durch die unterschiedlichen Fenster, Erker, Ecktürmchen, Dachformen und den Wechsel von Mauern mit und ohne Putz bzw. Fachwerkpartien.

Im 14. Jh. versuchte Erzbischof Balduin von Trier (s. Koblenz, Balduinsbrücke S. 66) sein Territorium zu erweitern und seine Herrschaft abzusichern. Die Ritter von Eltz schlossen sich mit anderen Burgherren zusammen und leisteten Widerstand, den Balduin dadurch zu brechen versuchte, dass er in nächster Nähe der Eltz eine Belagerungsburg bauen ließ, die Trutz- oder Baldeneltz, deren Ruine noch erhalten ist. Es kam wohl zu Kämpfen und Belagerungen, bis die Eltzer um Frieden baten, der dann 1337 zu Gunsten des Trierer Erzbischofs geschlossen wurde. Die Ritter von Eltz wurden Lehensleute Balduins, waren ihm also zur Treue und zum Ritterdienst verpflichtet. Sie erhielten die Eltz zum Lehen.

Zwei Angehörige der Herren von Eltz erlangten besonders herausgehobene Positionen. Jakob III. (1510–1581) wurde Erzbischof von Trier und war eine der treibenden Kräfte in der Gegenreformation. Philipp Karl von Eltz (1665–1743) wurde

Erzbischof von Mainz und Reichserzkanzler. In seiner Regierungszeit entwickelte sich Mainz weiter zur glanzvollen barocken Residenzstadt. Neben dem modernen Ausbau der Festung mit detachierten (vorgelagerten) Forts ist eine regelrechte Neubauwelle in Verbindung mit steigenden Bevölkerungszahlen zu beobachten. Im Stadtbild entstanden das neue Zeughaus am Rhein, Adelshöfe und Bürgerhäuser, Kirchen erhielten neue Ausstattungen.

Die Besitzungen des Hauses Eltz waren sehr weitreichend, denkt man alleine an die Eltzer Höfe in Koblenz, Trier, Boppard, Würzburg, Mainz und Eltville. Die Räume auf Burg Eltz vermitteln durch Architektur, Gestaltung und Ausstattung Wohnkultur des späten Mittelalters. Es gibt Räume mit Holzdecken oder Steingewölben, so im Fahnensaal, der wahrscheinlich als Kapelle gebaut wurde. Hinzu kommen kostbare Möbel, Wandteppiche, Wandmalereien, gemalte Glasfenster, Kamine und Öfen mit bemalten Kacheln. Im Rittersaal und der Rüstkammer werden Waffen und Rüstungen aufbewahrt. Die Schatzkammer bewahrt schließlich kostbare Goldschmiedearbeiten, geschliffene Gläser und Porzellan.

Im 19. Jh. ließen die Grafen von Eltz umfangreiche Restaurierungen vornehmen. Nach einem verheerenden Brand 1920 galt es, auch diese Schäden wieder zu beheben. Seit 1815 ist Burg Eltz im alleinigen Besitz der Linie Eltz-Kempenich. Die Burg spielte seit dem 19. Jh. eine wichtige Rolle als touristisches Ziel. Prominente Besucher waren Victor Hugo und William Turner.

Burg Eltz befindet sich seit gut 800 Jahren und seit 33 Generationen im Besitz der Familie von Eltz, die sich zu allen Zeiten um die Erhaltung dieser einmaligen Burganlage bemühte – eine außergewöhnliche Tradition.

http://burg-eltz.de

Literatur

Hanna Adenauer u. a., Die Kunstdenkmäler des Kreises Mayen, Düsseldorf 1943, S. 48ff.

Ute Ritzenhofen, Burg Eltz, München 2002.

Nichts gefällt mir, was hier an der Kurie getrieben wird; alles ist verdorben, keiner tut seine Pflicht ... wenn ich im Konsistorium endlich einmal von Reform spreche, werde ich ausgelacht.

(Nikolaus Cusanus, um 1460)*

BERNKASTEL-KUES UND SEIN UNIVERSALGELEHRTER, DIPLOMAT, KARDINAL UND STIFTER – NIKOLAUS VON KUES

Gegenüber von Bernkastel am Moselufer im Ortsteil Kues steht das St. Nikolaus-Hospital oder Cusanustift, ein spätgotischer, klosterartiger Gebäudekomplex.

Der Stifter Nikolaus von Kues wurde als Nikolaus Cryfftz, d. h. Krebs, 1401 als Sohn eines wohlhabenden Kaufmanns in Kues geboren. Den roten Krebs führte er zeitlebens im Wappen, auch als er 1448 zum Kardinal ernannt wurde. Bereits mit 15 Jahren schrieb sich Nikolaus an der Universität Heidelberg ein. Sein Studium der Philosophie und des Kirchenrechts setzte er in Padua fort, wo er auch promoviert wurde. Anschließend trat er in den Dienst des Trierer Kurfürsten Otto von Ziegenhain. Hinzu kam eine Lehrtätigkeit an der Universität Köln. Im Auftrag des Trierer Kurfürsten, dessen Sekretär er wurde, unternahm er eine erste Romreise (1427). Zugleich konnte er mit viel Geschick zahlreiche Pfründen, d. h. mit Einkünften verbundene kirchliche Ämter, erwerben. Dies war die Grundlage für seinen Lebensunterhalt und seine vielfältigen Aktivitäten und Tätigkeiten.

Nach dem Tod seines Förderers Otto von Ziegenhain war er weiterhin für das Trierer Bistum tätig, so auf dem Konzil von Basel. Auch wenn er nicht alle Verhandlungen erfolgreich führen konnte, wurden sein diplomatisches Geschick und seine Fähigkeit zu vermitteln anerkannt. So erzielte er einen Kompromiss mit den Hussiten, denen man wegen ihrer Reformideen Irrlehre vorwarf. Überhaupt war es sein Ziel, ausgleichend zu wirken, auch wenn er deshalb gelegentlich die Seiten wechselte und als zwiespältige Persönlichkeit erschien. Als Gesandter des Papstes war er 1437/38 in Konstantinopel, danach in Deutschland.

In die Zeiten seiner erfolgreichen Tätigkeit fiel die Gründung des Cusanusstiftes, das 1447 zum ersten Mal erwähnt wird. In diese Stiftung war seine Familie mit-

* zit. nach: Erich Meuthen, Die letzten Jahre des Nikolaus von Cues, Köln 1958, S. 81.

einbezogen. Der Vater, der 1449 starb, war beteiligt, ebenso sein Bruder Johannes, der ebenfalls eine geistliche Laufbahn eingeschlagen hatte, aber weniger erfolgreich war. Johannes erwarb die ersten Besitzungen für das Stift und übernahm alle anstehenden Aufgaben vor Ort, denn Cusanus kam nur noch selten an die Mosel. Seine Schwester Klara, verheiratet in Trier, vermachte der Stiftung ihr Vermögen.

Mit dem Bau des Cusanusstiftes wurde um 1450 begonnen. Die Anlage entspricht einem Klosterkomplex mit geschickter Zuordnung der verschiedenen Räume und Funktionen. An einen Kreuzgang schließen sich Kirche, Sakristei und Bibliothek an, außerdem Refektorium und Krankensaal sowie Küche und Konventsaal. An zwei Kreuzgangflügeln sind einzelne Zimmer angeschlossen. Der Kreuzgang dient nicht nur der Besinnung und dem stillen Gebet, sondern auch der Erschließung der verschiedenen Räume. Die Kirche wurde erst 1465 als letzter Bau fertig gestellt. Sie besteht aus einem Chor mit Netzgewölbe und einem Schiff über quadratischem Grundriss mit Mittelstütze. Bemerkenswert ist die außerordentlich reiche Ausstattung, unter der ein Kreuzigungsbild mit einer Darstellung des Nikolaus Cusanus als Stifter (um 1450/60) hervorzuheben ist.

Während in Kues der Bau des Stiftes Fortschritte machte, widmete sich Nikolaus Cusanus in Rom neuen Aufgaben. Für seine Verdienste wurde er 1450 zum Kardinal ernannt, erhielt im Konklave nach dem Tod Papst Eugens IV. sogar einige Stimmen. Als er Bischof des Fürstbistums Brixen wurde, konnte er sich als tatkräftiger, wenn auch nicht unumstrittener Organisator beweisen. Mit der Wahl des nächsten Papstes Pius II. kehrte Cusanus 1458 als Generalvikar, als Leiter des Kirchenstaates, nach Rom zurück. Jetzt erst wurde die offizielle Stiftungsurkunde für das Cusanusstift ausgestellt und vom Papst bestätigt. Das Stift sollte nur dem päpstlichen Stuhl unterstellt sein und nicht dem Einflussbereich des Trierer Erzbischofs.

Festgelegt wurde, dass 33 (entsprechend dem Lebensalter Christi) bedürftige unverheiratete Männer aufgenommen werden sollten, darunter sechs Priester und sechs Adlige, die man offensichtlich auch von Armut bedroht sah. Geleitet wurde das Stift von einem Rektor unterstützt von sechs Bediensteten für die anfallenden Arbeiten, z. B. Bäcker, Koch, Küchenjunge und Fuhrknecht. Alle sollten die gleiche graue Kleidung tragen; auch der Speiseplan unterlag festen Regeln. So gab es mittwochs kein Fleisch, freitags wurde gefastet.

Mit seinen Reformbemühungen in Rom, die im Ansatz demokratische Ideen beinhalteten, scheiterte Cusanus, wie seine eigenen Worte zeigen. Erfolgreicher war er als päpstlicher Legat (Gesandter). Auf Legationsreisen vermittelte er in den Friedensverhandlungen zwischen Frankreich und England. In Deutschland bemühte er sich um die Erneuerung des kirchlichen Lebens, indem er gegen Ämterkauf und

Bernkastel-Kues, Cusanusstift (hist. Aufnahme)

Reliquienhandel vorging. Die Ordensgeistlichen wurden wieder zu Armut, Gehorsam und Keuschheit verpflichtet.

Nikolaus von Kues starb am 11. August 1464 in Todi auf einer Reise im Auftrag des Papstes. Dort sollte er sich um 5.000 mittellose, kranke Kreuzfahrer kümmern, die im Zusammenhang mit einem Kreuzzugsprojekt Papst Pius II. zwischen Rom und Ancona umherirrten. Er wurde in seiner Titelkirche San Pietro in Vincoli in Rom bestattet, sein Herz jedoch fand seinen Platz in der Kirche des Cusanusstiftes.

In seinem Testament vermachte er dem von ihm gegründeten St. Nikolaus-Hospital (Cusanusstift) unter anderem sein Silber und einen Großteil seiner Bibliothek. Neben seinen sonstigen Tätigkeiten war er auch Wissenschaftler, der Werke zu vielen Bereichen wie Theologie, Philosophie und Naturwissenschaften verfasst hatte. Seine Bibliothek mit rund 300 Handschriften vom 9.–15. Jh. umfasst neben seinen eigenen Werken das gesamte wissenschaftliche Spektrum der damaligen Zeit. Der Bestand ist noch vollständig im Cusanusstift erhalten.

Bis heute dient das in originaler Form erhaltene Cusanusstift als Altersheim. Zusammen mit dem Geburtshaus in der Nähe ist es ein wichtiger Erinnerungsort an Kardinal Nikolaus von Kues, dessen Werk an der Wende vom Mittelalter zur Neuzeit die Forschung nach wie vor beschäftigt. Immerhin hat er rund 50 Bücher und Texte hinterlassen. Mit seinen Ideen kann er durchaus als Vorläufer der Reformation gesehen werden.

www.cusanus.de

Literatur

Otto Berberich (Hrsg.), Cusanus und das St. Nikolaus-Hospital in Bernkastel-Kues, Bernkastel-Kues [2]1997.

Kurt Flasch, Nikolaus von Kues. Geschichte einer Entwicklung, Frankfurt [3]2008.

Er (Ludwig) zog sich nach Meisenheim zurück und widmete die letzten zehn Jahre seines Lebens der Regierung und dem Bauen. Statt Soldaten warb er nun Steinmetzen. Mit seiner Schlosskirche übertraf er alle mittelrheinischen Fürsten, ja selbst den Kaiser.

(Friedhelm Wilhelm Fischer, 1962)*

DIE SCHLOSSKIRCHE IN MEISENHEIM – ÜBERSTEIGERTE FÜRSTLICHE REPRÄSENTATION

Mit ihrem ungewöhnlichen, filigranen Turmhelm überragt die Schlosskirche den Ortskern des kleinen Städtchens. Meisenheim war im späten Mittelalter Residenz bzw. Nebenresidenz der Herzöge von Pfalz-Zweibrücken. Der Bau der Schlosskirche ist mit einem fürstlichen Bauherrn verbunden. Herzog Ludwig I., auch der „schwarze Ludwig" (Ludovicus niger) genannt, war eine der schillerndsten Persönlichkeiten der Zeit. Von seinem Vater Herzog Stephan hatte er in Meisenheim das gerade vollendete Schloss übernommen. In den ersten Jahren seiner Regierung lag er in ständigem Konflikt mit seinem Vetter, dem mächtigen Kurfürsten Friedrich dem Siegreichen, der in Heidelberg residierte. In mehreren Gefechten unterlag Ludwig. Nachdem Friedrich schließlich auch noch Meisenheim belagerte, musste Ludwig dem ungeliebten Vetter die Treue geloben. Einmal jedoch konnte Ludwig Vergeltung üben. Während der Mainzer Stiftsfehde 1467 hatte sich Friedrich auf die Seite des Erzbischofs Diether von Isenburg gestellt, Herzog Ludwig verbündete sich mit seinem Gegner Erzbischof Adolf von Nassau und konnte zusammen mit seinen Verbündeten die Stadt Mainz im Handstreich erobern. Seine Belohnung waren 21 Wagen mit Silbergeschirr, die nach Meisenheim gebracht wurden.

Neben seinen militärischen Abenteuern zeichnete sich Ludwig auch in der Politik aus. Es kam seinem Repräsentationsbedürfnis entgegen, dass er die Aufmerksamkeit Kaiser Friedrichs III. erringen konnte. Er hielt sich häufiger in dessen Umgebung auf und wurde zu ehrenvollen Aufgaben herangezogen. Bei der Belehnung Karls des Kühnen von Burgund durfte er neben dem Kaiser stehen und den Reichsapfel halten. Bei der Hochzeit des Kaisersohnes Maximilian mit Maria von Burgund vertrat er den abwesenden Bräutigam. Als Friedrich der Siegreiche 1479 starb, hoffte Ludwig, dass

* Friedhelm Wilhelm Fischer, Die spätgotische Kirchenbaukunst am Mittelrhein, Heidelberg 1962, S. 178.

ihm die Kurfürstenwürde angetragen würde. Der Plan schlug fehl, Ludwig zog sich tief enttäuscht nach Meisenheim zurück.

Hier widmete er sich nun mit der Schlosskirche einem Projekt, das in seiner Dimension und Gestaltung den hohen Ansprüchen fürstlicher Repräsentation entsprach. Seit dem 13. Jh. ist in Meisenheim eine Pfarrkirche bezeugt, die später dem Johanniterorden übertragen wurde, der in Meisenheim eine Komturei gründete. Bei der Belagerung im Jahre 1461 durch Kurfürst Friedrich war der Kirchenbau beschädigt worden und musste wiederhergestellt werden. Die neue Kirche sollte mehrere Funktionen erfüllen: Pfarrkirche, Johanniterkirche, Residenzkirche und fürstliche Grablege. Der Kirchenbau lag in unmittelbarer Nähe des Schlosses. 1479 erfolgte die Grundsteinlegung, mit dem Abbruch der alten Kirche hatte man bereits begonnen. Als Baumeister verpflichtete Ludwig den in Frankfurt geborenen Werkmeister Philipp von Gmünd, gen. Hünermenger. Der aus einem Turm, einer Halle und einem siebenseitigen Chor bestehende Bau ist nach einem Plan kontinuierlich ohne große Bauunterbrechungen errichtet worden. Wahrscheinlich war ein großer Werkstattverband tätig, denn entsprechende Steinmetzzeichen finden sich an allen Bauteilen.

Der Turm mit dem Eingangsportal fasziniert durch seinen ungewöhnlichen Turmhelm, eine durchbrochene Pyramide mit einer Laterne, die von einer Galerie umgeben ist, bekrönt von einer mächtigen Kreuzblume. Fialen, Krabben und Maßwerkbögen bilden die reiche Bauzier.

Im Innenraum beeindrucken die komplizierten Gewölbeformen. Erscheint das Netzgewölbe der dreischiffigen Halle schon sehr reich, so wird dies gesteigert durch die prächtige Maßwerkrosette im Chor. Der Höhepunkt aber ist in der Grabkapelle zu finden. Unter einem verschlungenen Hauptgewölbe hängt frei schwebend ein Ziergewölbe. Dieser Raum mit der darunter liegenden Gruft war als Erbbegräbnis vorgesehen. Hier sollten sich auf Wunsch des Bauherrn jeden Morgen die Ordensritter und der Komtur des Johanniterordens versammeln, um eine Messe zu seinem Seelenheil zu lesen. Außerdem sollten die Gottesdienste mit großer Pracht zelebriert werden, denn im Kirchenschatz des frühen 16. Jhs. befanden sich ungewöhnlich viele Messgewänder und kostbare Gerätschaften, wie einem Inventar zu entnehmen ist. In Meisenheim wurde mit der zweigeschossigen Fürstenloge eines der frühesten Beispiele überhaupt geschaffen. Die herzogliche Familie konnte die Fürstenloge über einen Laufgang vom Schloss her erreichen und durch zum Langhaus geöffnete Fenster am Gottesdienst teilnehmen.

Herzog Ludwig erlebte die Vollendung seiner Schlosskirche nicht mehr. Seinem Wunsch gemäß wurde er in der Gruft unter der Grabkapelle beigesetzt, die wohl schon fertig gestellt war. Unter seinem Sohn, Herzog Alexander, wurde die Kirche schließlich 1503 vom Mainzer Weihbischof geweiht. Alexander hatte die Residenz mittlerweile wieder nach Zweibrücken verlegt, dort wurde eine zweite Residenzkir-

Meisenheim, Schlosskirche, Gewölbe der Grabkapelle

che gebaut. Die Grabkapelle in Meisenheim wurde im 16. Jh. weiterhin als Begräbnisstätte genutzt. Herzog Wolfgang und seine Familie fanden dort ihre letzte Ruhestätte. Imposante Epitaphien (Grabdenkmäler) erinnern daran. 1721 wurde hier Pfalzgräfin Charlotte Friederike beigesetzt. Sie hatte durch ihr geschicktes und mutiges Verhandeln verhindert, dass Meisenheim im Pfälzischen Erbfolgekrieg 1689 durch die Truppen Ludwigs XIV. in Flammen auf ging.

Mit der Schlosskirche hat sich Herzog Ludwig in Meisenheim ein sehr persönliches Denkmal gesetzt. Die prächtigen, teilweise übersteigerten Maßwerkformen stehen am Ende der Entwicklung der spätgotischen Architektur. Sie spiegeln das Leben dieses Fürsten mit seinen hochfliegenden Ambitionen, seiner glänzenden Repräsentation, aber auch dem drohenden Umbruch am Vorabend der Reformation wider.

www.meisenheim.de

Literatur

Friedhelm Wilhelm Fischer, Spätgotische Kirchenbaukunst am Mittelrhein, Heidelberg 1962, S. 175ff.

Karl-Heinz Drescher/Günther Lenhoff, Die Schlosskirche zu Meisenheim, Neuss 2002.

REFORMATION – ZEIT DES UMBRUCHS

Die Zeit um 1500 war eine Epoche des Umbruchs auf allen Gebieten. Während sich die Reichstage in Worms und Speyer mit der Reformation, also ganz gravierenden Umwälzungen befassten, waren sie zugleich noch einmal Höhepunkte mittelalterlicher Hofhaltung. Vergleichbar ist die Situation des Rittertums, das 1523 mit dem Tod Franz von Sickingens einen großen Niedergang erlebte. Dies gilt ebenso für den Stand der Bauern, der in den Bauernkriegen aufbegehrte und seine Rechte einforderte, damit jedoch scheiterte.
Das 16. Jh. wird das Jahrhundert der Reformation genannt, mit all seinen Diskussionen, friedlichen und gewalttätigen Auseinandersetzungen, unterschiedlichen religiösen Ausrichtungen wie das Luthertum und der Calvinismus. Für die Bevölkerung bedeutete dies häufige Wechsel der Konfession. Gleichzeitig gab es eine katholische Gegenbewegung, was sich im nur gelegentlich gefährdeten Fortbestand der rheinischen Bistümer Mainz, Speyer, Trier und Worms zeigt.

Handel, Wirtschaft und Technik eröffneten neue Perspektiven. Mit der Entdeckung Amerikas wurde auch der Lebensraum weiter. Der im 15. Jh. erfundene Buchdruck ermöglichte neue, effektive Kommunikationswege, was entscheidend für die schnelle Ausbreitung der Reformation war. Wissenschaft und Bildung waren nicht mehr Aufgabe der Klöster, sondern der Schulen und Universitäten. Ein neues Weltbild entwickelte sich. Architektur und Kunst der Spätgotik erlebten ihre letzte Blüte mit allen Anzeichen einer Endzeit und wurden abgelöst durch die Renaissance mit ihrem Bezug zur Antike.

Trotz vieler positiver und vorausschauender Ansätze mündete das 16. Jh. in die Katastrophe des Dreißigjährigen Krieges.

Nachwelt empfange, die Denkmäler, welche der Fürst Albrecht seinen Bürgern gab, die er als eifriger Beschützer des Ehrwürdigen herzlich liebt und wünscht, daß sie immer Liebe mit Liebe vergelten mögen.

(Stiftungsinschrift am Marktbrunnen, 1526)*

DER MARKTBRUNNEN IN MAINZ – STIFTUNG EINES KUNSTSINNIGEN KIRCHENFÜRSTEN

Nördlich des Domes steht am Verbindungsweg zwischen Liebfrauenplatz und Marktplatz „der älteste und leichtlich schönste Renaissancebrunnen Deutschlands." So charakterisierte Georg Dehio 1911 den Marktbrunnen, der in seiner künstlerischen Gestaltung und seiner symbolischen bzw. historischen Aussage in der Tat eine Besonderheit darstellt. Vor allem gehört der Stifter Albrecht von Brandenburg zu den widersprüchlichen Persönlichkeiten der Reformationszeit. Schon mit 23 Jahren wurde Albrecht von Brandenburg, der Bruder des Kurfürsten von Brandenburg, vom Mainzer Domkapitel 1514 zum Erzbischof gewählt. Damit hatte das Haus Brandenburg zwei Stimmen im Kollegium der Kurfürsten bei der Königswahl und wurde zu einem der einflussreichsten Geschlechter. Bereits ein Jahr zuvor war Albrecht Erzbischof von Magdeburg und Bistumsadministrator von Halberstadt geworden. Diese Häufung geistlicher Ämter bedurfte der Dispens durch den Papst. In Rom wurden dafür stattliche Gebühren fällig. Albrecht von Brandenburg lieh das notwendige Geld beim Bankhaus Fugger in Augsburg. Zur Schuldentilgung durfte er die Hälfte der Erträge aus Ablasseinkünften verwenden, die er auch selbst verkünden durfte und nicht der päpstliche Ablasskommissar. Die andere Hälfte war für die Finanzierung des Neubaus des Petersdomes in Rom bestimmt. Zum Ablassprediger ernannte Albrecht den Mönch Johannes Tetzel, der durch seine beschwörenden Ansprachen höchst erfolgreich war.

Der Ablasshandel war unmittelbarer Anlass für Martin Luther, 1517 seine Thesen an der Schlosskirche in Wittenberg anzuschlagen. Die schnelle Verbreitung der Thesen – als Druck – löste die Reformation aus, wobei Albrecht durchaus nicht ohne Sympathie für die Ideen Luthers war und darüber mit dem Reformator korrespondierte.

---

* zit. nach: Stefan Heinz, „O Bedenk das end". Der Mainzer Marktbrunnen: Ein Beitrag zur Memoria Albrecht von Brandenburgs, in: Kontinuität und Zäsur – Ernst von Wettin und Albrecht von Brandenburg, hrsg. v. Andreas Tacke, Göttingen 2005, S. 276.

Mainz, Marktbrunnen von 1526, Inschriftfeld

1526 stiftete der Erzbischof den Marktbrunnen. Er zeigte sich damit als fürsorglicher Landesherr, denn damit wurde, wie eine Inschrift besagt, ein älterer, zerstörter Brunnen ersetzt. Als öffentlicher Ziehbrunnen war der Marktbrunnen Teil der Wasserversorgung der Mainzer Bevölkerung in einer Zeit, in der es nur wenige private Brunnen in Häusern gab.

Über einer hohen runden Brüstung, zu der zwei Stufen führen, erheben sich drei Pfeiler, die den Oberbau tragen. Dieser besteht aus einem Architrav (Gebälk) mit Inschriften. Zum Dom hin und zur Münze, dem damaligen Rathaus, zeigt der Aufbau zweimal das Wappen des Erzbischofs und Stifters Albrecht von Brandenburg. Darunter befinden sich große Inschriftenfelder. Die Seite zum Rhein hin ist figürlich und ornamental ausgestaltet wie auch die drei quadratischen Pfeiler. Bekrönt wird der Brunnen von drei hl. Bischöfen unter Baldachinen: Dompatron Martin, Bonifatius, Mainzer Bischof von 745–754, und Ulrich von Augsburg als Quell- und Wasserpatron.

Die ausführlichen Inschriften nennen die Anlässe für die Stiftung des Marktbrunnens, den Sieg Kaiser Karls V. über den französischen König Franz I. in der Schlacht von Pavia und die Überwindung des Bauernaufstandes, das Ende der Bauernkriege, ebenfalls 1525. Bei der zum Markt hin ausgerichteten Inschrift findet sich die Jahreszahl 1526 in römischen Buchstaben, das Jahr der Vollendung. Die höchst qualitätvollen

Flachreliefs auf den Außenseiten der Pfeiler zeigen Vanitas- d. h. Vergänglichkeitssymbole, Hinweise auf Krieg und Tod. Direkte Anspielungen auf den Bauernaufstand stellen Reliefs zweier Bauern dar; einer ist betrunken, der andere verliert Geld aus einem Beutel. Über der ersten Darstellung ist eine Schrifttafel mit dem Text „O BEDENCK DAS END“ zu sehen, eine ständige Mahnung an die Bauern, die dort auf dem Markt ihre Erzeugnisse anboten. Auch wenn grafische Darstellungen als Vorlagen für den Reliefschmuck des Brunnens dienten, ist das Besondere die Komposition der Motive. Stilistisch weist der Marktbrunnen reine Renaissanceformen auf.

Albrecht von Brandenburg schätzte eine glanzvolle Hofhaltung in der Martinsburg. Er tat sich als Mäzen hervor und ließ sich von den großen Malern der Zeit – Lucas Cranach, Albrecht Dürer und Matthias Grünewald – porträtieren. Mehrere Gemälde zeigen Heilige, welche die Gesichtszüge des Kardinals tragen. Albrecht war Auftraggeber von Druckwerken, Buchmalereien und kostbaren Goldschmiedearbeiten für seine große Reliquiensammlung. Bauten lassen sich kaum mit seinem Namen verbinden. Der Marktbrunnen ist das herausragendste Monument, das auf ihn zurückgeht. Inschriftlich belegt ist, dass Albrecht das großartige Grabmal für seinen Vorgänger, Erzbischof Uriel von Gemmingen (reg. 1508–1514), im Mainzer Dom arbeiten ließ.

Nur zögerlich setzte sich der Erzbischof mit den großen kirchenpolitischen Problemen auseinander. Trotz seiner Machtfülle konnte er sich den Zeitströmungen und insbesondere der Reformation nicht widersetzen. Seine Haltung dazu blieb zwiespältig. Er musste deren Vordringen sogar in der Residenzstadt Mainz hinnehmen. Sein Domprediger Wolfgang Fabricius Capito wandte sich der neuen Lehre zu.

Für seine Lieblingsresidenz Halle ließ Albrecht von den berühmten Bronzegießern Hans und Peter Vischer aus Nürnberg ein prachtvolles Grabmal mit einem Relief der Mutter Gottes sowie einem Baldachin schaffen. Wegen des Herannahens der Reformation brachte man dieses Grabmal in die Aschaffenburger Stiftskirche, wo es heute noch zu sehen ist. Albrecht von Brandenburg wurde im Mainzer Dom bestattet. Sein Grabdenkmal reiht sich in der Art der Darstellung in die Tradition der Mainzer Bischofsgrabmäler ein.

Der Marktbrunnen erinnert in seiner reichen Gestaltung an den kunstsinnigen Kardinal und seine Politik. Er ist zugleich Rechtssymbol und politisches Zeichen sowie Demonstration der eigenen Macht.

Literatur

Irnfriede Lühmann-Schmid, Der Mainzer Marktbrunnen, S. 180ff.

Der Mainzer Marktbrunnen: Ein Beitrag zur Memoria Albrecht von Brandenburgs, in: Kontinuität und Zäsur – Ernst von Wettin und Albrecht von Brandenburg, hrsg. v. Andreas Tacke, Göttingen 2005, S. 276.

... Wenn ich nicht durch Schriftzeugnisse oder einen klaren Grund widerlegt werde – denn allein dem Papst oder den Konzilien glaube ich nicht ... Und solange mein Gewissen durch die Worte Gottes gefangen ist, kann und will ich nichts widerrufen, weil es unsicher ist und die Seeligkeit bedroht, etwas gegen das Gewissen zu tun. Gott helfe mir. Amen.

(Antwort Luthers auf die Forderung nach Widerruf seiner Lehre, 18. April 1521)*

DAS DENKMAL IN WORMS – LUTHER VOR KAISER UND REICH

Der frühere Stadtgraben vor der westlichen Befestigung von Worms wurde nach der Mitte des 19. Jhs. gärtnerisch als Promenade gestaltet. Vor dem ehemaligen Neutor zwischen Stefansgasse und Hardtgasse entstand ein rechteckiger, breiter Platz – der heutige Lutherplatz mit dem monumentalen Luther- bzw. Reformationsdenkmal.

Bereits im Januar 1521, unmittelbar vor dem Wormser Reichstag, hatte Luther der Bann der Kirche ereilt. Allerdings konnte die weltliche Gewalt nicht einschreiten, bevor die Reichsacht verhängt war. Dies sollte nun auf einem Reichstag in Worms geschehen. Seit Januar versammelten sich die Besucher des Reichstages in der Stadt. 10.000 Personen trafen in den folgenden Wochen ein, Wohnraum und Lebensmittel wurden knapp. Luther selbst erhielt im März die Aufforderung, in Worms bei freiem Geleit zu erscheinen und seine Sache zu vertreten. Der Weg nach Worms wurde zu einer eindrucksvollen Predigtreise. Luther wurde von einem Teil der Reichstagsbesucher mit großem Wohlwollen empfangen. Er wohnte in der Nähe seines Beschützers, des Kurfürsten von Sachsen. Am 17. April erhielt Luther den Befehl, zur Befragung vor Kaiser Karl V. im Bischofshof zu erscheinen. In dem rechtwinklig an den Dom angebauten Gebäude residierte der Kaiser während des Reichstages. Auf die Frage, ob er seine Schriften widerrufen wolle, bat er am ersten Tag um Bedenkzeit, am nächsten Tag lehnte er einen Widerruf ab. Damit war eine Entscheidung von weitreichender Bedeutung gefallen. Der Kurfürst von Trier versuchte Luther umzustimmen, vergeblich. Die in den nächsten Tagen noch folgenden inten-

* zit. nach: Otto Kammer/Fritz Reuter, Auf den Spuren Luthers in Worms, Worms [2]1988, S. 12.

siven Diskussionen, an denen auch Luther teilnahm, brachten kein Ergebnis. Auch der Kaiser lehnte weitere Verhandlungen ab und verhängte im Wormser Edikt die Reichsacht über Luther. Er sollte, wenn jemand seiner habhaft würde, ausgeliefert werden und keine Unterstützung erhalten. Das Lesen und die Verbreitung seiner Schriften wurden bei Strafe verboten. Das Edikt wurde von einer Minderheit der Reichstagsvertreter verabschiedet, da die Mehrzahl Worms bereits verlassen hatte. Der Versuch, die Einheit der Kirche zu retten, war gescheitert.

Der Wormser Reichstag von 1521 mit dem Wormser Edikt war ein weiterer, entscheidender Schritt auf dem Weg der Reformation. Die Lehre Luthers war zu einer öffentlichen Angelegenheit geworden. Während Luther theologisch-religiöse Ziele verfolgte, strebten seine Anhänger auch einen politischen Wandel an. Besonders kritisch wurde die weltliche Macht der römisch-katholischen Kirche gesehen. Luther verließ Worms am 26. April; Kurfürst Friedrich der Weise von Sachsen, Luthers Landesherr, der ihm immer Unterstützung gewährt hatte, sorgte dafür, dass Luther von einigen Getreuen auf die Wartburg gebracht wurde und so der Öffentlichkeit für eine gewisse Zeit entzogen war. Dort begann er sein epochales Werk, die Übersetzung der Bibel ins Deutsche.

In der Folge erklärten einige der Fürsten das Edikt für ungültig, da es nur von einer Minderheit beschlossen worden war – die Reformation war damit nicht unterbunden, sondern breitete sich weiter aus, sodass man sich auf weiteren Reichstagen in Speyer damit beschäftigen musste (s. Speyer, Retscher S. 91).

In Erinnerung an den Reichstag entstand an Stelle der alten Münze, dem Rathaus, die 1689 zerstört worden war, zwischen 1709–1725 die evangelische Dreifaltigkeitskirche als Reformationsgedächtniskirche. Man hatte fälschlicherweise angenommen, dass Luther hier vor den Kaiser getreten war.

Seit Anfang des 19. Jhs. gab es in Worms Bestrebungen, ein Reformationsdenkmal in Erinnerung an den Reichstag von 1521 zu errichten. Ein Förderverein wurde 1856 gegründet. Man diskutierte verschiedene Standorte für das Denkmal, das der Dresdener Bildhauer Ernst Rietschel (1804–1861) entwerfen sollte, der auch schon das Denkmal für Goethe und Schiller in Weimar geschaffen hatte. Nach dem Tod Rietschels vollendeten drei seiner Schüler dieses Werk, das dann unter großer Anteilnahme der Öffentlichkeit 1868 enthüllt werden konnte. Finanziert wurde die monumentale Anlage durch Spenden aus aller Welt.

Ausgehend von Luthers Lied „Eine feste Burg ist unser Gott“ umgeben Mauern das eigentliche Denkmal an drei Seiten. In der Mitte steht auf hohem Sockel der Reformator, der seine Faust auf die Bibel legt, umgeben von Personen und Personifikationen des gesamten reformatorischen Kosmos. So sind Reformbemühungen früherer Zeiten vertreten durch Petrus Waldus, Gründer der dem Armutsideal verschriebenen

Worms, Lutherdenkmal von 1868 (hist. Aufnahme)

Sekte der Waldenser, John Wyclif, der bereits im 14. Jh. Reformideen für die Kirche entwickelte, Johann Hus, der als Anhänger von Wyclif und Irrlehrer auf dem Konzil von Konstanz 1415 verbrannt wurde, und Girolamo Savonarola, der wegen seiner Kritik am Papsttum 1498 in Florenz verbrannt wurde. Mit der Reformation und Luther eng verbunden waren Friedrich der Weise von Sachsen, Philipp der Großmütige, Landgraf von Hessen, Johannes Reuchlin und Philipp Melanchthon. Auch besonders in Erscheinung getretene Städte sind als Personifikationen zugegen, wie das protestierende Speyer in Erinnerung an den Reichstag 1529, die trauernde Magdeburg – die Stadt wurde während des Dreißigjährigen Krieges von der katholischen Liga zerstört – und Augsburg als Gedenken an den Augsburger Religionsfrieden, der das Nebeneinander der Konfessionen regelte.

Das Wormser Denkmal, häufig als Lutherdenkmal bezeichnet, ist, wie Gestalten und Reliefs zeigen, ein Denkmal, das, wie es J. Nover 1895 in seiner Stadtbeschreibung darstellt: „eine Entwicklungsgeschichte aller reformatorischen Bestrebungen auf religiösem Gebiet". Luther auf dem Reichstag zu Worms ist zweifellos der Höhepunkt, der von weltpolitischer und historischer Bedeutung für den kirchlichen wie den weltlichen Bereich war.

Literatur

Otto Kammer/Fritz Reuter, Auf den Spuren Luthers in Worms, Worms [2]1988.

Ferdinand Werner, Das Lutherdenkmal und die Wormser Grünanlagen, in: Die Gartenkunst 24/2012, S. 223ff.

... daß unser Will, Gemüt und Meinung anders nicht stehet noch ist, denn allein die Ehre Gottes des Allmächtigen, seines heiligen Wortes ... auch nicht anderes dadurch zu handeln, als was uns das Gewissen ausweiset und lehrt.
Da die Mehrheit auf dem Beschluss gegen uns beharrt, so denken wir ... unsere hohe und unvermeidliche Notdurft erfordert wider jenen Beschluss öffentlich zu protestieren.

(Appellation der evangelischen Fürsten im April 1529
auf dem Reichstag in Speyer)*

DER RETSCHER IN SPEYER – STÄTTE DER PROTESTATION?

Unweit des Domes in einer Seitengasse hat sich die Ruine eines mittelalterlichen Hauses erhalten, der sog. Retscher, benannt nach der alten Speyerer Patrizierfamilie der Retschelin. Im 13. Jh. erbaute diese Familie einen prächtigen Hof. Die Qualität und den Reichtum der Architektur zeigen heute noch die Fenster, welche die glatten Wände des viergeschossigen Wohnbaus gliedern. Zweiteilige Spitzbogenfenster mit Maßwerk in Kleeblattform sind in dieser Zeit bei Wohnhäusern selten zu finden. Zu dem Besitztum gehörten weitere Häuser, eine Scheune und ein Garten. Eine der hl. Margarethe geweihte Kapelle war in den Hof einbezogen.

Im späten 15. Jh. kaufte die Stadt Speyer das Anwesen, das unmittelbar an den großen Komplex des Ratshofes anschloss. Das 16. Jh. war für Speyer die Zeit großer Reichstage. Zweimal – 1526 und 1529 – trafen sich hier auf Einladung König Ferdinands, des Bruders Kaiser Karls V., geistliche und weltliche Fürsten des Reiches sowie die Vertreter der Reichsstädte, um über Glaubensfragen zu beraten. Von außerordentlicher Bedeutung war der Reichstag von 1529.

Die Organisation war gewaltig, 3.000 Teilnehmer mit 2.000 Pferden mussten untergebracht und verköstigt werden. Jedes private Quartier wurde genutzt, doch der Platz reichte dennoch nicht aus, sodass man Teilnehmer auch noch in aus Holz errichteten Notquartieren beherbergte. Lebensmittel wurden gestapelt, die Stadt war eine einzige Vorratskammer. Überdies sollten zu diesem Ereignis auch die Bürgerhäuser festlich geschmückt werden, die Kleidung sollte dem Anlass entsprechend

---

* zit. nach: Berthold Roland, Speyer, Bad Honnef 1961, S. 151.

Speyer, Retscherruine

besonders prächtig sein. Die kleine Stadt Speyer war bemüht, für den Reichstag einen glanzvollen Rahmen zu bieten.

Die Fürsten kamen mit großem Gefolge und wurden feierlich in die Stadt geleitet. Der erste war König Ferdinand als Gastgeber; über einen Monat dauerte es, bis alle versammelt waren. Nach Speyer kamen die Fürsten, die der Reformation positiv gegenüber standen ebenso wie die Gegner. Vor allem die evangelischen Fürsten hatten in ihrem Gefolge Berater und Prediger. So begleitete der Reformator und Freund Martin Luthers, Philipp Melanchthon, den Kurfürsten Johann von Sachsen. Die Prediger sprachen teilweise vor tausenden von Menschen unter freiem Himmel, Kirchen wurden nicht zur Verfügung gestellt. Genauso leidenschaftlich wurde im Dom gegen Luther und die Reformation gepredigt. Zum Ärger der Katholiken trugen die Evangelischen und ihr gesamtes Gefolge auf dem rechten Ärmel den Wahlspruch: VDMIAE (Verbum Dei Manet In Aeternum – Des Herrn Wort bleibt in Ewigkeit). Die großen Versammlungen fanden im Ratshof statt, der erst kurz zuvor fertig gestellt worden war. Kleinere Beratungen wurden in Räume verschiedener Häuser verlegt, möglicherweise auch in den nahegelegenen städtischen Retscher.

Die Gegensätze traten von Anfang an offen zu tage. Nach der Eröffnung sollte der Reichsabschied (Schlusserklärung) von 1526 aufgehoben werden. Damals war die Frage der Religion weitgehend freigestellt, jeder sollte es so halten, wie er es vor Gott und dem Kaiser verantworten könne. Das hatte nach dem Reichstag dazu geführt, dass sich die Ideen der Reformation ausbreiteten. Die evangelischen Fürsten nutzten die Zeit und begannen mit der Neuordnung ihrer „Kirche“. Auch ein Teil der Reichsstädte schloss sich der Reformation an. König Ferdinand musste nun handeln. Auf dem Reichstag 1529 sollte die weitere Verbreitung der Lehre Luthers eingedämmt werden. In verschiedenen Ausschüssen wurde beraten, letztendlich blieb es aber bei dem Beschluss der katholischen Mehrheit, den Reichsabschied von 1526 aufzuheben. Daraufhin protestierten die evangelischen Fürsten am 19. April unter der Führung des Kurfürsten Johann von Sachsen und des Landgrafen von Hessen zusammen mit mehreren Reichsstädten. Die Fürsten beriefen sich auf ihr Gewissen und wollten sich dem Mehrheitsbeschluss nicht unterwerfen. Damit war die Spaltung der Kirche besiegelt, auch wenn es sich bei der Protestation in erster Linie um einen juristischen Einspruch gegen das Verfahren handelte. Von da an blieb die Bezeichnung „Protestanten". In der Dramatik der Protestation ging eine für Speyer wichtige Entscheidung fast unter: Das Reichskammergericht, eine der für die deutsche Rechtssprechung wichtigsten Institutionen, behielt seinen Sitz in Speyer.

Am 24. April trat der Reichstag zu seiner letzten Sitzung zusammen, der Abschied (Schlusserklärung) wurde verlesen, ohne dass die Protestation überhaupt erwähnt wurde. Nach sechs Wochen war der Reichstag beendet, die Positionen verhärtet, die Konsequenzen weitreichend. Alle Teilnehmer verließen die Stadt.

1689 besetzten die Truppen Ludwigs XIV. Speyer. Im Hof des Retscher wurde den Einwohnern verkündet, dass sie ihre Häuser innerhalb von sechs Tagen räumen müssten. Danach ging die Stadt in Flammen auf, fast alle Gebäude wurden zerstört, vom Retscher blieb nur eine Ruine stehen. Auf dem Gelände wurde nach der Rückkehr der Speyerer in ihre in Schutt und Asche gelegte Stadt als erster Bau die evangelische Dreifaltigkeitskirche errichtet (1701–1717).

Im 19. Jh. plante man eine Gedächtniskirche der Protestation. In einer ersten Planung wählte man als Standort den Retscher, da man glaubte, hier habe der Reichstag von 1529 stattgefunden. Nachdem gesichert war, dass der Ratshof Tagungsort der großen Versammlungen war und nicht der Retscher, wurde die Gedächtniskirche außerhalb der Altstadt gebaut. Dennoch wird sie heute noch in Speyer Retscherkirche genannt.

Auch wenn der Retscher nicht der zentrale Ort großer politischer Ereignisse war, so gehörte das Patrizierhaus doch zum großen Tagungskomplex und war unmittelbar benachbart. Es ist heute einer der wenigen Reste mittelalterlicher Profanarchitektur in Speyer, die noch einen Eindruck von der einstmaligen Pracht der alten Reichsstadt geben.

Literatur

Heinrich Kron (Hrsg.), Stätten der Protestation, Speyer ²1979.

Willi Alter, Von der Konradinischen Rachtung bis zum letzten Reichstag in Speyer, in: Geschichte der Stadt Speyer, Bd. 1; Redaktion Wolfgang Eder, Speyer 1983, S. 511ff.

... Gott dem Allmächtigen zu Ehre, unseren Land und Leuthen, auch gemeinsam Vatherland deutscher Nation und anderen zum festen Nutz und frommen haben Wir... ein particularschul und paedagogium ... und dann ein Collegium so Wir von unserem nahmen, Collegium Casimiri genennet haben wollen, in unserer fürstlichen Statt Neustatt verordnet, gestift und gewidmet.

(Stiftungsurkunde, 1578)*

DAS CASIMIRIANUM IN NEUSTADT – EIN WELTOFFENER KURFÜRST GRÜNDET EINE CALVINISTISCHE UNIVERSITÄT

Außerhalb der ehemaligen Stadtmauer, südlich des historischen Zentrums von Neustadt mit Marktplatz, Stiftskirche und Rathaus, dem früheren Jesuitenkolleg, steht ein Gebäude, das sich durch seine Bauformen von den übrigen Häusern abhebt. Es ist verknüpft mit den konfessionellen Umbrüchen der Kurpfalz im 16. Jh.

In Heidelberg regierte Kurfürst Friedrich III., der zunächst Lutheraner war, sich später dem Calvinismus zugewandt hatte und diesen in der Kurpfalz eingeführt hatte. Die von Johannes Calvin geprägte kirchliche Lehre unterscheidet sich von der lutherischen, indem sie ein ganzheitliches Bild des weltlichen und geistlichen Bereichs vertritt, und damit auch das Recht in Anspruch nahm, zu politischen Fragen Stellung zu beziehen. Von entscheidender Bedeutung war die strenge Kirchenzucht, der sich der Mensch unterwerfen musste, wenn er auf das ewige Heil hoffen wollte.

Friedrichs ältester Sohn Ludwig wiederum, der Erbe der Kurpfalz, war Lutheraner, sein zweiter Sohn Johann Casimir neigte, wie der Vater, dem Calvinismus zu. In seinem Testament hatte Friedrich III. für seinen Sohn Johann Casimir ein eigenes kleines Fürstentum geschaffen, das Herzogtum Pfalz-Lautern mit Neustadt, Kaiserslautern und weiteren kleinen Ämtern. Nach dem Tod Friedrichs führte sein Sohn Ludwig in der Kurpfalz wieder das Luthertum ein. Auch die Professoren der Universität Heidelberg mussten sich dem neuen Bekenntnis anschließen, sonst wurden sie entlassen.

---

* Stiftungsurkunde zit. nach: Das Casimirianum in Neustadt an der Weinstraße, Der Turmhahn 1995, S. 2.

Neustadt, Casimirianum, Stahlstich um 1850

Die Bürger Neustadts weigerten sich anfangs, dem neuen Herzog zu huldigen; sie wollten bei der Kurpfalz bleiben und konnten nur mit Gewalt dazu gebracht werden, neuer Mittelpunkt des kleinen Herzogtums zu werden. Johann Casimir beschloss 1578 zur Förderung der aus Heidelberg vertriebenen Calvinisten die Gründung einer Hohen Schule, des Collegium Casimiri oder Casimirianum. Schon 1579 konnte der Lehrbetrieb aufgenommen werden. Neben einer theologischen Fakultät waren zwei Jahre später medizinische, juristische und philosophische Fakultäten eingerichtet. Die neue Universität erlebte großen Zulauf, vor allem von Studenten aus Heidelberg. Auch bekannte Professoren lehrten hier, so der aus Heidelberg vertriebene Zacharias Ursinus. Er hatte seine ersten Vorlesungen bei Philipp Melanchthon gehört und später auf einer Reise in Genf Johannes Calvin und dessen Lehre kennen gelernt. Kurfürst Friedrich III. hatte ihn an die Universität Heidelberg berufen. Der Heidelberger Katechismus, ein Lehrtext zu Fragen des Glaubens und der kirchlichen Unterweisung, geht maßgeblich auf seinen Entwurf zurück. Das verständlich geschriebene theologische Handbuch fand später in Europa weite Verbreitung. Ursinus lehrte bis zu seinem Tod 1583 in Neustadt.

Als Standort wählte der Herzog ein Augustinerinnen-Kloster, das Johann Casimir säkularisierte, den Nonnen aber lebenslangen Unterhalt zusicherte. Für die Zwecke der Hochschule wurde das spätmittelalterliche Gebäude umgebaut. Es entstand ein dreigeschossiger Renaissance-Bau mit verputzten Wandflächen und doppelten, sandsteingerahmten Fenstern. Vom Kloster stammt der gotische Kapellenerker, der in den Umbau einbezogen wurde. Im runden Treppenturm sitzt das Hauptportal mit der Jahreszahl 1579 und der Inschrift „Deo et musis sacrum" (Gott und den Musen geweiht). Von hier führt eine Wendeltreppe in die oberen Geschosse, wo wohl auch Wohnräume für Stipendiaten untergebracht gewesen sein müssen. Der Treppenturm zeigt zur Straße hin zwei aufwändige Blendrahmen, die ein rundes bzw. rechteckiges Feld einfassen. Hier wurden 1970 wieder Bronzetafeln mit dem überlieferten Gründungstext eingesetzt. Auch die Funktion einiger Räume wie Kapelle, Aula, Karzer usw. konnte geklärt werden.

Der Ausbruch einer Seuche in Neustadt im Jahre 1582 führte für einige Monate zu einer Verlegung der Hochschule nach Frankenthal. Das Casimirianum wurde zeitweise neben Genf eine der wichtigsten calvinistischen Universitäten. Für Neustadt war damit ein kultureller und wirtschaftlicher Gewinn verbunden.

Das Leben des weltoffenen, dem Wein zugeneigten Johann Casimir war geprägt durch konfessionelle Spannungen mit seinem Bruder Ludwig VI. Auch gegen die kämpferischen Vertreter der streng calvinistischen Kirchendisziplin hatte er eine Abneigung. Seine Ehe war unter dem Aspekt der Überbrückung von Glaubensgegensätzen geschlossen worden. Johann Casimirs Gemahlin Elisabeth, Tochter des sächsischen Kurfürsten, war Lutheranerin. Die Ehe wurde eine Katastrophe für beide Partner.

Als Kurfürst Ludwig VI. 1583 in Heidelberg starb, musste Johann Casimir dorthin zurückkehren. Er übernahm für dessen neunjährigen Sohn die Regentschaft über die Kurpfalz. Trotz des Widerstandes seiner Frau und der weiteren Vormünder seines Neffen führte er das calvinistische Bekenntnis wieder ein. Auch die Universität wurde abermals calvinistisch. Versuche, mit den Lutheranern zu einer Übereinkunft zu kommen – unter der Dominanz der Calvinisten – scheiterten. Die Lutheraner mussten die Universität verlassen. Die calvinistischen Professoren kehrten von Neustadt nach Heidelberg zurück und bildeten dort den Kernbestand der Hochschule, die ein Zentrum des europäischen Calvinismus wurde.

Das war das Ende der Universität in Neustadt. Das Casimirianum wurde aufgelöst. Johann Casimir starb 1592 ohne männlichen Erben, das Herzogtum Pfalz-Lautern fiel wieder an die Kurpfalz zurück.

Auch wenn der „Universitätsbetrieb“ im Casimirianum in Neustadt nur sechs Jahre andauerte, ist dieser Bau doch ein wichtiges Dokument pfälzischer Glaubensgeschichte, insbesondere des Widerstreits zwischen Lutheranern und Calvinisten, der sich auch in der Lehre niederschlug. Das Gebäude ist außerdem ein frühes Zeugnis des Hochschulbaus.

www.evpfalz.de

Literatur

Otto Böcher, Das Casimirianum als Bau- und Kunstdenkmal, in: Das Casimirianum in Neustadt an der Weinstraße, Der Turmhahn 1995, S. 4ff.

Michael Huyer, Denkmaltopographie Neustadt I Worms 2008, S. 188ff.

ABSOLUTISMUS, KRIEG UND ZERSTÖRUNG – AUFBAU IN BAROCKER PRACHT

Mit dem Begriff „Absolutismus" als kaum eingeschränkte Herrschaftsgewalt der Fürsten wird der Zeitraum vom Dreißigjährigen Krieg bis zu den Revolutionskriegen am Ende des 18. Jhs. charakterisiert. Fast das ganze rheinland-pfälzische Gebiet war von den Auswirkungen des Dreißigjährigen Krieges betroffen, ganze Landstriche zerstört und entvölkert. Nur langsam begann der Aufbau, als einige Landesteile in der zweiten Hälfte des 17. Jhs. durch die Expansions- und Reunionskriege des französischen Königs Ludwigs XIV. erneut in Mitleidenschaft gezogen wurden. Einen entscheidenden Einschnitt bildete schließlich der Pfälzische Erbfolgekrieg (1688–1697), als der Sonnenkönig Ansprüche auf das Erbe seiner Schwägerin Liselotte von der Pfalz anmeldete und diese gewaltsam durchsetzen wollte, indem er unter anderem Heidelberg, Speyer, Worms und Oppenheim niederbrennen ließ. Die Zerstörungswelle durchzog das Land bis in die Eifelregion.

Die Entwicklung gerade der Baukultur war auf Grund der Umstände – von wenigen Ausnahmen abgesehen – zunächst eher verhalten, denn Kräfte und Finanzen waren gebunden. Erst am Ende des 17. Jhs. kehrten mit dem Frieden von Rijswijk 1697 ruhigere Verhältnisse ein, was sehr bald zu einer Wachstumsperiode führte. Hieraus resultierte eine intensive Bautätigkeit; es galt die zerstörten Städte wieder aufzubauen. Gleichzeitig ist ein verstärkter Hang zur Repräsentation zu beobachten. Überall wurden kostspielige Neubauten errichtet. Bis zum Ende des 18. Jhs. entstanden Schlossbauten mit großzügigen Gartenanlagen, auch in kleineren Residenzstädten.

Mit dieser regen Bautätigkeit einher ging ein kultureller und wirtschaftlicher Aufschwung in allen Gebieten. Es ist dies eine Entwicklung, die einheitlicher erscheint, als es der „Flickenteppich" der Herrschaftsgebiete im 18. Jh. vermuten lässt. Hier sind die Kurfürstentümer noch am ehesten zu erkennen, umgeben und durchsetzt von kleinen und kleinsten Territorien. Der Vormarsch der französischen Revolutionstruppen im ausgehenden 18. Jh. beendete die Epoche des Absolutismus.

Über Litzig, doch Köbenig am nächsten erheben sich auf der Fläche des schön geformten Trabener Berges einzelne Mauertrümmer, hin und wieder mit unbedeckten Gewölben abwechselnd. Es sind das die einzigen, kaum noch kennbaren Überreste von der Festung Montroyal, von Ludwig XIV. gebaut, um das gesamte Moseltal in Abhängigkeit und Schrecken zu erhalten.

(Christian von Stramberg, 1837)*

MONT ROYAL – DIE VERGESSENE FESTUNG DES SONNENKÖNIGS AN DER MOSEL

Großräumige strategische Überlegungen, ein ungezügelter Expansionsdrang des französischen Sonnenkönigs und eine topografisch äußerst günstige Situation führten ab 1687 zum Bau einer riesigen Festung bei Traben-Trarbach an der Mosel, nachdem kurz zuvor schon die nahegelegene Grevenburg wehrtechnisch aufgerüstet und umgebaut worden war.

Politischer, oder richtiger machtpolitischer Hintergrund für den Bau der Festung Mont Royal waren die verschiedenen Reunionskriege Ludwigs XIV. Mit pseudolegitimen Begründungen versuchte man sog. „Reunionen“, d. h. Wiedervereinigungen, zu vollziehen, wobei auch uralte, bis ins Mittelalter zurückreichende Lehensbeziehungen herhalten mussten, um entsprechende Gebietsansprüche anzumelden. Ludwigs eigentliche Motivation für die territoriale Expansion war der Wille, auf diese Weise Ruhm – la gloire – zu erringen. Wie er in seinen „Mémoires“ schrieb, galten für ihn folgende Prioritäten: „den Ruhm erhöhen ... den Staat vergrößern ... Gutes seinen Untertanen tun.“ Die Durchsetzung erfolgte mit militärischer Gewalt, wobei die Truppen durch eine Vielzahl moderner Festungen unterstützt wurden. Im Ernstfall waren sie auch Rückzugs- und Verteidigungspositionen.

Die Geschichtsschreibung unterscheidet insgesamt vier Reunionskriege im späten 17. Jh.; der letzte war der Pfälzische Erbfolgekrieg 1688–1697. Die Gebietsansprüche wurden in verschiedenen Friedensschlüssen zum Teil bestätigt, so im Frieden von Nymwegen (1679). Es wurde akzeptiert, dass Frankreich zehn elsässische

* Christian von Stramberg, Das Moselthal zwischen Zell und Konz mit Städten, Ortschaften, Ritterburgen. Historisch, topographisch, Koblenz 1837, zit. nach: Willy Leson, Romantische Reise durch das Moseltal, von Koblenz nach Trier, Köln 1978, S. 48.

Reichsstädte mit Landau, Freiburg und Breisach erhielt und so einen Teil der wichtigen Rheingrenze in seinen Besitz brachte. Auf diese Weise wurden die Bistümer Metz, Toul und Verdun sowie die Herzogtümer Lothringen und Bar Frankreich zugeschlagen.

Zur Sicherung der großen französisch besetzten Gebiete mussten neue Festungen gebaut oder bestehende Anlagen modernisiert werden. Dem Mont Royal sollte hierbei eine Schlüsselstellung zukommen. In erster Linie war er nicht als Verteidigungsfestung geplant, sondern von hier sollte der Nachschub organisiert werden. Das Gesamtsystem war in perfekter Form geplant, wobei die Konsequenz der französischen Militärs soweit ging, dass mittelalterliche Burgen in Eifel, Hunsrück und an der Mosel systematisch zerstört wurden, da man ihnen immer noch strategische Bedeutung beimaß.

Architekt der Festung Mont Royal war der berühmte Festungsbaumeister Sébastien le Prestre de Vauban (1633–1707), der als Generalinspecteur des französischen Festungswesens an Bau, Umbau oder Erweiterung von über 160 Festungsanlagen beteiligt war. Vauban entwickelte das Festungswesen seiner Zeit weiter. Er konzipierte kreisrunde bzw. sternförmige Anlagen mit Bastionen wie etwa in Landau und Neu-Breisach. Immer arbeitete er mit vorgeschobenen Bastionen, um dem Feind keine Angriffsfläche zu bieten, wie dies bei Stadtmauern noch lange der Fall war. Darüber hinaus veröffentlichte er auch grundlegende theoretische Werke zur Stadtplanung, zu Wirtschaftsthemen, Landwirtschaft, Wasser- und Verkehrswegebau.

Mont Royal nahm eine besondere Stellung im französischen Festungsgürtel ein; er sollte die größte Festung Europas werden und gehörte zu den 33 Anlagen, die Vauban neu konzipierte. Geschickt nutzte er die topografischen Vorgaben – hier eine enge Moselschleife bei Traben, die den Mont Royal wie eine Insel umfloss. Innerhalb weniger Jahre entstand so eine regelrechte Stadt mit Plätzen und einem rechtwinkligen Straßensystem. Gebaut wurde eine große Zitadelle von einer Fläche von 1,6 km in der Länge und 750 m in der Breite mit einem bis zu 30 m hohen Hauptwall, der wiederum durch fünf Bastionen gesichert war. Hinzu kamen weitere Festungswerke, Gräben und Türme. Vorgesehen waren Stallungen für 3.000 Pferde und Baracken für 12.000 Soldaten. Unterhalb der Festung an der Mosel entstand ein Hospital für 1.000 Kranke oder Verwundete.

Außerdem waren Schlachthäuser, Mühlen, Bäckereien und Küchen sowie verschiedene Magazinbauten geplant. Für die Lagerung der Waffen gab es ein großes Zeughaus, ergänzt durch drei Pulvermagazine. Südlich der Kernfestung befand sich das verschanzte Lager, das „königliche Hauptquartier", mit der Barackenstadt für Bürger, Handwerker und Beamte. Die Leichtbauweise aus Holz wurde gewählt, um im Ernstfall schnell freies Schussfeld schaffen zu können.

Traben-Trarbach, Mont Royal, Böschungsmauer südwestliche Bastion, (Aufnahme 1937)

Etwa ein Fünftel der geplanten Bauten der fünfeckigen Kernfestung konnte vollendet werden. Durch Pläne und Beschreibungen ist das Gesamtprojekt überliefert. Die Arbeiten wurden durch französische Staatsgelder ermöglicht, aber auch durch Finanzmittel, die man in den besetzten Gebieten eintrieb. So mussten 8.000 Menschen aus dem Moselraum Frondienste leisten. 1690 hatte der Mont Royal eine Kampfbesatzung von 14 Regimentern und 8.450 Mann sowie 155 Geschütze.

Relativ bald erkannte man, dass eine so große Festung – 100 km tief im Rheinland gelegen – auf Dauer nicht zu halten war. Vauban formulierte die einzelnen Gründe in einer Denkschrift. So war die Entfernung zu den anderen Stützpunkten oder Festungen zu weit, zumal die Kriegsschauplätze immer wechselten. Mont Royal lag zwischen vier Kurfürstentümern und stellte somit ein Problem für eventuelle Friedensverhandlungen dar. Schließlich waren es die hohen Kosten für Fertigstellung und Unterhaltung. Dem Plan Vaubans folgend machte Frankreich 1692 das Angebot, den Mont Royal zu schleifen, wenn Habsburg auf Straßburg verzichten würde. Holland und England versuchten die Festung unzerstört zu übernehmen, was Frankreich aus verständlichen Gründen nicht akzeptierte. So kam es nach dem Frieden von Rijswijk 1697 zur Schleifung der Anlage. Die letzten französischen Soldaten verließen den Mont Royal am 3.6.1698.

In der Folgezeit überwucherte die Vegetation die Anlage, die von den umliegenden Orten als Steinbruch genutzt wurde. Erst 1929 begann man mit Ausgrabungen und der Erforschung des Gebietes. Heute sind nur noch Reste der einst so stolzen Festung zu finden.

Der Mont Royal steht für die Eroberungskriege Frankreichs im 17. Jh. und vermittelt noch die Dimension einer der größten Festungen dieser Zeit, die trotz gigantischen Aufwandes nur elf Jahre ihren Zweck erfüllte.

Literatur

Giselher Castendyk, Burgen, Festungen, Ruinen rund um Traben-Trarbach, Wittlich 2000.

Tobias Zelter, Mont Royal – die unvollendete Festungsstadt, Wittlich 2007.

Wir haben aus eurem unterthänigsten Brief ... die exorbitanten Forderungen des Koblentzer Marmeliers (Steinmetz) vernommen mit welchem nicht nöthig ist mehr von der Sache zu reden. Ihr könnt dann mit Msr.(Monsieur) Gilles schließen und zwei von den großen Kaminen um 350 Rchthlr.(Reichsthaler) bestellen ... dabey aber express bedingen, daß sowohl erstlich die beyde pilasters nicht aus zweyen sondern aus ganzem Stück seyen.

(aus einem Brief der Fürstin Henriette Amalie an ihren Vogt Goedecke, 1707)*

SCHLOSS ORANIENSTEIN BEI DIEZ – EINE RESIDENZ STARKER FRAUEN

Auf einem Plateau oberhalb der Lahn, unweit von Diez, liegt das prachtvolle barocke Schloss Oranienstein, erbaut als Residenz der Regentinnen des Hauses Diez-Nassau.

Die Grafen von Diez waren seit dem Mittelalter ein einflussreiches Geschlecht und führten auf der Burg Diez zeitweise eine glänzende Hofhaltung. Nach dem Aussterben der Grafen von Diez in der männlichen Linie heiratete die Erbtochter einen Grafen von Nassau, ein ebenso mächtiges Geschlecht, das vier Mainzer Erzbischöfe stellte. Ein ständiger Wechsel der Besitzverhältnisse durch Erbteilungen führte zu neuen Linien des Hauses Nassau-Diez, das seit dem 16. Jh. auch noch den Namen Oranien trug, da das französische Fürstentum Orange durch Erbschaft in deren Besitz gelangt war. Wilhelm I. von Oranien übernahm im Unabhängigkeitskrieg der Niederlande gegen Spanien eine führende Rolle; er wurde nach der erfolgreichen Beendigung zum Statthalter der Niederlande ernannt und residierte fortan in Leeuwarden. Die Fürsten von Nassau-Diez lebten von da an vorwiegend in den Niederlanden. Die Einkünfte der Grafschaft Diez wurden den in das Grafenhaus einheiratenden Frauen als Wittum verschrieben, d. h. nach dem Tod des Ehemannes mussten sie daraus ihren Lebensunterhalt bestreiten. Darüber hinaus wurde ihnen das Schloss in Diez als Wohnsitz zur Verfügung gestellt. Drei Frauen haben im 17. und 18. Jh. die Grafschaft geführt und geprägt.

---

* zit. nach: Hermann Heck, Oranienstein, Frankfurt 1967, S. 31.

Oranienstein, Schloss, Ehrenhof (hist. Aufnahme)

Sophie Hedwig hatte seit 1632 zehn Jahre im alten Grafenschloss in Diez residiert. In dieser Zeit war es ihr gelungen, die desolaten Verhältnisse in der Grafschaft zu ordnen, die Verwaltung effektiver zu organisieren, als dies aus den fernen Niederlanden möglich war. Ihre Schwiegertochter Albertine Agnes war schon nach wenigen Ehejahren Witwe geworden und hatte die Regentschaft für ihren minderjährigen Sohn in den Niederlanden übernommen. Des Öfteren besuchte sie als Regentin auch die Erblande. Das mittelalterliche Grafenschloss in Diez entsprach weder von der Baugestalt noch vom Wohnkomfort den Ansprüchen der jungen Fürstin, sodass sie den Neubau einer angemessenen Residenz plante. Das neue Schloss sollte außerhalb von Diez auf einem steilen Felsen über der Lahn anstelle des ehemaligen Klosters Dierstein entstehen. Das wohl im 12. Jh. gegründete Kloster existierte bis ins 16. Jh. Als die Reformation in Diez Einzug hielt, mussten die letzten Nonnen das Kloster verlassen, die Gebäude verfielen zur Ruine. Albertine Agnes erwarb das Gelände und ernannte den nassauischen Amtmann Weitzel zum Bauleiter. Ihrem neuen Besitz gab sie den Namen Oranienstein in Erinnerung an ihre Herkunft aus dem Geschlecht Oranien. Auch ihre drei Schwestern hatten mit der Benennung ihrer Landschlösser Oranienburg nahe Berlin, Oranienbaum nahe Dessau und Oranienhof in der Nähe von Bad Kreuznach an das Haus Oranien erinnert. Da Albertine Agnes sich in dieser Zeit fast ständig in den Niederlanden aufhielt, wurde sie durch Briefe von Weitzel über den Baufortgang unterrichtet. Der Neubau begann 1671, geplant war eine dreiflügelige Anlage mit einem Ehrenhof. Große Teile der Ruine, vor allem des ehemaligen Kirchenschiffs, konnten in den Mittelbau des Schlosses einbezogen werden. Die Apsis des Chores wurde in den Festsaal des Schlosses übernommen und ist dort noch erkennbar. Der Baufortgang entsprach allerdings nicht den Wünschen der Bauherrin: Es kam zu Verzögerungen, da die Baupläne nicht geliefert wurden, auch die Handwerker arbeiteten nicht ordentlich, sodass ein Teil des Dachgebälks einstürzte. Trotz aller Schwierigkeiten dürfte die Schlossanlage 1682 vollendet gewesen sein, auch die Möblierung war zum Abschluss gekommen. Für die Gartenanlage wurden Ziersträucher und Blumen aus den Niederlanden geliefert. Zur Versorgung des Schlosses und seiner Bewohner wurde ein landwirtschaftliches Gut im ehemaligen Klosterhof eingerichtet. Seit der Volljährigkeit ihres Sohnes 1677 war Albertine Agnes von der Vormundschaft befreit. Sie hielt sich seit 1684 nun öfter in Oranienstein auf, lebte aber auch in Friesland. Dort starb sie 1696 auf ihrem Landsitz Oranienwald.

Nach ihrem Tod übernahm ihre Schwiegertochter Henriette Amalia Schloss Oranienstein. Ihr war ein ähnliches Schicksal beschieden wie Albertine Agnes. Ihr Ehemann Fürst Heinrich Casimir II. starb früh, das jüngste der neun Kinder wurde nach seinem Tod geboren. Die Fürstin musste die Vormundschaft für ihren minderjährigen Sohn übernehmen. Nach dessen Volljährigkeit und der Übernahme der Statthalterschaft in den Niederlanden beschloss Henriette Amalia, zukünftig mit ihren fünf unverheirateten Töchtern in Oranienstein ihren Wohnsitz zu nehmen, da ihr von ihrem Sohn die Regentschaft in der Grafschaft Nassau-Diez übertragen worden war. Größe, – die fünf Töchter zogen mit ein – Innenarchitektur, Dekoration und Möblierung entsprachen nicht der Vorstellung der Fürstin von einem repräsentativen Wohnsitz. Sie plante den Umbau zu einer standesgemäßen Residenz mit einer herrschaftlichen Ausstattung. Die beiden Seitenflügel wurden erweitert und durch Querflügel ergänzt, ein neues, elegantes Treppenhaus eingebaut. Auch das Interieur sollte luxuriöser werden. Statt der aus preiswerterem Sandstein gearbeiteten Kamine, die Albertine Agnes einbauen ließ, wurden nun Marmorkamine in Auftrag gegeben, wobei Henriette Amalia durchaus auch auf den Preis achtete, wie ihre Korrespondenz zeigt. Die Repräsentationsräume waren dekoriert mit üppigen Stuckaturen und Deckengemälden, ergänzt durch kostbare Möbel. Die Gemäldesammlung enthielt Werke bedeutender flämischer und niederländischer Maler.

1709 zog Henriette Amalia mit ihren Töchtern in Oranienstein ein. Sie frönte einem feudalen Lebensstil mit zahlreichen Hofbediensteten. Für die Küche wurden Fisch und Austern aus Amsterdam, Kaffee, Tee und Schokolade beim Kaufmann Brentano in Frankfurt bezogen. In Paris bestellte die Fürstin Schuhe nach der neuesten Mode, in Frankfurt Schmuck und Parfüm.

In ihrer Residenzstadt widmete sich Henriette Amalia mit Eifer dem Aufbau der Diezer Neustadt in holländischem Stil. Kirchenzucht und öffentliche Ordnung sollten durch zahlreiche Verordnungen, die ihre calvinistische Erziehung erkennen lassen, besonders befördert werden.

Für die Fürstin und das Haus Nassau-Oranien war es ein schwerer Schlag, als ihr Sohn, Fürst Johann Wilhelm Friso, 1711 tödlich verunglückte. Sein Sohn und Erbe wurde mehrere Wochen nach seinem Tod geboren. Die junge Witwe, Tochter des Landgrafen von Hessen, übernahm wiederum in den Niederlanden die Vormundschaft, ihr Vater bemühte sich um die Grafschaft Diez, was zu ständigen Auseinandersetzungen mit Henriette Amalia führte. Letztendlich kam es zu einer Übereinkunft, die den fünf unverheirateten Töchtern ein Wohnrecht in Schloss Oranienstein sicherte.

Die Fürstin starb 1726 und wurde in der Stiftskirche von Diez in der Fürstengruft in einem prunkvollen Sarkophag beigesetzt. Dort fanden auch ihre Töchter ihre letzte Ruhestätte. Mit ihr ging eine für Diez glanzvolle Epoche zu Ende, in der drei Fürstinnen von hoher Bildung und adliger Lebenskultur für die Stadt und die Grafschaft eine Blütezeit gebracht hatten.

Das Haus Nassau-Oranien-Diez führt von Fürst Johann Wilhelm Friso in direkter Linie zum heutigen König Willem Alexander der Niederlande.

Literatur

Friedhelm Jürgensmeier (Hrsg.), Nassau-Diez und die Niederlande – Dynastie und Oranierstadt Diez in der Neuzeit, Wiesbaden 2012.

Als der schöne Hof vollendet dastand, überreichte der Kurfürst seiner Schwester, der Witwe eines Grafen von Bassenheim, den Schlüssel und machte ihr damit ein Geschenk. Diese bewohnte ihn bis zu ihrem Tode und man nannte ihn den Bassenheimer Hof.

(Karl Anton Schaab, 1844)*

DIE ADELSHÖFE – VIELE KLEINE HOFHALTUNGEN IM KURFÜRSTLICHEN MAINZ

Als Johann Philipp von Schönborn 1647 Kurfürst in Mainz wurde, traf er eine Stadt an, deren Einwohnerzahl sich durch den Dreißigjährigen Krieg von 13.000 auf 7.000 fast halbiert hatte. Der Baubestand war ungefähr zu einem Viertel beschädigt oder zerstört, auch das eine Folge des langen Krieges und der wechselnden Besatzungen. Es gelang trotz einiger Rückschläge – etwa durch das Pestjahr 1666 – die Wirtschaft wieder anzukurbeln; dies war das Verdienst von Kaufleuten wie Edmund Rokoch, der dann auch den ersten repräsentativen Profanbau, das Haus Zum Römischen Kaiser (das heutige Gutenbergmuseum) am Liebfrauenplatz errichtete. Der Römische Kaiser war, obwohl von einem Bürgerlichen gebaut, als Bautyp der erste „Adelshof" und Vorbild für weitere Bauten.

Mit der positiven wirtschaftlichen Entwicklung der Stadt Mainz ging ein Aufschwung des Bauwesens, ja ein regelrechter Bauboom einher. Die Bauaufgaben reichten vom Ausbau der Festung mit Zitadelle über Zweckbauten, Brücken und Hafenanlagen bis hin zum Kirchenbau. In Mainz entstanden vier große Barockkirchen: St. Peter, die – nicht mehr erhaltene – Jesuitenkirche, Augustinerkirche und St. Ignaz. Der Dom erhielt nach einem Blitzschlag einen neuen Helm auf dem Westturm und eine barocke Ausstattung mit Altären und Chorgestühl. Auch in anderen mittelalterlichen Kirchen wurden neue Ausstattungen geschaffen, was eine außerordentliche Blüte der Kunst mit sich brachte.

Schon während des Dreißigjährigen Krieges war mit dem Neubau des Schlosses neben der mittelalterlichen Martinsburg begonnen worden. Mit Deutschhaus und Neuem Zeughaus wurde die repräsentative Rheinfront vollendet. Im Süden der

* Karl Anton Schaab, Geschichte der Stadt Mainz, 2. Band, Mainz 1844, S. 292.

Stadt entstand das Lustschloss Favorite. Auch der Adel, der in der Residenz des Kurfürsten ansässig war und am Hof hohe Ämter ausübte, bereicherte das Stadtbild mit repräsentativen Neubauten. Zu einer der besten Adressen in Mainz wurde der Dietmarkt oder Thiermarkt, heute Schillerplatz, am Rande der Altstadt.

Philipp Erwein von Schönborn, Bruder des regierenden Kurfürsten Johann Philipp und Amtmann, erbaute hier um 1660 den Schönborner Hof, noch in den Formen der späten Renaissance. Sein Sohn, als Domkustos ebenfalls in Diensten des Kurfürsten, vollendete den Bau. An das Palais anschließend wurde ein prächtiger Garten angelegt. Für den großen Baukomplex mussten 28 Häuser aufgekauft und abgerissen werden, denn zu den Adelshöfen gehörten auch noch Wirtschaftshöfe und Remisen mit einem ausgedehnten Platzbedarf.

Als nächstes wurde die Familie von Erthal hier ansässig. Reichsfreiherr Philipp Christoph von Erthal erbaute an der Thiermarktstraße ein herrschaftliches Palais. Der aus fränkischem Adel stammende Erthal war dank besonderer Förderung durch den Kurfürsten Lothar Franz von Schönborn zuerst zum Hofrat, später unter Kurfürst Friedrich Carl von Ostein zum Vizekammerpräsidenten und Obermarschall aufgestiegen. Auch hier mussten mehrere Häuser und Grundstücke aufgekauft werden, um den notwendigen Platz zu schaffen. Seit 1734 entstand ein an Schlossbauten orientiertes Gebäude, das Erthal weitgehend selbst plante, wie er in seinem Bauantrag schrieb. Das Haus sollte „pro decore civitatis“ (zur Zierde der Stadt) gebaut werden. Neben der schlossartigen Fassade finden sich auch im Inneren Anklänge an herrschaftliche Architektur. So sind in der Belétage zu beiden Seiten des repräsentativen, eleganten Treppenhauses Appartements für den Hausherrn und seine Ehefrau in einer Enfilade angeordnet. Stuckdekoration, Marmorkamine und reich verzierte Spiegel zeugten vom hohen Anspruch des Bauherrn. Zu dem Anwesen gehörten ein Wirtschaftshof mit Stallungen und ein Lustgarten mit Gartenpavillon. In der nächsten Generation wurde ein Familienmitglied zum Erzbischof gewählt, Karl Josef von Erthal; er war der letzte in Mainz residierende Kurfürst.

Erst durch die beiden großen Adelshöfe an der Südseite des Platzes gewann der heutige Schillerplatz endgültig seine herausgehobene Stellung. Kurfürst Karl von Ostein ließ 1747/52, wenige Jahre nach seinem Amtsantritt für seinen Bruder ein „Familienhaus“ errichten, das ebenfalls „pro condecore civitatis“ (zur Zierde der Stadt) erbaut werden sollte. Auch hier mussten neun Häuser gekauft werden, um genügend Platz zu schaffen für den mächtigen dreigeschossigen Bau, der in seiner Grundrissdisposition geschickt in das Areal zwischen zwei Straßen eingefügt wurde. Mit dem Osteiner Hof erhielt der damalige Thiermarkt eine imposante Platzwand. In unmittelbarer Nachbarschaft ließ er für seine Schwester Maria Antonia, verwitwete Gräfin Waldbott von Bassenheim, fast gleichzeitig ein weiteres Palais errichten. In seiner strengeren, fast klassizistischen Architektur bildet es

Mainz, Schillerplatz mit Osteiner und Bassenheimer Hof (hist. Aufnahme)

einen reizvollen Kontrast zu den geschwungenen, abgerundeten Formen des Osteiner Hofes.

Nicht weit entfernt vom heutigen Schillerplatz in der Großen Bleiche erwarb ein anderer hoher kurfürstlicher Beamter einen Adelshof. Bereits 1728 hatte hier der kurfürstliche Oberstallmeister einen so aufwendigen und prunkvollen Bau errichten lassen, dass er sich damit völlig verschuldete, er sich tatsächlich „zu Tode gebauet" hatte. Das Gebäude erwarb Friedrich von Stadion. Er begann seine Karriere am kurfürstlichen Hof unter seinem Onkel Lothar Franz von Schönborn, wurde unter den folgenden Bischöfen Hof- und Staatsminister und schließlich Großhofmeister des Kurfürsten Ostein, mit dem ihn ebenfalls verwandtschaftlich Beziehungen verbanden. Damit war er einer der einflussreichsten Politiker, der zugleich als der erste Mainzer Aufklärer gilt. Viele Reformen, die Ostein einführte, gehen auf die Ideen Stadions zurück. Im Stadioner Hof entwickelte sich ein überaus reiches geselliges Leben, denn Stadion war vielseitig interessiert und sammelte Bücher. Ihm zur Seite stand dort sein unehelicher Sohn Georg Michael Franck La Roche, dessen Frau Sophie La Roche über viele Jahre geistreiche Gesellschafterin und Vorleserin des Hausherrn war. Hier kam ihre Tochter Maximiliane zur Welt, die Mutter von Clemens und Bettina Brentano.

Mit den Adelshöfen zeigten die Familien Präsenz am Hofe des Erzbischofs und des Reichserzkanzlers. Sie gehörten zum Hofstaat, nahmen Positionen und Funktionen in der Verwaltung bis in die höchsten Ämter ein. Gleichzeitig bildete jeder Adelshof einen kleinen Hofstaat für sich. Auch die Familien nahmen regen Anteil am gesellschaftlichen und kulturellen Leben der Stadt. Es gab Feste, Konzerte und andere Veranstaltungen. Die Familien hatten Kontakt untereinander, waren auch verwandtschaftlich miteinander verbunden. Bis zum Ende des Kurstaates 1803 blieben die Adelshöfe im Besitz der Familien. Danach wurden sie verkauft, man zog sich auf sicheres rechtsrheinisches Gebiet zurück, teilweise auch auf Güter in Böhmen, das Mobiliar wurde mitgenommen. Noch heute finden sich in böhmischen Schlössern Möbel, Gemälde und Porzellan aus Mainz. Im Zuge dieser Entwicklung kam der Erthaler Hof als Wohnhaus und Verwaltungssitz an den französischen Präfekten Jeanbon de St. André.

Im gesamten Gebiet der Mainzer Altstadt gab es im 18. Jh. etwa 30 repräsentative Adelshöfe, viele davon bereichern trotz großer Kriegs- und Nachkriegsverluste noch immer das Stadtbild.

Literatur

Regine Dölling, Mainzer Barockpalais, Köln [2]1977.

Elisabeth Darapsky, Mainz – Die kurfürstliche Residenzstadt 1648–1792, Mainz 1995.

Das angenehme Denkmal, das der König von Polen, Ihr Vater, mit den charmanten Bauten von Tschifflik, die von Geschmack und außerordentlicher Erfindung zeugen, hier errichtet hat, entzücken uns immer wieder. Wir machen häufig Ausflüge dahin. Und der Herzog, mein Gemahl hat sich vorgenommen, diesen Ort zu unterhalten und darüber hinaus zu erweitern, haltbarer und noch schöner zu machen.

(Herzogin Karoline von Zweibrücken in einem Brief an Maria Leszczynska, Gemahlin Ludwig XV., 1734)*

TSCHIFFLIK BEI ZWEIBRÜCKEN – EIN LUSTSCHLOSS FÜR DEN KÖNIG IM EXIL

Unweit von Zweibrücken in einem Park liegen die Reste einer barocken Gartenanlage mit dem merkwürdigen Namen Tschifflik. Dem Bau dieses Gartens gehen Ereignisse europäischer Dimension voraus. Im 17. Jh. waren die Herzöge von Zweibrücken durch die Heirat des Herzogs Johann Kasimir mit der schwedischen Prinzessin Katharina Wasa auf den schwedischen Thron gelangt, das Herzogtum wurde von schwedischen Statthaltern verwaltet. Der schwedische König Karl XII. wurde 1700 im großen nordischen Krieg von Sachsen, das auch den polnischen Thron inne hatte, Dänemark und Russland angegriffen; im Gegenzug errang er auf polnischem Gebiet militärische Erfolge. Bei den nachfolgenden Auseinandersetzungen um die polnische Krone stellte sich Karl auf die Seite des aus polnischem Hochadel stammenden Stanislaus Leszczynski. Dieser hatte verschiedene hohe Ämter inne und führte auch die Friedensverhandlungen mit Karl XII. Dabei gewann er dessen Vertrauen und Unterstützung. 1705 wurde Stanislaus in Warschau gekrönt.

Doch nicht lange währte der Frieden. 1708 besiegte das russische Heer Schweden, Karl XII. musste fliehen und mit ihm Stanislaus Leszczynski. Sie fanden Asyl in Bender im Gebiet des osmanischen Reiches. Erst 1714 gelangte Karl XII. wieder nach Schweden zurück. Er setzte nun den an ihn gebundenen Stanislaus in das Herzogtum Zweibrücken. Dort bemühte sich der populäre schwedische Statthalter Gabriel Oxenstierna die von den französischen Reunionskriegen gebeutelte Stadt wieder aufzubauen. In Zweibrücken entfaltete Stanislaus Leszczynski eine aufwendige und anspruchsvolle Hofhaltung mit einem über 100 Personen umfassenden Hofstaat. Zu

* zit. nach: Stella Junker-Mielke, Verborgene Gärten in Rheinland-Pfalz, Lindenberg 2006, S. 81.

seinen ersten Projekten gehörte die Planung eines „maison de plaisance“, eines Lustschlosses. Für dieses Vorhaben wurde ihm der schwedische Architekt Jonas Erichson Sundahl zur Verfügung gestellt, der seit 1702 als leitender Baubeamter für das gesamte Bauwesen im Herzogtum zuständig war. Unter anderem baute er als verantwortlicher Architekt das Zweibrücker Schloss.

Zweibrücken, Lustschloss Tschifflik, Plan 1730

Als Bauplatz wurde ein Gartengelände außerhalb von Zweibrücken gewählt, das im 16. Jh. von den Herzögen von Zweibrücken angelegt worden war, aber seit dem Dreißigjährigen Krieg völlig verwilderte.

Sundahl plante der Topografie entsprechend eine in mehreren Terrassen gebaute Parkanlage mit Pavillonarchitektur. Mittelpunkt war der Pavillon für den König und die Königin, dazu kamen weitere für die Prinzessinnen. Auch für den Speisesaal und den Spielsalon baute man einzelne Pavillons. Die verschiedenen Terrassen waren durch Treppen verbunden, in deren Mitte über eine Kaskade Wasserspiele liefen. Weiher, Blumenbeete, Springbrunnen mit Brunnenfiguren sowie Laubengänge ergänzten das barocke Gartenensemble. Durch einen Bachlauf eingeschnitten entstand gegenüber den Pavillonterrassen eine weitere Treppenanlage mit Terrassen und einem triumphbogenähnlichen Abschluss. Diese war als Musikantenbühne konzipiert. Der König mit seinem Gefolge konnte also von seiner Pavillonterrasse aus die musikalischen Darbietungen in dieser grandiosen Naturkulisse genießen, die, wie zeitgenössischen Berichten zu entnehmen ist, ein „unvergleichliches Echo“ ausgelöst haben.

Seinem neuen Refugium gab Stanislaus den Namen Tschifflik. Das Wort stammt aus dem Türkischen und bedeutet Landgut, wohl in Erinnerung an seine Zeit im osmanischen Reich. Allerdings erlebte er die Vollendung des Lustschlosses nicht mehr in Zweibrücken.

1718 war König Karl XII. auf einem weiteren Feldzug gefallen. Stanislaus Leszczynski musste das Herzogtum Zweibrücken verlassen, für das er wegen seiner großen Ansprüche zu einer Belastung geworden war. In der französischen Garnisonsstadt Weißenburg im Elsass fand er Aufnahme; die Zeiten der großen Hofhaltung waren vorerst vorbei, man lebte jetzt in bescheideneren Verhältnissen. So war es eine glückliche Fügung, dass Leszczynskis Tochter Maria als Gemahlin für den fünfzehnjährigen französischen König Ludwig XV. auserkoren wurde. Die Berater des Königs hatten Ausschau gehalten nach einer Prinzessin aus königlichem Geblüt, die ebenbürtig, aber ohne politischen Einfluss sein sollte. Dies machte Maria zur idealen Kandidatin für den französischen Hof. Nach der prunkvollen Hochzeit 1725 begann auch für Stanislaus Leszczynski und seine Familie wieder ein standesgemäßes Leben.

Noch einmal, 1733, konnte er mit der Unterstützung seines Schwiegersohnes auf den polnischen Thron zurückkehren, wurde allerdings ein Jahr später wieder entmachtet und ging nach Frankreich zurück. Ihm wurden die Herzogtümer Bar und Lothringen überlassen. Fortan widmete er sich mit großer Energie einer einem Herrscher gemäßen Aufgabe, dem Bauen. In der lothringischen Hauptstadt Nancy entstand nach seinen Vorstellungen eine der vollkommensten Platzanlagen Europas, die Place Stanislas. Seine Sommerresidenz bezog er in Lunéville mit dessen großartiger Parkanlage, deren Vollendung er erleben durfte, im Gegensatz zu Tschifflik, das er unvollendet zurücklassen musste. Nach seinem Tod 1766 wurde Stanislaus Leszczynski in Nancy in der von ihm gebauten Kirche Notre Dame bestattet.

Die Herzöge von Pfalz-Zweibrücken ließen Tschifflik nach den Plänen Sundahls zum Abschluss bringen. 1728 war die gesamte Anlage mit den Wasserspielen vollendet und wurde gerne genutzt, wie ein Brief der Herzogin Karoline an Maria Leszczynska zeigt.

Als man die Gartenanlage in napoleonischer Zeit in einen landwirtschaftlichen Betrieb umwandelte, ging ein großer Teil der Gartenarchitektur unter, sodass heute nur noch wenige Bauteile an den königlichen Bauherrn erinnern, dessen Schicksal für kurze Zeit mit der kleinen Residenzstadt Zweibrücken verbunden war.

www.alt-zweibruecken.de/bauwerke/lustschloss-tschifflik

Literatur

Herbert Dellwing/Hans Erich Kubach, Die Kunstdenkmäler der Stadt und des ehem. Kreises Zweibrücken, München 1981, S. 403ff.

Stella Junker-Mielke, Verborgene Gärten in Rheinland-Pfalz Lindenberg 2006, S.80ff.

Stum von Sultzbach auf dem Hundsrücken ... Ich habe gehört, daß 3 Brüder sind die Orgeln machen und diese haben noch Söhne, und wohnen in einem schlechten Dorf ...

(Johann Andreas Silbermann über seine Kollegen Stumm, 1761)*

SULZBACH UND DIE FAMILIE STUMM – 200 JAHRE ORGELN AUS DEM HUNSRÜCK

Im Hunsrück zwischen Rhaunen und Herrstein im nördlichen Teil des Landkreises Birkenfeld liegt das kleine Dorf Sulzbach. Wichtigstes Kulturdenkmal ist die evangelische Kirche an der Hauptstraße, bestehend aus einem Schiff des 18. Jhs. mit einem hölzernen Gewölbe in Form einer Tonne. Es schließt ein gedrungener, spätmittelalterlicher Chorturm an, der sich zum Schiff hin in einem großen Bogen öffnet. Die an drei Seiten des Kirchenraums umlaufende Empore stammt wie die übrige Ausstattung – Gestühl und Kanzel – aus der ersten Hälfte des 18. Jhs. Auffällig ist die für den kleinen Kirchenraum sehr mächtige, geschickt auf der östlichen Empore platzierte Orgel mit einem prachtvollen Prospekt, ein Werk der in Sulzbach ansässigen Orgelbauerfamilie Stumm.

Begründer der Stummschen Werkstatt war Johann Michael Stumm (1683–1747). Als ursprünglicher Juwelier und Goldschmied war er weit herum gekommen, bis er sich wohl 1714 in Sulzbach niederließ. Hier kam er über die Reparatur einer Hausorgel zum Orgelbau, wobei ihm sein Geschick als Goldschmied sicher zu Gute kam. Überliefert ist auch, dass er sehr musikalisch war. Er spielte Violine, Violoncello und Klavier, war also auch in der Lage, ein Instrument zu stimmen. In den ersten Jahren des 18. Jhs. dürfte Johann Michael eine Ausbildung als Orgelbauer gemacht haben; ein erstes Projekt, das urkundlich belegt ist, war ein Instrument für die Stiftskirche von Münstermaifeld. Der Vertrag wurde 1721 geschlossen. Vollendet war die Orgel zwei Jahre später. Auf einem eingeklebten Zettel war zu lesen: „Johann Michael Stumm von Raunen Sultzbach (hat) diese Orgel neu gemacht im Jahr 1723.“

Für Johann Michael sind noch 30 weitere Orgeln nachgewiesen, darunter auch größere Instrumente wie das für Kloster Rommersdorf bei Neuwied. Offensichtlich

* zit. nach: Hans Wolfgang Theobald, Die Werkstatt Stumm in Rhaunen/Sulzbach, in: Friedrich W. Riedel (Hrsg.), Die Orgel als sakrales Kunstwerk, Mainz 1992, S. 204.

Sulzbach, ev. Kirche, Stumm-Orgel

hatte sich Johann Michael Stumm schon recht bald einen guten Namen als Orgelbauer gemacht. Er begründete damit den Ruf der Sulzbacher Werkstatt, wobei man bedenken muss, welch hohe Anforderungen an Orgelbauer gestellt wurden. Die Leistung reichte von der Konzeption der Orgel, der Disposition, der architektonischen Gestaltung des Orgelprospekts, der Einfügung in den Kirchenraum und der Herstellung der Pfeifen bis zur Ausführung in höchster handwerklicher Qualität, dem Aufbau vor Ort und der abschließenden Stimmung.

Für 1746 ist die Stiftung einer Orgel für die kleine Sulzbacher Kirche überliefert. Es war dies wohl ein Vermächtnis von Johann Michael Stumm, der ein Jahr später starb, aber zufrieden auf ein erfolgreiches Arbeits- und Familienleben zurückblicken konnte. Für ihre Heimatgemeinde hatte die Familie Stumm ein Meisterwerk geschaffen, denn in den sehr kleinen Kirchenraum wurde ein großes, zweimanualiges Werk eingepasst. Auf einer eigenen Empore über dem Chorbogen folgt der Orgelprospekt dem Verlauf des hölzernen Gewölbes. Die dekorativen Rokokoformen verleihen dem schlichten Kirchenraum besonderen Glanz.

Seine drei Söhne, Johann Philipp, Johann Heinrich und Johann Nikolaus waren ebenfalls im Betrieb tätig und führten die Werkstatt nach dem Tod des Vaters erfolgreich weiter.

Von den vier Söhnen des Johann Philipp Stumm sind zumindest zwei urkundlich als Orgelbauer belegt. Offensichtlich arbeitete jeweils auch ein Neffe mit. Die zweite und dritte Generation der Stumms erlebte auch den Höhepunkt der Orgelproduktion. Nach wie vor war der Qualitätsstandard sehr hoch. Allein die Zahl der für die zweite Hälfte des 18. Jhs. nachweisbaren Stumm-Orgeln – insgesamt rund 135 – ist beeindruckend.

Die Sulzbacher Werkstatt, deren Stammhaus in veränderter Form im Anwesen Hauptstraße 19 erhalten ist, hatte Kunden im weiten Umkreis. Zu den Auftraggebern zählten Fürstenhöfe, Residenzstädte, reichsfreie Städte, evangelische und katholische Kirchengemeinden und Klöster, wobei die Familientradition auch für den Orgelbau wichtig war. Die Stumms entwickelten ihre Instrumente weiter, blieben aber ihrer Grundrichtung treu. Gleichzeitig entstanden originelle, individuelle Lösungen für die einzelnen Kirchen, so in der Schlosskirche von Kirchheim-Bolanden, wo die Aufgabe darin bestand, eine große Orgel in einem Saalbau zwischen Logen und zugleich über Kanzel und Altar zu positionieren. Immer wurden überzeugende Ergebnisse erzielt. Stumm-Orgeln entstanden in Koblenzer Kirchen, in der Augustinerkirche in Mainz, in der Trinitatiskirche in Mannheim und schließlich in der Abteikirche von Amorbach, mit 45 Registern die größte Orgel, die in Sulzbach entstanden ist. Nach der Besichtigung des fertigen Werkes in der Werkstatt im März 1782 durch den Prior aus Amorbach konnte der Transport des zerlegten Werkes beginnen. Zunächst wurde die Orgel, verteilt auf sechs Wagen, auf dem Landweg nach Bingen geschafft. Dort erfolgte die Verladung auf ein Schiff. Auf Rhein und Main ging es flussaufwärts bis Wertheim und von dort wieder über Land zum Aufbau nach Amorbach. Allein dieser Transport war eine außerordentliche logistische Leistung.

Die in der dritten Generation tätigen Orgelbauer Philipp, Franz, Friedrich Karl und Johann Michael II. führten die Werkstatt in das 19. Jh. Es folgten noch drei weitere Generationen der Orgelbauerfamilie. Im 19. Jh. entstanden nochmals rund 160 Instrumente. Die letzte Stumm-Orgel für Niederbosenbach im Hunsrück wurde 1896 fertiggestellt. Somit umfasst das Gesamtwerk der Familie Stumm über 360 Orgeln, die alle in dem kleinen Dorf Sulzbach gefertigt wurden. Bis heute werden die Stumm-Orgeln geschätzt wegen ihrer unverwechselbaren Klangqualität, die besonders bei den in der ursprünglichen Disposition und mit den originalen Pfeifen erhaltenen zu hören ist. Während der Revolutionskriege im späten 18. Jh. wurden die Pfeifen der Sulzbacher Orgel wegen ihres Metallwertes ausgebaut und eingeschmolzen. 1820 wurde diese Orgel jedoch in guter Stummscher Familientradition von der vierten Generation der Stumms wieder instand gesetzt.

www.vg-rhaunen.de

Literatur

Franz Bösken, Die Orgelbauerfamilie Stumm aus Rhaunen-Sulzbach und ihr Werk, Mainz 1960.

Jürgen Eppelsheim, Stumm-Orgeln in Rhaunen und Sulzbach, in: Ars organi 31, 1983, S. 232ff.

In anno 1760 haben seine Churfürstliche Gnaden zu Trier sich gnädigst Entschlossen, Höchstdero Familien Haus zu Moltzburg nach dem modernen gout (Geschmack) mehr von dem berg herab, und ganz neu dahin zu setzen.
(Bericht der Baukomission März, 1766)*

SCHLOSS MOLSBERG – KURFÜRST JOHANN PHILIPP VON WALDERDORFF UND SEINE BAUTEN

Auf einem Bergkegel im gleichnamigen Dorf im Westerwaldkreis liegt eindrucksvoll Schloss Molsberg, eine Anlage des 18. Jhs. und bis heute im Besitz der Grafen von Walderdorff, einem bedeutenden rheinischen Adelsgeschlecht.

Die Ursprünge von Schloss Molsberg reichen in die Salierzeit zurück, in das 11./12. Jh., als die Hohe Straße, die wichtigste Verkehrsverbindung zwischen Frankfurt und Köln, durch Burgen gesichert wurde. So entstanden hier im Westerwald im Auftrag des Reiches die Burgen Hartenfels, Weltersburg und Molsberg. Um 1200 erfolgte ein Ausbau der Burganlage Molsberg mit Palas, Bergfried und Schildmauer, der bis in das 18. Jh. das Bild bestimmte. Als die Freiadligen von Molsberg 1390 ausstarben, verpfändete Kurtrier die Burg an verschiedene Herrschaften, bis sie 1657 vom Trierer Erzbischof den vier Brüdern Walderdorff zu Lehen gegeben wurde. Es war dies die neunte Generation dieses Geschlechts, dessen Angehörige als Ritter, Burg- oder Amtmänner in den Diensten unter anderem der Herren von Solms, Katzenelnbogen und Nassau standen. Seit dem späten 15. Jh. kam es zu verwandtschaftlichen Beziehungen mit alten, einflussreichen Familien des rheinischen und fränkischen Adels wie Brendel von Homburg, Echter von Mespelbrunn und Eltz. Bereits einige Jahrzehnte zuvor erscheint Johann von Walderdorff als kurtrierischer und kurmainzer Amtmann; die Familie fand in der Folgezeit Einzug auch in die Domstifte von Worms, Speyer und Würzburg – ein erstaunlicher Aufstieg, auch im Hinblick auf die Erreichbarkeit geistlicher Ämter. So wurden vier Mitglieder der Familie zu Fürstbischöfen von Wien, Fulda, Speyer und Trier gewählt und rückten so in den Fürstenstand auf, verbunden mit der Möglichkeit, in der Reichspolitik mitzuwirken. Dem politischen und gesellschaftli-

* zit. nach: Jörg Restorf, Die Schloß- und Residenzbautätigkeit des kurtrierischen Hofarchitekten Johannes Seiz (1717–1779) unter Johann Philipp von Walderdorff, in: Friedhelm Jürgensmeier (Hrsg.), Die von Walderdorff, Köln 1998, S. 292.

chen Aufstieg trug man mit dem Aus- und Umbau der Walderdorffer Höfe in Mainz und Limburg Rechnung.

Ein Höhepunkt in der Familiengeschichte wurde erreicht, als Johann Philipp von Walderdorff 1756 Kurfürst und Erzbischof von Trier wurde. Als jüngerer Sohn der Familie war er für die geistliche Laufbahn bestimmt. Familiäre Beziehungen verhalfen ihm zu einer schnellen kirchlichen Karriere im Erzbistum Trier. Nach seiner Ernennung zum Koadjutor (Stellvertreter) des Erzbischofs war ihm die Nachfolge sicher. Als Kurfürst entwickelte er wenig politischen Ehrgeiz, überließ die Leitung des Bistums und des Kurstaates seinem Kanzler, dem Generalvikar und seinen Beratern. Seine Interessen galten der Kunst, der Literatur, dem Theater, der Musik und der Jagd. Mit großer Begeisterung widmete er sich vor allem dem Bauen, das für ihn Gelegenheit zur Flucht aus der problematischen Situation der kurfürstlichen Verwaltung und der wenig geliebten politischen Tätigkeit darstellte. In Trier entstand in seiner Regierungszeit der Südflügel des kurfürstlichen Palais nach Plänen seines Hofbaumeisters Johannes Seiz; in der Residenz Ehrenbreitstein ließ Johann Philipp den Marstall erbauen und bei der Abtei Prüm die prächtigen Konventsgebäude.

Drei Landschlösser gehen auf seine Initiative zurück: Engers, Philippsfreude in Wittlich und Molsberg. Vor allem dem Jagdschloss Engers widmete er besondere Aufmerksamkeit, benötigte er doch für seine ausufernde Jagdleidenschaft eine angemessene Unterkunft. Unmittelbar am Rhein entstand nach Plänen von Johannes Seiz der eindrucksvolle Bau mit der Hauptfassade zum Rhein hin. Eine eigene Anlegestelle ermöglichte es dem Kurfürsten, von seinen Residenzen Trier oder Ehrenbreitstein mit dem Schiff anzureisen. Das Schloss war kostbar mit Stuck und Deckenmalereien des Hofmalers Januarius Zick dekoriert. Nur zur Jagdsaison logierte der Kurfürst mit Gefolge hier, ansonsten stand das Schloss leer. Schloss Philippsfreude in Wittlich wurde 1762/63 in nur eineinhalbjähriger Bauzeit anstelle der Burg Ottenstein errichtet. Französische Revolutionstruppen zerstörten das Schloss bereits 1797 vollständig.

Neben weiteren Sakral- und Profanbauten, die der Kurfürst initiierte, kommt dem Bau von Schloss Molsberg besondere Bedeutung zu. Hier war Johann Philipp von Walderdorff 1701 geboren, wohl mit ein Grund für ihn, sich um diese Liegenschaft zu kümmern. In Molsberg stand noch die mittelalterliche Burg, deren Aussehen durch ein Modell aus der ersten Hälfte des 18. Jhs. überliefert ist. Es sollte weniger ein Erinnerungsmodell, sondern eher ein Planungsmodell sein, da auch die jüngsten Umbauten dargestellt sind.

Weil Burg Molsberg nicht mehr dem Zeitgeschmack entsprach, als unbequem empfunden wurde und überhaupt nicht zum Repräsentationsbedürfnis des Kurfürsten passte, plante er anstelle der mittelalterlichen Burg einen barocken Schlossbau, eine großzügige Dreiflügelanlage. Verpflichtet wurde 1760 der Bauunternehmer, Archi-

Molsberg, Schloss, Hauptportal (hist. Aufnahme)

tekt und Steinmetz Johann Dillmann aus Mainz, der entsprechende Pläne vorgelegt hatte. Abbruch der alten Burg und Neubau gingen recht langsam von statten. Auch stellten Bausachverständige Mängel fest, weshalb Dillmann 1765 entlassen wurde. Die Bauleitung übernahm Johannes Seiz, der selbst weitere Pläne zeichnete, unter anderem für die Kapelle.

Der Bau schritt jetzt zügiger voran. 1767 waren ein Seitenflügel und daran anschließend ein Drittel des Hauptflügels fertig gestellt, allerdings in schlichterer Ausführung, als die Pläne dies zeigen. Es gab wohl Gründe zu sparen. So wurde auch keine Ausstattung des winkelförmigen Baus mit Ausnahme der Kapelle und der Haupttreppe in Auftrag gegeben. Mit dem Tod des Kurfürsten 1768 kamen die Arbeiten endgültig zum Erliegen. Der begonnene Teil des Hauptflügels wurde durch eine Mauer abgeschlossen, das Schloss blieb ein winkelförmiger Torso. Aus Geldmangel musste man die Handwerker entlassen. Fertiggestellt wurden das prächtige Gittertor mit zwei Pfeilern und ein barocker Gartenpavillon. Aus dieser Zeit könnte auch die Lindenallee stammen, die als Achse auf den nicht realisierten Mittelbau zuführte. Es entbehrt nicht einer gewissen Tragik, dass ausgerechnet das persönlichste Bauprojekt des Johann Philipp von Walderdorff – Molsberg – im Gegensatz zu anderen Bauten nicht vollendet werden konnte.

Trotz verschiedener Anläufe in späterer Zeit gelang es nicht, das Schlossprojekt angemessen zu vollenden. Der Schwerpunkt wurde mehr auf die Pflege der Gärten gelegt. So entstand um 1820 ein großzügiger englischer Garten. Bis heute sorgt die gräfliche Familie von Walderdorff, inzwischen in der 17. Generation, vorbildlich für Schloss und Garten.

www.walderdorff.de

Literatur

Friedhelm Jürgensmeier (Hrsg.), Die von Walderdorff, Köln 1998.

Dienst und Herrschaft – Aspekte adligen Lebens am Beispiel der Familie Walderdorff, Ausst. Kat. Trier 1998.

Hier ruht dem Herrn selich entschlafen der wohlgeborne Herr Joann Peter Jeger Kurfürstlich meinzischer Baurath des errichteten underen neuen Kranens und der pfarrkirch St. Ignaz gewesener Baumeister ...

(Grabinschrift in der Gruft von St. Ignaz, 1790)

DER BAU VON ST. IGNAZ IN MAINZ – EINE GEMEINSCHAFT IM LEBEN WIE IM TOD

Im Süden der Mainzer Altstadt ragt inmitten der kleinteiligen historischen Bebauung die imposante Fassade der klassizistischen Ignazkirche empor.

Wegen Baufälligkeit mussten um 1720 die mittelalterlichen Türme abgebrochen werden; man beklagte auch den schlechten Zustand der Kirche, sodass der Gedanke an einen Neubau schon in dieser Zeit aufkam. Das Stadtviertel, hervorgegangen aus der Vorstadt Selenhofen, war geprägt durch Häuser und Werkstätten von Handwerkern, Schiffern, Fischern und Fährleuten, große Adelshöfe fehlten. Es dauerte schließlich über 30 Jahre, bis das Projekt Formen annahm.

Für den Neubau der Kirche wurden Pläne angefertigt und dem Kurfürsten Johann Friedrich Karl von Ostein zur Begutachtung vorgelegt. Er wählte den aufwendigsten Entwurf, denn seine kurfürstliche Gnaden wollte, wie er mitteilen ließ, „keine Bauernkirche in seiner Residenz haben“. Die Juraten (Kirchenvorstand) hatten große Bedenken wegen der Größe und der damit verbundenen Kosten, die für die Pfarrei kaum aufzubringen waren. Mit Unterstützung des Kurfürsten wurde eine Baukommission eingesetzt, der hohe kirchliche Würdenträger wie der Generalvikar angehörten. Sie sollte für einen zügigen Baufortgang sorgen und die Juraten entlasten. So entstand zwischen 1762 und 1778 der letzte der barocken Kirchenbauten, ausgestattet mit Deckenmalereien, Stuckaturen, Hochaltar, Kanzel und Kirchenmöbeln in spätbarocken-frühklassizistischen Formen.

Unter der Kirche wurde gleichzeitig eine Gruft angelegt mit sog. Backofengräbern, d. h. Nischen, in die Särge eingeschoben und die mit Backsteinmäuerchen verschlossen wurden. Davor konnte eine Grabplatte mit Inschrift angebracht werden. Die Gräber wurden verkauft und brachten der Pfarrei Einnahmen. Von 1767 bis 1803 wurden Gräber belegt, dann mussten auf Anordnung der französischen Präfektur alle Beerdigungen aus hygienischen Gründen auf dem neu angelegten Hauptfriedhof außerhalb der Stadt stattfinden. Viele der am Bau in irgendeiner Weise Beteiligten fanden in der Gruft von St. Ignaz ihre Grabstätten.

Johann Michael Wunderlich war von 1727 an fast 45 Jahre Pfarrer von St. Ignaz. Seit dem Abbruch der Türme kämpfte er über 30 Jahre um einen Neubau, den er auch tatsächlich in Gang brachte. Sein Gebaren gegenüber dem Kirchenvorstand war wohl nicht immer glücklich, wurde ihm doch vorgeworfen „unhefflich und unartlich mit Worten“ zu sein. Deshalb wurden seine Verdienste um den Kirchenbau später auch nicht entsprechend gewürdigt. In seiner Zeit erfolgte 1763 die feierliche Grundsteinlegung. Er erlebte auch die Errichtung des Kirchenbaus.

Sein Nachfolger war Ernst Turin. Seit 1772 leitete er die Geschicke von St Ignaz. In seiner Amtszeit wurde der Innenausbau vollendet und die Kirche mit großem Gepränge von Kurfürst Karl Joseph von Erthal geweiht. Pfarrer Turin starb 1810. Er durfte deshalb nicht mehr in der Gruft beigesetzt werden, sondern fand sein Grab auf dem Hauptfriedhof. Eine schlichte Gedenktafel erinnert hier an ihn.

Als bauleitender Architekt wurde Johann Peter Jäger verpflichtet. Seit 1740 arbeitete er in Mainz als kurfürstlicher Hofstuckateur und war unter anderem auch für die Stuckarbeiten im Osteiner Hof sowie für etliche Altäre verantwortlich. Er wird als Erbauer des neuen Krans genannt. Sein größtes Bauprojekt war jedoch die Ignazkirche, mit deren ungewöhnlicher Fassade, unmittelbar beeinflusst von der Kirche St. Gervais in Paris, er eine im Vergleich zu anderen Bauten moderne Architektur gestaltete. Johann Peter Jäger starb 1790 und erhielt auch ein Grab in „seiner“ Kirche.

Großen Anteil am Bau hatte der Domzimmermeister Georg Riedel. Gerüste, der mächtige Dachstuhl und das Gebälk unter der Orgelempore wurden von ihm geliefert und gebaut. In der Baukommission war sein Rat sehr gefragt, er wurde des Öfteren bei schwierigen Fragen hinzugezogen. Riedel starb 1791 mit 81 Jahren.

Die gesamten Stuckarbeiten wurden dem Hofstuckateur Peter Metz übertragen. Der klassizistische Stuck der Wände und die noch in Rokoko-Tradition stehenden Rocailleformen der Deckengewölbe zeugen von höchster handwerklicher Qualität. Sein Meisterwerk ist jedoch die Kanzel mit ihrer wie Elfenbein wirkenden figürlichen Stuckdekoration. Peter Metz starb 1780. Seine Grabplatte in der Gruft ist ein einziger Lobgesang auf ihn, „als hoff stukaturer hatt er wenig seines gleichen“.

Mit den Schreinerarbeiten wurde der Schreinermeister Johann Michael Keller beauftragt. Er fertigte das Chorgestühl, Beichtstühle, Kommunionbank und Schränke nach Entwürfen von Johann Peter Jäger. Das dunkel gebeizte Eichenholzmobiliar zeigt ausgeprägte klassizistische Formen. Keller war seit 1743 in der Ignaz-Pfarrei ansässig, er heiratete hier und seine elf Kinder wurden dort getauft. 1789 starb er mit 73 Jahren, seine Grabplatte trägt als zusätzlichen Schmuck ein Kruzifix.

Mainz, St. Ignaz (hist. Aufnahme)

Aber nicht nur die für den Bau Verantwortlichen liegen in der Gruft begraben, ebenso wichtig für den Kirchenbau waren die Stifter. So fand hier die Witwe Anna Clara Manera 1781 ihre Grabstätte. Die Grabinschrift besagt, dass sie „Muth und Männer-Geist besaß" und „der Orgel Pracht zu St. Ignaz ist ihrer Andacht Werk". Auch ihr Sohn Jakob Manera wird zusammen mit seiner Mutter als Stifter der Orgel benannt. Durch ihre Stiftung konnte die alte Orgel, die man aus Geldmangel in den Neubau übernommen hatte, 1781 durch ein Werk des Mainzer Orgelbauers Anton Onimus ersetzt werden.

Auch der Bäckermeister Anton Gött gehörte zu den großen Wohltätern. Zusammen mit seiner Ehefrau hatte er 1772 die große Sandsteinfigur des Kirchenpatrons Ignatius für die Fassade gestiftet. Georg Joseph Melbert, Domkapitelscher Wappenmaler, hinterließ einen Teil seines Vermögens zum Bau des Turmes von St. Ignaz. Dazu kam es allerdings nie, das Geld wurde anderweitig verwendet.

In der Gruft fanden auch Juraten ihre letzte Ruhestätte, die über viele Jahre die Kirchenrechnungen führten, Gelder einzogen und verwalteten sowie die Baukommission unterstützten. Der Kaufhausmeister Johann Peter Ochsen, der Stadtgerichtsschreiber Johann Peter Riebel, Johann Jodokus Falkenstein und einige andere tragen auf ihren Grabplatten den Hinweis: „Jurat zu St. Ignaz". So sind hier viele versammelt, die zum Gelingen des großen Werkes beigetragen haben.

Aber auch Mitglieder der Pfarrei hatten Grabstätten erworben, darunter waren Seifensieder, Frankfurter Marktschiffer und -schifferinnen, Bierbrauer, Mediziner, deren Schicksal sich an den Grabinschriften ablesen lässt. Anrührend ist die Geschichte des Apothekers Wilhelm Thiri, die auf den Grabplatten zu lesen ist: Seine Frau verstarb nach 42 Ehejahren, die sie vergnügt mit ihrem Mann verbracht hatte. Er starb im selben Jahr aus Schmerz über ihren Tod und ist nun „auf ewig und untrennbar mit seiner geliebten Frau wieder vereinigt".

In der Gruft von St. Ignaz sind einige Grabstellen leer geblieben, sie durften nach 1803 nicht mehr belegt werden. Die vorhandenen spiegeln mit ihren Grabinschriften für einen kurzen, aber wichtigen Zeitraum das Geschehen in der Pfarrei wider.

Literatur

Fritz Arens, Die Gruft und ihre Inschriften, in: Hans Fritzen, Die Baugeschichte der St. Ignazkirche in Mainz, Mainz 1974, S. 249ff.

Joachim und Ulrike Glatz, St. Ignaz in Mainz, München 2005.

Pfältzer oder Fremdling, wenn du dieses liesest, wisse: Carl Theodor Ein Vatter und Kurfürst der Pfalz und Baierlandes Vollendete dieses Werk 1781…
(Inschrift auf dem Grundstein des Hafenbeckens in Frankenthal, 1781)*

DIE „INDUSTRIEHAUPTSTADT“ FRANKENTHAL – UND KURFÜRST CARL THEODOR

Im Stadtgebiet von Frankenthal stehen heute noch zwei Stadttore der barocken Stadtbefestigung, die der große Förderer der Stadt, Kurfürst Carl Theodor, im 18. Jh. erneuern ließ.

Carl Theodor war 1724 als Sohn des Pfalzgrafen Johann Christian von Sulzbach-Hipoltsheim geboren; durch das Aussterben der meisten Linien des Hauses Wittelsbach im 18. Jh. wurde er Erbe der Kurpfalz und später auch von Bayern. Mit zehn Jahren war er als künftiger Herrscher zur Erziehung an den kurpfälzischen Hof nach Mannheim gekommen. Achtzehnjährig trat er die Nachfolge von Kurfürst Carl Philipp an, mit dessen ältester Enkelin, seiner Cousine Elisabeth Auguste (s. Oggersheim S. 127), er verheiratet wurde. Der den Künsten und der Wissenschaft gegenüber aufgeschlossene junge Kurfürst baute Mannheim zu einer glanzvollen Residenz aus, denn sein Vorgänger hatte erst wenige Jahre zuvor den Hof von Heidelberg hierher in die Rheinebene verlegt. Die kulturelle Blüte ging einher mit einer positiven wirtschaftlichen Entwicklung, von der auch die umliegenden Städte, vor allem Frankenthal, profitierten.

Die im 17. Jh. zur Festung ausgebaute Stadt war im Pfälzischen Erbfolgekrieg 1689 fast völlig zerstört worden. Es dauerte etwa zehn Jahre, bis die Bewohner wieder zurückkamen; der Wiederaufbau ging zunächst sehr schleppend voran. Einfache Stadtmauern ersetzten im frühen 18. Jh. die zertrümmerten Bastionen und Vorwerke. Erst mit Kurfürst Carl Theodor begann die eigentliche Erneuerung der Stadt. Nach seinen Vorstellungen kam Frankenthal eine besondere Rolle als dritter Hauptstadt der Pfalz in der Nähe der Residenzstadt Mannheim zu.

Die von seinem Vorgänger errichteten schlichten Stadttore ließ er abbrechen und durch imposante Bauwerke ersetzen. Das mächtige Wormser Tor diente als Stadt-

* zit. nach: Peter Ruf, Der Frankenthaler Kanal, Ludwigshafen 1991, S. 8.

eingang nach Norden. Zur Feldseite hin betonen zwei rustizierte Pilaster den wehrhaften Charakter. Im Giebelfeld über der Durchfahrt prangt das Wappen des Kurfürsten Carl Theodor, zur Stadtseite hin sind auf schmalen Relieffeldern Embleme mit Kriegs- und Friedenssymbolen zu sehen. Das Giebelfeld ist mit einem Porträtmedaillon des Kurfürsten geschmückt. Mit der Errichtung war 1770 der kurfürstliche Bauinspektor Meyer beauftragt worden. Das Speyerer Tor auf der Südseite der Stadt ist in seiner Triumphbogenarchitektur ähnlich gestaltet. Zur Landseite hin wird die Durchfahrt von jeweils zwei toskanischen Säulen flankiert, zur Stadtseite von schlichten Pilastern. Über dem Gebälk folgt ein profilierter Aufsatz, geschmückt mit zwei Löwen. Verantwortlicher Architekt war der Hofarchitekt Nicolas de Pigage.

Frankenthal, Wormser Tor, Stadtseite mit Porträtmedaillon des Kurfürsten Carl Theodor

Die durch Carl Theodor erneuerten Tore hatten eher repräsentativen Charakter, weniger eine wirkliche Schutzfunktion. Von ursprünglich sechs Toren sind nur noch diese beiden erhalten.

Carl Theodors besonderes Augenmerk galt dem Aufbau der Wirtschaft und dem Wachstum der Bevölkerung. Frankenthal sollte zur Industriehauptstadt der Kurpfalz werden. „Fabriquen und Manufacturen" sollten entstehen. So förderte er die Ansiedlung einer Porzellanmanufaktur. Porzellan war hoch geschätztes und teures Sammelobjekt. Eine eigene Porzellanfabrik war ein erstrebenswertes Projekt, das letztendlich auch repräsentativen Charakter hatte. Deshalb unterstützte der Kurfürst den Straßburger Porzellanfabrikanten P. A. Hanong, der sich 1755 nach neuen Produktionsstätten umsehen musste. Mit Privilegien des Kurfürsten ausgestattet, siedelte er sich in Frankenthal an, nach einer kurzen Übergangszeit durfte in der Kurpfalz nur noch Frankenthaler Porzellan gehandelt werden. Dieses war von hoher künstlerischer Qualität sowohl in der Modellierung als auch der Bemalung und wurde sehr bewundert. Wegen Erbauseinandersetzungen musste die Manufaktur schon nach einigen Jahren verkauft werden. Der Kurfürst selbst erstand die Fabrik, kurfürstliche Beamte übernahmen die Leitung. Wegen schlechter Geschäftspolitik geriet das Werk in finanzielle Schwierigkeiten, obwohl der Kurfürst sein Unternehmen durch große Aufträge protegierte; so wurde bei Banketten der bayerisch-pfälzischen Wahlgesandtschaft anlässlich der Kaiserwahl 1792 in Frankfurt von Frankenthaler Porzellan gespeist.

Auch Textilindustrie wurde in großem Stil hier angesiedelt: Gold- und Silberfädenmanufakturen, Wolltuch- und Seidenzeugmanufakturen. All diese Unternehmen dienten in erster Linie dazu, den Luxusbedarf des Mannheimer Hofes zu befriedigen. Um den Transport zu erleichtern, wurden Straßen gebaut. Als besonderes Privileg war den Bürgern von Frankenthal die Anlage eines Kanals zum Rhein zugesagt worden. Schon im 16. Jh. existierte eine solche Verbindung, die während des Dreißigjährigen Krieges verfiel. 1772 begann man mit dem Aushub, für den zunächst Soldaten der Mannheimer Garnison eingesetzt wurden, später dann Arbeitskräfte aus Süddeutschland. Zeitweise waren über 1.000 Arbeiter mit dem Kanalbau beschäftigt. Carl Theodor plante den Kanal, wie er sagte „zur Stärkung des Handels, zur Austrocknung der Sümpfe und zur Wiederherstellung und Wachstum des ehemals zerrütteten Gemeinwesens von Frankenthal." Er zeigte höchstselbst so großes Interesse am Baufortgang, dass er 1773 die ganze Länge vom Rhein bis nach Frankenthal zu Fuß abschritt. Der Kanal war 4,5 km lang, 19 m breit und etwa 2 m tief; er endete in einem Hafenbecken am Rand von Frankenthal. Trotz der optimistischen Inschrift auf dem Grundstein wurde der Kanal erst 1787 vollendet.

Zu diesem Zeitpunkt hatte Carl Theodor die Kurpfalz längst verlassen. Er trat das Erbe des bayerischen Kurfürsten an, der kinderlos gestorben war. Ohne Begeisterung siedelte er mit dem gesamten Hof nach München über. Seine geliebte Pfalz besuchte er nur noch selten.

Mit dem Wegzug des Hofes aus Mannheim war der wirtschaftliche Aufschwung zu Ende, der Handel mit Luxusgütern kam zum Erliegen. Die Porzellanmanufaktur stand vor dem Niedergang, auf dem Kanal wurden statt wertiger Güter Baumaterial und landwirtschaftliche Produkte transportiert. Mit den französischen Revolutionstruppen kam das Ende der Frankenthaler Fabriken und Manufakturen.

Heute erinnern nur noch die beiden Stadttore an ihren großen Förderer Kurfürst Carl Theodor und die glanzvolle Zeit, als Frankenthal zur Musterstadt der Pfalz geworden war.

www.frankenthal.de

Literatur

Lebenslust und Frömmigkeit – Kurfürst Carl Theodor (1724–1799) zwischen Barock und Aufklärung, Ausst. Kat. Mannheim 1999.

Im Jahr 1774 ... sein Ihro kurfürstliche Durchlaucht, Carl Theodor von einer gefährlichen Krankheit überfallen worden wo keine Hofnung ware, dieselbe beim Leben zu erhalten. Tief gebeugt vom Schmerz seiner treuen Unterthanen stellten eine Prozession in die Lauretanische Kapelle nach Oggersheim ... kam die frohe Nachricht ... daß die Krankheit sich geändert ... und außer Gefahr sein Leben zu verlieren gerettet ...

(Inschrift auf einem Votivbild in der Loretokapelle, 1774)*

OGGERSHEIM – WALLFAHRT UND HOF DER FROMMEN KURFÜRSTIN ELISABETH AUGUSTE

Inmitten der Kleinstadt Oggersheim, heute Stadtteil von Ludwigshafen, ragt die barocke, zweitürmige Wallfahrtskirche Maria Himmelfahrt empor, bis heute Ziel vieler Wallfahrer.

Oggersheim war während des Pfälzischen Erbfolgekrieges 1689 zerstört und entvölkert worden. Der Wiederaufbau begann im frühen 18. Jh., als der Schwiegersohn des regierenden Kurfürsten Carl Philipp, Pfalzgraf Josef Carl Emanuel, sich hier ein Lustschlösschen errichten ließ. Kurz zuvor war der kurfürstliche Hof von Heidelberg nach Mannheim umgesiedelt. Zu der kleinen Schlossanlage gehörte ein barocker Garten mit Wasserspielen. In der Nähe begann der Pfalzgraf mit dem Bau einer sog. Loreto-Kapelle. Es war eine Kopie der Casa Sancta von Loreto in Italien. Der Überlieferung nach hatten Engel 1291 das Wohnhaus der hl. Familie aus Nazaret zuerst nach Dalmatien, dann einige Jahre später nach Recanati, das heutige Loreto, getragen, nachdem das Heilige Land endgültig an den Islam gefallen war. Das in Italien erschienene Haus entsprach in seinen Maßen genau den in Nazaret verbliebenen Fundamenten. Zu Beginn des 14. Jhs. setzte eine Wallfahrt ein, die im 16. Jh. durch die Jesuiten weite Verbreitung fand. So entstanden an verschiedenen Orten Nachbildungen der Loreto-Kapelle mit eigenen Wallfahrten.

Auch in Oggersheim ließ Pfalzgraf Josef Carl Emanuel einen schlichten, kleinen, rechteckigen Bau mit den Originalmaßen der Loreto-Kapelle errichten. Die Ausge-

* zit. nach: Clemens Jöckle, Wallfahrtstätten im Bistum Speyer, München 1983, S. 64.

Oggersheim, barocke Wallfahrtskirche

staltung des Innenraums orientierte sich sehr genau am Vorbild. So wurde auf den Verputz Ziegelmauerwerk aufgemalt und die damals nur noch fragmentarisch erhaltenen mittelalterlichen Wandmalereien kopiert, um einen originalen Eindruck hervorzurufen. Vom dortigen Gnadenbild der Mutter Gottes ließ Josef Carl Emanuel eine Kopie anfertigen. Doch schon im Jahre 1729 starb der Pfalzgraf, das Schloss lag nun über zwanzig Jahre verlassen, die Gärten verwilderten.

Auf Wunsch des Kurfürsten Carl Philipp übernahmen Mannheimer Jesuiten die Einführung einer lauretanischen Andacht zur Gottesmutter Maria nach dem Vorbild Loretos zum Nutzen für das Volk. Vom kurfürstlichen Hof in Mannheim wurde die Wallfahrt unterstützt, denn Oggersheim war der einzige Wallfahrtsort der Kurpfalz. Einmal im Jahr besuchte der Kurfürst mit seinem Hof Oggersheim.

1742 heiratete die älteste Enkelin von Carl Philipp, Elisabeth Auguste, Tochter von Pfalzgraf Josef Carl Emanuel, dem Erbauer von Schloss Oggersheim, ihren Cousin Carl Theodor (s. Frankenthal S. 124), den männlichen Erben der Kurpfalz, der noch im selben Jahr Kurfürst wurde. Die Oggersheimer Kapelle fand besondere Beachtung, als der neue Kurfürst Carl Theodor 1743 schwer erkrankte und wundersam genas, nachdem Kurfürstin Elisabeth Auguste dort eine Novene (eine neuntägige Andacht) abhalten ließ. Wohl als Dank für die Genesung des Kurfürsten wurde für das Gnadenbild eine prachtvolle Nische, flankiert von zwei Leuchterengeln, geschaffen, hervorragende Arbeiten des Hofbildhauers Paul Egell.

In der Mitte des 18. Jhs. übernahm der Schwager des Kurfürsten Carl Theodor, Prinz Friedrich Michael, den Besitz. Er baute das kleine Lustschlösschen zu einer repräsentativen Anlage aus, die den Charakter einer barocken Residenz hatte. Auch die Gartenanlagen wurden erweitert und nach der damaligen Mode mit einer Orangerie, Kanälen und Gartenhäusern prachtvoll ausgestattet. Doch Friedrich Michael konnte sich an seinem Landschloss nicht lange erfreuen. Nach seinem Tod 1757 kaufte Kurfürst Carl Theodor den Besitz und schenkte ihn seiner Frau Elisabeth Auguste. Die Ehe des Kurfürstenpaares war nicht glücklich, zumal aus dieser Verbindung kein Erbe hervorging. Nach fast zwanzigjähriger Ehe wurde die Kurfürstin schwanger, doch alle Bitten an die Mutter Gottes in Oggersheim waren vergebens. Am Tag nach der Geburt starb der Kurprinz. Nach dieser Tragödie wurde die Situation zwischen dem Kurfürstenpaar unerträglich, sodass eine räumliche Trennung angeraten schien. So wurde das Schloss in Oggersheim für sie als Sommersitz ausgebaut, ihr Ehemann hatte in Schwetzingen seine Sommerresidenz. Elisabeth Auguste zog unter dem Jubel der Bevölkerung in das Schloss ein, das mit kostbarem Mobiliar eingerichtet war.

Auch die Wallfahrt erlebte einen Aufschwung, als Kurfürstin Elisabeth Auguste ihren Wohnsitz in Oggersheim nahm. Die sehr fromme Kurfürstin beschloss den Bau einer großen Wallfahrtskirche, welche die kleine Loreto-Kapelle wie ein Reliquiar aufnehmen sollte. Mit den Plänen wurde der Mannheimer Hofbildhauer Peter Anton Verschaffelt (1710–1793) beauftragt, der seine Ausbildung als Architekt in Rom und Paris erhalten hatte. Der monumentale rechteckige Baukörper ist streng gegliedert. Doppelpilaster mit Kompositkapitellen schmücken die schmale Fassade, bekrönt von einem mehrfach abgetreppten Gebälk, darüber der Giebel. Die nur durch Fenster strukturierten Seiten gehen in zwei Türme über, die erst oberhalb des Gesimses als solche erkennbar sind: ein Glockengeschoss, darüber kleine barocke Hauben. Strahlend hell und lichtdurchflutet erscheint der Innenraum, der als besonderes Heiligtum und Ziel der Wallfahrten die Loreto-Kapelle birgt. Deren Außenwände wurden mit kostbarem Marmor verkleidet, der Altar der Wallfahrtskirche ist gleichzeitig die Fassade der Kapelle. Verschaffelt entwarf hier einen Bau, der Einflüsse des römischen Barock und des französischen Klassizismus in sich vereint. 1777 konnte die Kirche in Anwesenheit des Kurfürstenpaares und des Hofes eingeweiht werden.

Noch ein zweites Mal – 1774 – erkrankte Kurfürst Carl Theodor schwer und war dem Tode nahe. Wieder wurde eine Prozession zur Loreto-Kapelle veranstaltet und schon auf dem Rückweg berichtete die Kurfürstin von der Genesung des Kurfürsten.

Elisabeth Auguste verbrachte zunächst nur die Sommermonate, später das ganze Jahr in Oggersheim und nur noch wenig Zeit in Mannheim. An ihrem neuen Wohnsitz gab sie glanzvolle Feste. Kurfürst Carl Theodor hatte 1778 Bayern geerbt und war, wenn auch widerwillig, nach München umgesiedelt und kam nur noch selten in die Kurpfalz (s. Frankenthal S.124). Ohne die kurfürstliche Hofhaltung wurde es einsam in Mannheim und Schwetzingen. In Oggersheim hingegen blieb der fürstliche Glanz vorerst erhalten. Als die französischen Revolutionstruppen die Pfalz eroberten, floh die Kurfürstin in das auf der anderen Rheinseite gelegene Weinheim, wo sie im August 1794 starb. Noch zu ihren Lebzeiten wurde das Schloss in Oggersheim vollständig zerstört. Nur die Wallfahrtskirche blieb erhalten und zeugt noch heute von der Frömmigkeit, aber auch der höfischen Pracht, die Kurfürstin Elisabeth Auguste nach Oggersheim gebracht hatte.

Literatur

Clemens Jöckle, Oggersheim, Regensburg [2]2002, neu bearbeitet von Jürgen Kaiser.

Clemens Jöckle, Wallfahrtsstätten im Bistum Speyer, München 1983, S.59ff.

Ein hiesiger Fabricant nahmens Röntgen hat vor ein paar Jahren dem König von Frankreich verkauft ein Cabinet (Schreibschrank) ... Voriges Jahr verkauffte er der (Zarin) Catharina einen Secretaire ... Jezo hat er der Königin von Franckreich gebracht eine Poppe, welche auf einem Hackbret musicalisch spielet.

(Fürst Alexander zu Wied in einem Brief an seinen Vetter Otto von Dönhoff, 1785)*

FRÖMMIGKEIT UND LUXUS – DIE MÖBELTISCHLER ABRAHAM UND DAVID ROENTGEN AUS NEUWIED

Ein Stadtviertel in Neuwied fällt heute noch durch seine geschlossene Bebauung des 18. Jhs. mit schlichten, aber wohlproportionierten Bauten auf – das Herrnhuter Viertel. Manche der einheitlichen, zweigeschossigen Häuser mit ihren schiefergedeckten Mansarddächern besitzen noch ihre originalen Türen.

Die Stadt Neuwied war im 17. Jh. von den Grafen von Wied gegründet worden und erhielt damals eine sehr fortschrittliche Verfassung, die allen Konfessionen freie Ausübung ihrer Religion zusicherte, freien Handelsverkehr und weitere Freiheiten festlegte. Um die Ansiedlung in der neuen Stadt zu fördern, wurden kostenlose Bauplätze vergeben.

Im 18. Jh. regierte der aufgeschlossene und tolerante Graf Johann Friedrich Alexander. In der protestantischen Enklave zwischen den katholischen Kurfürstentümern Köln und Trier bemühte sich der Graf besonders um die Wirtschaftsförderung. So lud er die Herrnhuter Gemeine ein, sich in Neuwied niederzulassen, nachdem schon Mennoniten und „Inspirierte“, eine kleine Religionsgemeinschaft aus der Pfalz, hier Aufnahme gefunden hatten.

Die Herrnhuter Gemeine war eine im frühen 18. Jh. von Ludwig von Zinzendorf gegründete streng evangelisch-pietistische Religionsgemeinschaft. Auf seinem Gut in der Oberlausitz hatten sie die Siedlung Herrnhut, d. h. unter der Obhut des Herrn, aufgebaut, die ihr Zentrum wurde. Von hier aus siedelten Mitglieder nach Herrnhaag in der Wetterau. Als sie von dort wieder gehen mussten, ließen sie sich

* zit. nach: Bernd Willscheid, Die Kunden Roentgens, in: Edle Möbel für höchste Kreise, Ausst. Kat., Neuwied 2007, S. 22.

Neuwied, Pfarrstr. 30, Wohnhaus David Roentgen

um 1750 in Neuwied nieder. Gemäß ihren Regeln bauten sie ihre Häuser um ein von Straßen gesäumtes Karree, dessen Inneres frei blieb. Dort wurde ein für alle zugänglicher Gemeingarten angelegt. Verschiedene Haustypen entstanden, ein Chorhaus für Witwen, eine Knabenanstalt sowie Schwestern- und Brüderhäuser und ein Gemeinhaus mit dem Betsaal, aber auch Familienhäuser. Innerhalb weniger Jahrzehnte war das Karree umbaut, alle Baulücken geschlossen, sodass um 1780 ein zweites Herrnhuter Karree mit dem Kirchsaal begonnen wurde, erkennbar an den hohen Fenstern und dem Dachreiter.

Unter den ersten Herrnhutern war auch der Schreiner Abraham Roentgen mit seiner Familie, der hier eine Werkstatt aufbaute. Er wurde 1711 als Sohn eines Schreiners in Mühlheim bei Köln geboren. Nach der Lehre in der Werkstatt seines Vaters führten ihn seine Wanderjahre durch die Niederlande nach England. In den dortigen Manufakturen lernte er neueste Techniken, Arbeitsabläufe und eine fast fabrikmäßige Produktion kennen, die vorbildhaft für sein eigenes Unternehmen wurden. In London begegnete der reformiert erzogene Roentgen der Herrnhuter Gemeine und trat der Glaubensgemeinschaft bei. Ihre strenge Lebens- und Arbeitsethik sollte sein weiteres Leben bestimmen. Er ließ sich mit seiner Frau, ebenfalls einer Herrnhuterin, in Herrnhaag nieder und gründete dort eine Werkstatt. Nach der Ausweisung zog er mit nach Neuwied. Dort eröffneten sich ihm außerordentliche Möglichkeiten. Ausgestattet mit einem Privileg des Grafen zu Wied, war er vom Zunftzwang befreit und konnte seine Werkstatt in der Art einer Manufaktur führen. Die Anzahl seiner Mitarbeiter war keiner Beschränkung unterworfen. Er durfte ausländische Waren, wie z. B. Beschläge aus England, ohne Zollbeschränkungen einführen und konnte mit anderen Berufssparten zusammenarbeiten. Allerdings durfte er seine Waren in Neuwied nur dem Grafen anbieten, ansonsten musste Roentgen seine Kundschaft außerhalb suchen. So präsentierte er seine in höchster handwerklicher Qualität ausgeführten Möbel auf der Frankfurter Messe. Zu den ersten Kunden gehörte Johann Caspar Goethe, der Vater Johann Wolfgang Goethes, der zwölf Stühle aus Kirschbaum und Konsoltische bestellte.

In Neuwied wurden nun Tische und Schreibschränke angefertigt, die mit feinsten Marketerien dekoriert waren, d. h. Einlegearbeiten in exotischen Hölzern, Perlmutt, Elfenbein und Metall. Es entstanden so Landschafts- und Figurenszenen mit erstaunlicher räumlicher Wirkung, teilweise nach Entwürfen des Koblenzer Hofmalers Januarius Zick. Eine weitere Spezialität waren die sog. Verwandlungsmöbel, die sich im 18. Jh. großer Beliebtheit erfreuten. Dazu gehörten aufklappbare Spieltische mit Schubladen oder Toilettentische mit zahlreichen Geheimfächern, die zum Schreibtisch werden konnten. Für diese sehr aufwendigen und kostbaren Möbelstücke fand Roentgen hochherrschaftliche Kunden. Der Graf zu Wied stattete sein neues Schloss aus, auch der prunkliebende Trierer Kurfürst Johann Philipp von Walderdorff (s. Molsberg S. 116), er im benachbarten Koblenz residierte, erwarb zahlreiche Möbelstücke.

Trotz seines Erfolges geriet Abraham Roentgen in finanzielle Schwierigkeiten; die schlechte Zahlungsmoral der hohen Kundschaft, der Hausbau im Herrnhuter Karree und Absatzschwierigkeiten wegen des Siebenjährigen Krieges führten fast zum Ruin. Rettung brachte sein Sohn David, der in die Manufaktur eingetreten war und sich zu einem genialen Geschäftsmann entwickelt hatte. Er initiierte 1769 in Hamburg eine Möbellotterie, bei der 100 Roentgen-Möbel eingesetzt wurden, 700 Lose konnten erworben werden. Der der Spielleidenschaft zugetane Adel erwarb die Lose. Die Lotterie war ein voller Erfolg, brachte Geld und Bekanntheit.

Andererseits ergaben sich hierdurch Schwierigkeiten mit der Herrnhuter Gemeine, denn Glücksspiel galt als Sünde. Dies bedeutete Ausschluss vom Abendmahl, was den frommen und der Brüdergemeine verbundenen David Roentgen sehr erschütterte. 1772 übergab ihm der Vater die Werkstatt. David Roentgen baute nun außerhalb des Herrnhuter Karrees, auf der gegenüberliegenden Seite in der Pfarrstraße 30, ein stattliches, fast einem Adelshof gleichendes Haus. Mit seiner repräsentativen doppelläufigen Treppe und den Stuckdekorationen der Fassade unterscheidet es sich von den Bürgerhäusern dieser Zeit. Hier zog er mit seiner großen Familie ein, sein Vater verkaufte das Haus im Karree und wohnte ebenfalls hier. In diesem Anwesen wurde auch die Werkstatt eingerichtet.

Unter David Roentgen begann die Hochblüte der Manufaktur, er beschäftigte zahlreiche Mitarbeiter. Möbel mit ausgeklügelter Mechanik wurden entwickelt, die eine Vielzahl von Funktionen hatten, z. B. eine eingebaute Uhr, Klavier und Glockenspiel. Prächtiger Bronzeschmuck wurde als Dekoration auf den Möbeln angebracht. Auch der Kundenkreis entwickelte sich weiter. Roentgen-Möbel waren Teil fürstlicher Repräsentation von Paris bis St. Petersburg. So erwarben König Ludwig XVI. und Königin Marie Antoinette einen Kabinettschrank und weitere Stücke. 1780 wurde der Kontakt zu Zarin Katharina II. hergestellt, die fortan die beste Kundin der Manufaktur wurde. So belief sich eine einzige Bestellung auf 130 Möbelstücke, die auf die weite Reise nach St. Petersburg gingen. Der Transport dauerte drei Monate, gerne wurde die Winterzeit genutzt, denn so konnte man die empfindlichen Möbel schonend auf Schlitten transportieren.

Mit der französischen Revolution brachen wichtige Märkte weg, luxuriöse Möbel waren nicht mehr gefragt. David Roentgen erkannte die Zeichen der Zeit und begann seit 1790 sein Unternehmen aufzulösen. Er lebte mit seiner Familie von den Einnahmen der Kredite, die er den Kunden auf die teuren Möbel gewährt hatte. In dieser Zeit fand er auch wieder Aufnahme in die Herrnhuter Gemeine, in der er Ehrenämter übernahm.

In zwei Generationen – Vater und Sohn Roentgen – entstanden in Neuwied in 40 Jahren über 2.000 Möbelstücke höchster Qualität. Ihr Schaffen war geleitet von einem hohen Ethos, perfekter Handwerkskunst und wirtschaftlicher Tüchtigkeit.

www.roentgen-museum-neuwied.de

Literatur

Magnus Backes/Hans Merian, Neuwied. Schloss und Stadtkern, Köln 1986.

Heidrun Zinkann, Entfaltung – Roentgenmöbel, Frankfurt 2005.

Edle Möbel für höchste Kreise – Roentgens Meisterwerke für Europas Höfe, Ausst. Kat., Neuwied 2007.

Der Abt ließ an einem Orte Weilerbach, wo die Natur alles verweigert hatte, eine kostspielige Schmiede errichten ... Abt Limpach ist nicht mehr ein asketischer Ordensmann, sondern ein weltlicher Geschäftsmann, der als Schmiedeherr wie bezaubert vom Weilerbacher Hüttenwerk dort seine Tage verlebt.
(Kritik des Konvents der Abtei Echternach an Abt Limpach, 1775)*

BAROCKSCHLOSS UND EISENHÜTTE IN WEILERBACH – EMMANUEL LIMPACH, FÜRSTABT UND FABRIKHERR

Fast in Sichtweite des Reichsklosters Echternach in Luxemburg steht auf deutscher Seite des Grenzflusses Sauer, umgeben von einem Waldgebiet, das barocke Schloss Weilerbach mit großem Park und den ausgedehnten Ruinen einer ehemaligen Hüttenanlage.

Das berühmte Kloster war am Ende des 7. Jhs. von Willibrord, einem angelsächsischen Missionar, gegründet worden. Über viele Jahrhunderte hatte das Kloster als kulturelles Zentrum mit bemerkenswerter Wirtschaftskraft in der Grafschaft Luxemburg und darüber hinaus Macht und Einfluss. Dies spiegelt sich in großartigen Bauten.

Nach den Kriegen des späten 17. Jhs. kam durch den Frieden von Rijswijk mit den Niederlanden auch die Abtei Echternach mit ihrem Umland an Österreich. Dies erklärt die Tätigkeit von Tiroler Künstlern und Architekten wie Vater und Sohn Mungenast in der Abtei, die in dieser Zeit eine umfassende barocke Wiederherstellung mit vielen Neubauten erlebte.

Zu einem Kloster wie Echternach gehörten auch Wirtschaftsbetriebe, von der Landwirtschaft bis hin zu frühindustriellen Produktionsstätten. Ebenfalls an der Sauer, nur wenige Kilometer flussaufwärts, befand sich bei dem Ort Bollendorf die sog. Altschmiede, die Kloster Echternach 1762 kaufte. Hüttenmeister und Direktor der Althütte wurde Peter Limpach, ein Großneffe des Echternacher Abtes Hormann. Limpach bewährte sich in der Altschmiede und konnte die Produktion innerhalb kurzer Zeit wesentlich steigern. Allerdings war die Konkurrenz durch die Hütte in Quint bei Trier und Luxemburger Fabrikationsstätten groß. Dass Limpach weitere und ganz andere Ambitionen hatte, zeigte sich darin, dass er sich zum Priester wei-

* zit. nach: Peter Neu, Eisenindustrie in der Eifel – Aufstieg, Blüte und Niedergang, Köln/Bonn 1989, S. 123.

Weilerbach, Schloss
(hist. Aufnahme)

hen ließ. Nach dem Tod von Abt Hormann 1775 stellte sich Limpach zur Wahl. Obwohl er nur Drittplatzierter wurde, sprach sich Kaiserin Maria Theresia für ihn aus. Als Abt Emmanuel Limpach wurde er zum neuen Leiter des Klosters berufen. In seiner Regierungszeit kam es immer wieder zu Auseinandersetzungen mit den Bürgern von Echternach und auch mit den Behörden in Wien, wo er wegen unkonventioneller Wirtschaftsführung auffiel.

Limpach hatte längst erkannt, dass die Produktion in Bollendorf nicht mehr gesteigert werden konnte und gründete ein neues Werk am Weilerbach, der zwischen Bollendorf und Echternach in die Sauer mündet und dessen Wassermenge optimale Voraussetzungen für eine Hütte bot. Ohne Rücksicht auf das Kloster realisierte Limpach seine Pläne, was ihm heftige Kritik und Beschwerden seitens des Konvents einbrachte. Die neue Eisenhütte, die dann den Namen Weilerbacher Hütte erhielt, entstand zwischen 1777 und 1779 mit Schmelze, Pochwerk, mehreren Hämmern und einer Gießerei. Die Krönung seines Werkes war neben der gut arbeitenden Hütte der Bau eines Schlosses unmittelbar bei der Anlage. Mit dieser Residenz befriedigte er ein Repräsentationsbedürfnis, dem auch die hohe Geistlichkeit im prachtliebenden 18. Jh. erlegen war. Der Bau, geplant von Paul Mungenast, konnte bereits 1780 vollendet werden – eine elegante Dreiflügelanlage mit reicher Baudekoration und entsprechender Innenausstattung. Das Schloss wurde parallel zum großen Wasserbehälter errichtet. Die Hauptfassade mit Mitteltreppe war auf die Hütte ausgerichtet. In Folge dessen konnte der Schlosspark, eine regelmäßige Anlage mit zwei Pavillons, nur seitlich angefügt werden. Für Abt Limpach war der

Garten notwendiger Teil eines barocken Ensembles, seine Begeisterung galt jedoch der Eisenhütte, auf die er durch diese Anordnung blicken konnte.

Die figürliche Gestaltung der Fassade nimmt ebenfalls auf die Hütte Bezug. Auf dem Hauptgiebel befinden sich vier überlebensgroße geflügelte Genien, die man seit der Antike als Schutzgeister sah. Ihr Element ist die Luft. Die beiden Seitengiebel werden bekrönt durch Flammenvasen; sie stehen für Feuer. Ein kleines Relief über dem Eingangsportal zeigt eine Wassergottheit mit einer Quellfassung, die Verkörperung des Weilerbachs. Somit sind die für die Eisenverhüttung notwendigen Grundlagen definiert mit den Elementen Luft, Feuer und Wasser. In der Mitte der Fassade im Giebelfeld ist neben der Jahreszahl 1780 auch das Wappen des Abtes zu sehen. Schloss Weilerbach zeigt, dass es weniger darum ging ein Lustschloss zu bauen, sondern vielmehr einen Mittelpunkt und Verwaltungssitz der Eisenhütte, eine deutliche Verlagerung auch der inhaltlichen Schwerpunkte weg von der Idylle Schloss und Garten hin zur modernen Industrieanlage. Ebenso sah sich Limpach weniger als Abt, sondern primär als Hüttenherr. Demzufolge waren seine Amtsjahre als Abt überschattet von Zerwürfnissen mit dem Konvent, die fast zu seiner Abwahl geführt hätten. Er investierte horrende Summen in Hütte und Schloss Weilerbach ohne Rücksprache mit der Klostergemeinschaft. Den Angelegenheiten der Stadt Echternach und seines Klosters widmete er wenig Zeit, denn er hielt sich fast immer in Weilerbach auf. Dort, an seinem Lieblingsort, starb er 1793 im Alter von 72 Jahren. Mit Weilerbach griff Limpach am Ende der Feudalzeit einer späteren Entwicklung voraus, nämlich der Fabrikantenvilla in der Nähe des Industriebetriebs.

Die Kommissare für die Wahl eines neuen Abtes wurden noch berufen, zu einer Wahl kam es allerdings nicht mehr. Es war abzusehen, dass sich die Zeiten ändern und die französischen Revolutionstruppen anrücken würden, was Monate später auch der Fall war. Die Soldaten plünderten das Schloss, das dann im Laufe der Zeit verschiedene private Eigentümer hatte, welche die Produktion der Hütte immer wieder aktuellen Erfordernissen anpassen mussten. Hergestellt wurden unter anderem Takenplatten (Ofenplatten), Öfen, landwirtschaftliche Geräte wie Keltern und Pumpen, in zunehmendem Maße aber auch Roheisen.

Während der Ardennenoffensive im Zweiten Weltkrieg geriet Schloss Weilerbach unter Beschuss und wurde stark beschädigt. Mittlerweile ist die Gesamtanlage mit Schloss, Garten und den Bauten der Hütte aus dem 18. und 19. Jh. wieder instand gesetzt.

www.eifel.de

Literatur

Josef Dreesen, Industrialisierung Südeifel, 1997.

Michele Camillo Ferrari u. a., Die Abtei Echternach 698–1998, Luxemburg 1999.

Daß dem hochgebildten, in dem schönen Dresden aufgewachsenen Königs-Sohne ... das kleine Coblenz nicht sonderlich gefiel ... war sehr natürlich ... Da stand denn bald der Bau eines Residenz-Schlosses in Coblenz fest. Um diesen bewerkstelligen zu können, mußte vorab die obengenannte Philippsburg, die bisherige Residenz der Kurfürsten, in Mißcredit gebracht werden.

(Julius Wegeler, 1881)*

KOBLENZ: NEUES SCHLOSS, NEUE STADT – KURFÜRST CLEMENS WENZESLAUS UND DAS ENDE EINER EPOCHE

In vornehmem Grau und Weiß präsentiert sich die Anlage des Residenzschlosses in Koblenz, zugleich in klassizistischen, an französischer Architektur orientierten Stilformen, am Rheinufer, südlich an die Altstadt anschließend. Bauherr war der Trierer Kurfürst und Erzbischof Clemens Wenzeslaus von Sachsen, der die Tradition seiner Vorgänger fortsetzte, Koblenz nicht nur als Zweitresidenz neben Trier zu nutzen, sondern immer mehr zur Hauptresidenz zu machen. Entscheidend war für ihn der Neubau des Schlosses auf der anderen Seite des Rheins, dem alten Residenzstädtchen Ehrenbreitstein gegenüber.

Clemens Wenzeslaus von Sachsen (1739–1812/reg. 1768–1803) war von edler Herkunft. Sein Vater war der Kurfürst von Sachsen, Friedrich August II., zugleich König von Polen, seine beiden Großväter, der sächsische Kurfürst August der Starke, ebenfalls König von Polen, und Kaiser Franz Joseph I. Auch zum französischen Königshaus bestanden verwandtschaftliche Beziehungen. Nachdem Clemens Wenzeslaus zunächst eine militärische Karriere eingeschlagen hatte, entschloss er sich nach einer lebensgefährlichen Erkrankung zum geistlichen Weg. Er strebte – allerdings vergeblich – nach einem der Bischofsstühle von Köln, Münster, Paderborn und Passau. 1753 wurde er Bischof von Freising und Regensburg. Erst ein Jahr später erfolgte die Priesterweihe. Als er in Trier zum Nachfolger des Kurfürsten Johann Philipp von Walderdorff gewählt wurde und später auch zum Bischof von Augsburg, gab er seine beiden ersten, wenig attraktiven Bischofsstühle sehr bald auf, nachdem die geplante Vereinigung aller vier Bistümer in Rom nicht akzeptiert wurde. Zur Aufbesserung seiner Pfründe wurde Clemens Wenzeslaus noch zusätzlich Fürstpropst der reichen Propstei Ellwangen.

* Julius Wegeler, Beiträge zur Geschichte der Stadt Coblenz, Coblenz 1881, S. 93f.

Der junge Erzbischof bemühte sich voll Tatendrang im Kurstaat um Reformen auf verschiedenen Ebenen. Die Wirtschaft förderte er durch verstärkten Straßenbau. Vor allem im Schulwesen führte er Neuerungen ein, um die Bildung der Bevölkerung zu verbessern. Die Qualität des Weinbaus wurde nachhaltig gesteigert, indem er statt der bisher gängigen Sorte die Pflanzung der Riesling-Rebe anordnete, die noch heute an der Mosel vorwiegend angebaut wird. Er galt als Anhänger der Aufklärung, behielt die Jesuiten auch nach der Auflösung ihres Ordens im Bistum und war beteiligt an der Emser Punktation, mit der man eine größere Unabhängigkeit der Reichskirche von Rom anstrebte. Zugleich reduzierte er die kirchlichen Feiertage und verbot allzu aufwendige Prozessionen.

Das kurfürstliche Schloss in Ehrenbreitstein, das im 17. Jh. von den Trierer Erzbischöfen gebaut und in der folgenden Zeit durch neue Bauten ergänzt wurde, genügte den Ansprüchen des Kurfürsten Clemens Wenzeslaus nicht mehr. So gab es keine Fläche für große Gartenanlagen, das Schloss selbst war klein und wenig repräsentativ. Auch strebte Clemens Wenzeslaus eine Residenz auf der anderen Rheinseite an. Infolgedessen wurde ein umfangreiches Schloss- und Stadterweiterungsprojekt entwickelt, das nachhaltige Auswirkungen auf die Stadtentwicklung von Koblenz hatte. Gegen massive Widerstände in Koblenz aber auch in seiner Verwaltung ließ er Pläne erarbeiten für ein Residenzschloss am Rhein, von dessen Mittelachse die Hauptstraße (heute Schlossstraße) des neuen Stadtviertels ausging. Für die riesige Anlage mussten Teile der alten Stadtbefestigung abgetragen werden. Auch dies sah man sehr kritisch. Letztlich wurde die Fläche der Stadt Koblenz durch Stadterweiterung und Residenzschloss fast verdoppelt, wobei sich die Bebauung der sog. Clemensstadt nur sehr langsam vollzog.

Die Pläne für das Schloss entwickelten Michel D`Ixnard, Johannes Seiz und Antoine Francois Peyre d. J. Es kam unter Einbeziehung verschiedener Gutachter zum Streit zwischen D`Ixnard und Seiz, der 1779 starb. D`Ixnard wurde im gleichen Jahr wegen gravierender Baumängel am Rohbau entlassen. Die Leitung des Projekts übernahm nun Peyre. 1784 konnte der Bau fertig gestellt werden.

Der Hauptbau des Schlosses entstand parallel zum Rhein mit insgesamt 39 Achsen. Je fünf gehören zu den beiden Seitenrisaliten, während der Mittelbau fast tempelartig durch fünf Säulen hervorgehoben und, wie die Eckrisalite, über Stadt- bzw. Rheinfassade vorspringt. Der Mittelrisalit zeigt an der Rheinfront einen großen Relieffries mit Darstellungen der Flüsse Rhein und Mosel zusammen mit dem kurfürstlichen Wappen. An die Eckbauten schließen sich zwei große, etwas niedrigere Seitenflügel an, welche die stadtseitige Grünfläche rahmen. Auf diese Zirkularbauten, die an Berninis Kolonnaden am Petersplatz in Rom erinnern, antwortet im Westen der ebenfalls halbrund bebaute Eingang zur Stadterweiterung. Obwohl die Innenausstattung noch nicht vollendet war, bezog der Hof das neue Schloss im Jahre 1786. Aus Kostengründen mussten viele Details vereinfacht werden.

Koblenz, Residenzschloss, Mittelrisalit

Mit dem Beginn der Französischen Revolution änderte sich die Lage im Kurstaat. Der in seinen Entscheidungen ohnehin unsichere Clemens Wenzeslaus nahm einen Teil seiner Reformen aus Enttäuschung zurück und führte ein strengeres Regiment. Er nahm in Koblenz seine Neffen, die französischen Prinzen, Brüder König Ludwigs XVI., auf und mit ihnen zahlreiche französische Royalisten, die vor den Revolutionären geflohen waren. Dies führte zu einigen Turbulenzen in der Stadt. Doch 1794 erreichten die Revolutionstruppen auch Koblenz, Clemens Wenzeslaus flüchtete nach Augsburg. In der napoleonischen Zeit musste er die linksrheinischen Teile des Kurstaates an Frankreich abtreten; durch die Säkularisation verlor er die rechtsrheinischen Gebiete an Nassau, außerdem Ellwangen an Württemberg und das Hochstift Augsburg an Kurbayern. Die Titel durfte der Kurfürst behalten, durch großzügige Pensionen konnte er in Bayern mit einem Hofstaat von 90 Hofleuten und Bediensteten fürstlich, jedoch ohne jegliche Machtbefugnisse, residieren. Clemens Wenzeslaus starb 1812 in Marktoberdorf im Allgäu und wurde dort nach seinem Wunsch begraben.

Er war eine Herrscherpersönlichkeit, die sich sehr um Reformen und Verbesserungen für die Bevölkerung bemühte und so den Weg in die Zukunft ebnete, dann aber von der allgemeinen Entwicklung in der Folge der französischen Revolution überrollt wurde. Das Schloss als sein größter und modernster Bau wurde somit zum stolzen und zugleich tragischen Symbol.

Im frühen 19. Jh. erarbeitete der Gartenarchitekt Peter Josef Lenné im Auftrag der Stadt Koblenz eine großartige gärtnerische Gestaltung des Schlossumfeldes und der Neustadt. Seine Gartenanlage vor der Rheinfront konnte vor einigen Jahren wieder hergestellt werden.

Die Nationalsozialisten bemächtigten sich des Schlosses, indem sie eine kreisrunde, in den Boden eingetiefte Thingstätte vor die Stadtfront bauten. Nach schweren Zerstörungen im Zweiten Weltkrieg konnte das Schloss als Verwaltungssitz im Äußeren wieder aufgebaut werden.

Literatur

200 Jahre Residenz Koblenz, Ausst. Kat., Koblenz 1986.

Das Schloss zu Koblenz, hrsg. v. d. Staatsbauverwaltung Rheinland-Pfalz, Koblenz 1999.

Koblenz, Schloss, Relieffries mit kurfürstlichem Wappen (Detail aus Abb. S. 140)

REVOLUTION UND KRIEG – DER WEG ZU EINER NEUORDNUNG 1789–1815

Die von der Französischen Revolution ausgelösten Umwälzungen und Veränderungen hatten Auswirkungen weit über Frankreich und die französisch besetzten Gebiete hinaus. Die Fläche des heutigen Rheinland-Pfalz war von Anfang an Schauplatz der Revolutionskriege. Seit 1792 drangen Truppen ein und verbreiteten die Ideen der Revolution. Damit war das Ancien Regime hier zu Ende. Mit dem Frieden von Campo Formio 1797 wurde fast das gesamte linksrheinische Gebiet Frankreich eingegliedert, der Rhein „natürliche" Grenze. Das nun zentralistisch regierte Land wurde in vier Departements eingeteilt, deren Präfekten durch eine erfolgreiche Politik für ein Aufblühen nach den Kriegswirren sorgten. Diese neuen Verwaltungseinheiten waren Grundlage für eine straffe Organisation mit vielfältigen Reformen, Verbesserung der Infrastruktur, der Einführung des „Code civile" und einer neuen Strafgerichtsordnung. Mit der Säkularisierung 1803 und dem Rheinbund 1806 verschwanden alle geistlichen Kurstaaten sowie die kleinen weltlichen Territorien von der Landkarte.

In den sog. Befreiungskriegen von der napoleonischen Herrschaft war das Gebiet rechts und links des Rheins wieder Schauplatz von Truppendurchzügen und Scharmützeln. Nach der endgültigen Niederlage Napoleons wurde Europa auf dem Wiener Kongress 1815 und in den Folgejahren neu geordnet. Die hier getroffenen territorialen Entscheidungen hatten weitreichende Folgen bis zum Zweiten Weltkrieg.

Ein großer gestutzter Obelisk auf einem ungeheuren Würfel, der einen römischen Sarkophag vorstellt ... Ich machte die Runde um das Grabmal und suchte nach dem Namen des Toten ... mehr angedeutet als geschrieben: **Hoche**. Dieser Name, an diesem Ort, in dieser Stunde, bei dieser Beleuchtung gesehen, erfüllte mich mit einem tiefen unaussprechlichen Gefühl. Ich habe Hoche immer geliebt.

(Victor Hugo, 1845)*

WEISSENTHURM – EIN DENKMAL FÜR DEN VEREHRTEN FRANZÖSISCHEN GENERAL LAZARE HOCHE

Auf einem Hügel über dem Rhein in Weißenthurm steht inmitten einer gestalteten Grünanlage ein hoher Obelisk auf einem rechteckigen Sockel. Die Inschrift besagt, dass dieses Denkmal von der Armee Sambre und Maas für ihren kommandierenden General Hoche errichtet wurde.

Louis Lazare Hoche, 1768 als Sohn eines königlichen Pferdewärters in Montreuil bei Versailles geboren, begann seine Karriere ebenfalls als Stalljunge in den königlichen Pferdeställen. Mit sechszehn Jahren trat er in die Armee ein. Seine Lernfähigkeit, seine Begabung und seine Begeisterung für die Ideen der Französischen Revolution führten zu einem raschen Aufstieg. In den frühen chaotischen Revolutionsjahren konnte er als Kommandant an verschiedenen Schauplätzen Erfolge erringen. So mussten Preußen und Österreicher nach Hoches siegreichem Vormarsch das Elsass wieder aufgeben. In der Vendee kämpfte er gegen royalistische Emigranten, die von England aus versuchten, einen Aufstand zu entfachen. Durch geschicktes Taktieren gelang es ihm, einen Bürgerkrieg zu vermeiden, was ihm auch politische Fähigkeiten attestierte. Sein bedingungsloses Eintreten für die Belange seiner Soldaten, seine bisweilen deutliche Sprache, mit der er Missstände anprangerte und sein aufbrausendes Temperament brachten den mittlerweile zum General aufgestiegenen Hoche in Schwierigkeiten. Zweimal wurde er verhaftet, beim zweiten Mal – 1794 – entging er der Guillotine nur durch den Sturz Robespierres. Wegen seiner militärischen Erfolge, besonders aber durch sein politisches Handeln, zählte Lazare Hoche zu den bedeutendsten Revolutionsgenerälen, was auch sein Konkurrent, der etwa gleichaltrige Napoleon Bonaparte, anerkennen musste.

---

* zit. nach: Victor Hugo, Rheinreise, Frankfurt 1982, S. 56.

In Paris war der als außerordentlich gut aussehend beschriebene, gebildete, dynamische Hoche auch auf gesellschaftlichem Parkett erfolgreich, er beeindruckte besonders die Frauen. Wenn man den zeitgenössischen Berichten Glauben schenken darf, zählte auch die Witwe Joséphine de Beauharnais, spätere Kaiserin und Ehefrau Napoleon Bonapartes, zu seinen Eroberungen. Auf einem der Feldzüge hatte er in Thionville die erst sechszehnjährige Adélaide Dechaux kennen gelernt und 1794 geheiratet.

1797 wurde Lazare Hoche mit dem Oberkommando der Sambre-Maas-Armee betraut, eine der größten Revolutionsarmeen, die im linksrheinischen Gebiet stationiert war. Hoche traf im Frühjahr bei seinen Truppen ein. Die Versorgungslage erwies sich als schwierig, die Organisation der Verwaltung in den besetzten Gebieten war verheerend, Raub und Diebstahl an der Tagesordnung (s. Simmern S. 152). Deshalb übergab das Direktorium in Paris auch die Leitung der zivilen Administration an General Hoche im Vertrauen auf seine Fähigkeiten. Als erste Amtshandlung begann er mit der Umgestaltung des Verwaltungssystems, die Beamten der vorfranzösischen Zeit wurden wieder eingesetzt, kontrolliert von einer Mittelkommission in Bonn. Zur Vereinfachung der Verwaltungsstrukturen wurde das Gebiet, das in vorfranzösischer Zeit in eine Vielzahl von kleinen Territorien zergliedert war, in sechs Arrondissements eingeteilt. Mit diesen Maßnahmen gewann Hoche bei den Bewohnern der besetzten Gebiete Vertrauen, obwohl die Kontributionen an die Armee nicht geringer wurden.

Hoche unterstützte die Idee einer Cisrhenanischen Republik, also einer Republik des linksrheinischen Gebietes, denn nach der Besatzung stellte sich die Frage, wie die politische Entwicklung weitergehen sollte, waren doch die Revolutionstruppen ursprünglich nur einmarschiert, um der Gefahr durch royalistische Emigranten, die sich in Koblenz gesammelt hatten, entgegenzutreten und um die Ideale der Revolution weiterzuverbreiten. Intellektuelle deutsche Kräfte, die rheinischen Patrioten, hegten die Hoffnung, eine eigenständige Republik orientiert an den Idealen der Revolution errichten zu können, um damit eine Annexion (Eingliederung) an Frankreich zu vermeiden. Diese Bestrebungen wurden von Hoche begünstigt, sodass tatsächlich im September 1797 in Koblenz die Cisrhenanische Republik ausgerufen wurde.

Zwischenzeitlich hatte Lazare Hoche zur Großoffensive gegen die österreichischen Truppen auf der rechten Rheinseite angesetzt, um damit deren Kapitulation zu erzwingen. Im April 1797 leitete er von einem Hügel in Weißenthurm aus die Rheinüberquerung der Sambre-Maas-Armee nach Neuwied. Nach verschiedenen Scharmützeln gelangte er fast bis nach Frankfurt, um dann zu erfahren, dass infolge der Siege Napoleons in Italien inzwischen ein Sonderfrieden mit Österreich geschlossen worden war, seine militärisch erfolgreiche Aktion somit ohne politische Bedeutung blieb.

Hoche zog sich zurück. In Paris setzten sich nach dem Staatsstreich vom 4. September 1797 Kräfte durch, die die Eingliederung des linksrheinischen Gebietes mit der „natürlichen“ Rheingrenze an Frankreich anordneten, die Cisrhenanische Republik

Weißenthurm, Grabdenkmal General Lazare Hoche

hatte damit ein schnelles Ende gefunden. Diese Verfügung erreichte General Hoche allerdings nicht mehr. Er war am 19. September in seinem Hauptquartier in Wetzlar mit noch nicht 30 Jahren an einem Bronchialleiden gestorben.

Hoche wurde von Wetzlar in einem großen Trauerzug nach Koblenz gebracht und dort auf dem Petersberg mit allen militärischen Ehren beigesetzt. Das Ereignis war offensichtlich so beeindruckend, dass noch Jahrzehnte später darüber geschrieben wurde. Nicht nur in Frankreich betrauerte man den so jung Verstorbenen. Josef Görres, Publizist aus Koblenz, nannte ihn später den „verständigsten und billigsten aller französischen Generäle und einen der ritterlichsten.“ Seine Soldaten beschlossen, ihrem verehrten General, der sich immer mit Nachdruck und unter Hintanstellung seiner persönlichen Interessen für sie eingesetzt hatte, ein Grabdenkmal zu errichten. In den Truppen wurde ein stattlicher Betrag gesammelt und ein Grundstück in Weißenthurm auf dem Frauenberg gekauft, der Hoche beim Rheinübergang als Feldherrnhügel gedient hatte. Der Koblenzer Architekt Peter Joseph Krahe erstellte die Pläne für das klassizistische Monument. Über der Gruft steht der große rechteckige Sockel, darüber ein Obelisk mit der Inschrift. Zur Pflege des Denkmals wurde der Lehrer von Weißenthurm gegen Bezahlung eines angemessenen Betrages verpflichtet. Allerdings kam man dieser Verpflichtung nicht besonders eifrig nach, sodass die Grabanlage sich bald in einem schlechten Zustand befand, zumal sie nicht fertig gestellt wurde. Victor Hugo beklagte bei seinem Besuch 1840 das Trümmerfeld, das ihn mit „tiefer Wehmut“ erfüllte.

Erst im 20. Jh., nach der Besetzung des Rheinlandes durch Frankreich als Folge des Ersten Weltkriegs, wurde das Denkmal vollendet. Ab 1919 widmeten sich die Franzosen mit großem Eifer der Renovierung, deren Höhepunkt die Beisetzung der Urne General Hoches in der Grabkammer des Denkmals war. Seine sterblichen Überreste wurden vom Petersberg in einer pompösen Zeremonie, begleitet von französischen und amerikanischen Truppen, die an der Straße von Lützel Spalier standen, nach Weißenthurm überführt. Von da an übernahm ein französischer Wärter die Aufsicht über das Denkmal, an dem die Trikolore gehisst war. Die vier Bronzeplatten mit den größten militärischen Erfolgen des Generals wurden 1929 in den Sockel eingelassen. Es handelte sich um Abgüsse nach den Marmor-Originalen des Bildhauers Boizot von 1800 in Versailles.

Das allgemein zugängliche Gelände um das Denkmal ist Eigentum der Französischen Republik. Der berühmte General schläft nicht mehr, wie Victor Hugo es noch feststellte, „fern der Heimat in einem Bohnenfeld“, sondern in einer gepflegten Anlage.

Literatur

Josef Ruland, Ein Dichter, ein Denkmal und ein General, Koblenz 1979.

Reinhard Gilles, Weißenthurm – Geschichte der Stadt, Horb 1987.

Franz-Josef Heyen, Spuren der Geschichte, Koblenz 1998, S. 53ff.

Soeben, mein Bester komme ich voll Wehmut von der Bühne ... Man stellte das schauerliche Meisterstück, die Räuber vor, ein Stück, mein Freund! Wobei das Menschenblut erfrieren und die Nerven sowohl beim Schauspieler als Zuschauer erstarren müssen.

(Franz Anton Mai, Theaterarzt, nach dem Besuch der „Räuber“, 1782)*

REFUGIUM IN HERRNSHEIM – KARRIERE IN MANNHEIM UND PARIS

Wenige Kilometer nördlich von Worms liegt Herrnsheim, seit 1924 Stadtteil von Worms, mit seinem klassizistischen Schloss, dem zugehörigen Englischen Garten und der katholischen Pfarrkirche mit der Dalberg-Grablege. Die Familie von Dalberg war am Oberrhein und im Hunsrück begütert und trat im 13. Jh. in erzbischöflich-mainzische und bischöflich-wormsische Dienste. Aus dieser Funktion – bischöfliches Kämmereramt – leitet sich der Namenszusatz „Kämmerer von Worms“ ab, während der Familienname Dalberg von der gleichnamigen Burg im Hunsrück kommt, mit der die Familie seit dem frühen 14. Jh. belehnt war. Ein besonderes Privileg besaßen die Dalberger seit dem 15. Jh., das Recht des ersten Ritterschlages nach der Kaiserkrönung. So musste immer zuerst die bekannte Frage: „Ist kein Dalberg da?“ gestellt werden.

In Herrnsheim erbauten die Dalberger um 1460 eine Burg, von der Teile, vor allem der mächtige runde Turm, im heutigen Schloss erhalten sind. Sie stellten Bischöfe und Erzbischöfe, auch andere Mitglieder der weit verzweigten Familie spielten wichtige Rollen in Politik und Kultur ihrer Zeit.

Zwei Vertreter der Herrnsheimer Linie der Familie von Dalberg haben den Familiensitz über die unruhigen Zeiten des späten 18. und des frühen 19. Jhs. hinweg erhalten, weiter entwickelt und geformt. Ihre Lebensumstände sind charakteristisch für eine adlige Existenz zwischen Absolutismus und der französischen Zeit.

Wolfgang Heribert von Dalberg, Bruder von Carl Theodor, der unter anderem Koadjutor, d.h. Stellvertreter mit dem Recht zur Nachfolge des Erzbischofs in Mainz und

* zit. nach: Alfried Wieczorek – Liselotte Homering (Hrsg.), SchillerZeit in Mannheim, Ausst. Kat. Mannheim 2005, S. 18.

Erzbischof in Regensburg wurde, übernahm den Besitz in Herrnsheim, machte zugleich Karriere am Hof des Kurfürsten Carl Theodor in Mannheim (s. Frankenthal S. 124). Als Präsident der obersten kurpfälzischen Justizbehörde und zeitweise als Statthalter des Kurfürsten nahm er einflussreiche Stellungen am Hof ein. Seine ganze Leidenschaft galt jedoch dem Theater. 1778 verließ der Kurfürst und mit ihm große Teile des Hofes Mannheim, um die Erbfolge der Wittelsbacher in München anzutreten. Um dem zu befürchtenden wirtschaftlichen und kulturellen Niedergang entgegenzuwirken, schlug Wolfgang Heribert vor, entweder die Universität von Heidelberg nach Mannheim zu verlegen oder ein Nationaltheater zu etablieren, um „... adliche familien oder solche leute herzuziehen, die ihre einkünfte in freyheit und Vergnügen zu genießen suchen." Seine Idee beeindruckte den Kurfürsten und so konnte mit dessen Unterstützung 1778 das Nationaltheater gegründet werden. Wolfgang Heribert wurde dessen erster Intendant und blieb es über 20 Jahre. Das Mannheimer Theater hatte bald einen sehr guten Ruf. Hier trat der damals weithin berühmte Schauspieler August Wilhelm Iffland auf. Dalbergs anerkanntes Verdienst war es, das Stück „Die Räuber" des damals noch unbekannten Dichters Friedrich Schiller 1782 zur Uraufführung gebracht zu haben. Auf Grund seiner freiheitlichen Tendenzen hatte der Intendant Dalberg Änderungswünsche, die Schiller berücksichtigen musste. So wurde die Handlung von der Mitte des 18. Jhs. in das Mittelalter verlegt. Die Uraufführung wurde ein grandioser Erfolg. Zwei Jahre später erlebte auch Schillers Trauerspiel „Die Verschwörung des Fiesco zu Genua" seine Aufführung in Mannheim. So verbunden war Wolfgang Heribert seinem Theater, dass er bei einer Beschießung und Belagerung durch die Revolutionstruppen 1795 sich im Gewölbe des Theaterkellers einrichtete.

Auch wenn Wolfgang Heribert sich nur selten in Herrnsheim aufhielt, – um das Schloss kümmerte sich vor allem seine Gattin Elisabeth Augusta – leitete er doch entscheidende Maßnahmen ein. Das Schloss war durch den Architekten Caspar Herwartel ab 1711 und danach durch den Mannheimer Schlossbaumeister Jean Clemens Froimons nach den Zerstörungen im Pfälzischen Erbfolgekrieg 1689 wieder aufgebaut worden. Herwartel hatte auch den prächtigen Familienhof der Dalberger in Mainz gebaut. Wolfgang Heribert ließ das barocke Schloss neu ausstatten. Besonders wichtig war ihm die Anlage eines großen Gartens im Stil der Zeit. Für diese Aufgabe wurde Friedrich Ludwig Sckell verpflichtet, einer der bedeutendsten Gartenarchitekten, der zwischen 1788 und 1792 nachweislich 28 Mal in Herrnsheim war. Um eine größere Fläche zu gewinnen, verlegte man kurzerhand die Straße nach Osthofen, die bis dahin direkt am Schloss vorbei führte. Nördlich des Schlosses entstand ein englischer Garten mit Blickachsen, Teichen, Wasserläufen und Brücken in einer entsprechend modellierten Landschaft. Es ist anzunehmen, dass Wolfgang Heribert, dessen Haus in Mannheim Mittelpunkt des kulturellen Lebens der Stadt war, an der Konzeption dieses Gartens beteiligt war und seine Ideen und Anregungen einbrachte. Wolfgang Heribert war nicht nur literarisch hochgebildet, er verkehrte in Freimaurerzirkeln und stand den Ideen der Aufklärung nahe. So wiederholt die Insel im großen Weiher des Herrnsheimer Gartens das Motiv der Insel mit dem Grab Rousseaus in Ermenoville.

Worms-Herrnsheim,
Schloss, Treppenhaus

Wolfgang Heribert kaufte von der Gemeinde einen ruinösen Turm der mittelalterlichen Ortsbefestigung, bezog ihn als Ruine in den Landschaftsgarten ein und ließ ihn wohnlich ausbauen, unter anderem mit französischen Tapeten und einem „Canabee" ausstatten. Dieser Turm erhielt in der Folgezeit den Namen Schiller-Turm, da man ihn mit Friedrich Schiller und seinem Intendanten in Verbindung brachte. 1792 machten die französischen Revolutionstruppen der positiven Entwicklung der Dalberg-Residenz ein Ende. Schloss und Garten wurden verwüstet, wobei die Ereignisse auf der linken Rheinseite nicht ohne Wirkung auf das rechte Ufer blieben. Die Bedeutung Mannheims und des Nationaltheaters nahmen ab, insbesondere weil sich die wirtschaftliche Lage verschlechterte. Mannheim wurde 1803 badisch, Wolfgang Heribert avancierte zum badischen Staatsminister. Nach längerer Krankheit starb er 1806.

Die Herrnsheimer Besitzungen übernahm Emmerich Joseph von Dalberg, der Sohn Wolfgang Heriberts. Allerdings drohte der Verlust dieser Gebiete infolge der Revolutionskriege. Das linke Rheinufer war französisch und Teil des Departements Mont Tonnerre geworden. Emmerich Joseph, badischer Gesandter in Paris, trat deshalb in die Dienste Napoleons und konnte so Schloss Herrnsheim behalten, allerdings in beschädigtem Zustand. Emmerich Joseph spielte eine wichtige Rolle als Diplomat im Zusammenhang mit der Hochzeit von Napoleon I. mit Prinzessin Marie Louise von Habsburg. Aus Dankbarkeit dafür wurde er 1810 zum Herzog erhoben.

Trotz seiner politischen Arbeit in Paris galt sein Interesse auch dem Familiensitz Schloss Herrnsheim. Er beauftragte den badischen Architekten Jakob Friedrich Dyckerhoff mit der Planung. Dieser baute das Schloss im frühen 19. Jh. wieder auf. In diese Phase gehört auch die Errichtung des bemerkenswerten Treppenhauses, das als halbrunde Konstruktion in einen rechteckigen Raum eingestellt wurde und vom Erdgeschoss in das obere Geschoss führt. Unten rahmen dorische Säulen den offenen Treppenraum, oben ionische.

Dyckerhoff war verantwortlich für die Ausstattung der Räume, für die Emmerich Joseph Tapeten in Paris kaufte, eine davon mit den Sehenswürdigkeiten von Paris. Zu den besonderen Maßnahmen gehörte die Umgestaltung des großen, aus dem späten Mittelalter stammenden Rundturms, an den die beiden Flügel des Schlosses anschließen, zur Bibliothek. Von Dyckerhoff stammt auch die Orangerie, die zusammen mit den barocken Wirtschaftsgebäuden den Schlosshof rahmt.

Auch der Garten wurde in dieser Zeit wiederhergestellt, betreut von dem Schwetzinger Gartenbaudirektor Johann Michael Zeyer, einem Schüler Sckells, dessen ursprüngliches Konzept beibehalten wurde und bis heute Bild und Wirkung des Schlossgartens in Herrnsheim bestimmt. Seit 1824 wohnte Emmerich Joseph ständig in Schloss Herrnsheim. Mit ihm starb 1833 dieser Zweig der Dalberger im Mannesstamm aus. Seine Tochter engagierte sich nochmals für den Familiensitz, dem sie durch Umbauten seine heutige Form gab. Im späten 19. Jh. wurde das Schloss verkauft.

Literatur

Ferdinand Werner, Der dalbergische Lustgarten und Sckells Englische Anlage in Herrnsheim bei Worms, in: Die Gartenkunst 1/1993, S. 159ff.

Liselotte Homering, Wolfgang Heribert von Dalberg als Theaterleiter und Autor, in: Volker Gallé/Werner Nell (Hrsg.), Zwischenwelten – Das Rheinland um 1800, Worms 2012, S. 69ff.

Ich schaudere noch in diesem Augenblick, wenn ich mich der Härte der Gefangenschaft, welche ich da empfunden habe, erinnere. Die Nacht hindurch war ich mit Ketten beladen und in einem finsteren, feuchten, unterirdischen Gewölbe gefangen gehalten.

(Schinderhannes in einem Protokoll über seine Gefangenschaft in Simmern, 1803)*

SCHINDERHANNESTURM – SIMMERN UND SEIN BERÜHMTER GEFANGENER

In Simmern, seit dem 14. Jh. im Besitz der Kurfürsten von der Pfalz und zeitweise Residenz des Hauses Pfalz-Simmern, haben sich von der mittelalterlichen Stadtbefestigung infolge der Kriege des 17. und 18. Jhs. nur wenige Reste erhalten. Dazu gehört der als Schinderhannesturm benannte ehemalige südöstliche Eckturm der Stadtmauer, entstanden wohl im 14. Jh. in Zusammenhang mit dem Bau der Burg. Der zum Graben hin runde Turm hat nach innen zur Stadt eine gerade Seite. Malerisch wirkt das zweistufige Mansarddach, das der kurpfälzische Baumeister Franz Wilhelm Rabaliatti (s. Kaub S. 156) auf diesen merkwürdig geformten Turm setzte. Er baute auch die Treppe an der Innenseite, die den Zugang zum Eingang im ersten Stock ermöglicht.

In diesem Turm war 1799 der berühmt-berüchtigte Räuberhauptmann Schinderhannes inhaftiert. Johannes Bückler gen. Schinderhannes wurde wahrscheinlich 1777 in Miehlen im Taunus geboren. Sein Vater war von Beruf Schinder, d.h. Abdecker. Er beseitigte tote Tiere, daher sein Name Schinderhannes. Die Familie wechselte häufig den Wohnsitz, da der Vater sehr unstet war, sich unter anderem auch als Soldat anwerben ließ. Mit dieser rastlosen Zeit in seiner Jugend begründete Schinderhannes später seinen Lebensweg. Johannes Bückler trat bei dem Abdeckmeister Nagel in Bärenbach in die Lehre. Mit Diebstählen in jugendlichem Alter begann seine kriminelle Karriere. So raubte er einem Gerbermeister in Meisenheim einen Teil seiner Ledervorräte und bot sie ihm unverfroren am nächsten Tag zum Kauf an. Auf diese Dreistigkeit war er besonders stolz und erzählte sie gerne. Unter Dieben und Räubern war er bald bekannt. Er schloss sich Banden an, die besonders im Hunsrück ihr Unwesen trieben. Seit dem Vorrücken der französischen Revolutionstruppen, das einherging mit Verwüstungen und Plünderungen, war in den links-

* zit. nach: Uwe Anhäuser, Hunsrück und Naheland, Köln [4]1996, S. 90.

rheinischen Gebieten die staatliche Ordnung teilweise in Auflösung begriffen. Unter diesen chaotischen Zuständen hatten Diebesbanden leichtes Spiel. Zeitweise gehörte der Pferdediebstahl zu Bücklers bevorzugter Tätigkeit. Bald folgte auch der erste Mord.

Nachdem die linksrheinischen Gebiete 1797 endgültig zu Frankreich kamen, konnte mit dem Aufbau einer zivilen Verwaltung und einer Polizei, der Nationalgendarmerie, begonnen werden. Diese war besonders mit dem Problem der immer ungenierter agierenden Räuberbanden befasst. Ein Erfolg zeigte sich, als Schinderhannes gestellt werden konnte, allerdings nach einer Nacht im Gefängnis schon wieder entkam; er hatte die Gitterstäbe des Fensters durchgesägt. Die zweite Verhaftung verlief für ihn nicht so günstig. Er wurde von Kirner Gendarmen aufgegriffen, danach in den Stadtturm in Simmern eingesperrt. Ein halbes Jahr lang saß Schinderhannes in diesem Turm. Nachts, wie er später schilderte, im finsteren feuchten Gewölbe, am Tag durfte er einige Stunden unter Bewachung nach oben. Einer seiner Mitgefangenen verschaffte ihm ein Messer; mit einem aus Stroh selbstgedrehten Seil konnte er in den oberen Stock und von da mit dem Messer zur Küche vordringen. Das Gitter vor dem Küchenfenster drückte er kurzerhand aus der Verankerung heraus und sprang aus dem Fenster. Dabei brach er sich ein Bein und konnte sich nur kriechend in Sicherheit bringen.

Die Haft und die spektakuläre, allerdings schmerzhafte Flucht aus dem Turm in Simmern bewirkten bei ihm keine Umkehr. Das Gegenteil war der Fall, ihm eilte nun ein legendärer Ruf voraus, er konnte Leute um sich scharen, die Unternehmungen weiteten sich aus und bekamen eine neue Qualität. War es vorher Diebstahl, so kamen jetzt Raub und Erpressung hinzu. Johannes Bückler war zum „Räuberhauptmann" aufgestiegen. Die Raubzüge wurden mit immer größerer Brutalität geführt, das Gebiet von Simmern bis Meisenheim und Birkenfeld wurde von ihm und seiner Bande in Angst und Schrecken versetzt.

Doch auch die Behörden kamen ihm immer wieder auf die Spur. Häufig musste er sich auf rechtsrheinisches Gebiet flüchten, um der drohenden Gefangennahme zu entgehen. Mehrere Bandenmitglieder wurden verhaftet, sodass größere Aktionen nicht mehr möglich waren. Man kehrte wieder zur Kleinkriminalität zurück. Ein Steckbrief zur Fahndung des Schinderhannes wurde verbreitet. Mittlerweile hatte Johannes Bückler eine Geliebte, Juliana (Julchen) Bläsius, die ihn begleitete.

Im Juni 1802 hatte sich Schinderhannes unter falschem Namen auf rechtsrheinisches Gebiet begeben, um sich als Soldat anwerben zu lassen. In Limburg wurde seine wahre Identität bekannt. Man brachte ihn in Ketten nach Frankfurt und überstellte ihn schließlich an die Behörden in Mainz, nachdem Juliana Bläsius vergeblich versucht hatte, den Kommandanten des Transporttrupps zu bestechen und Schinderhannes die Flucht zu ermöglichen.

Simmern,
Ortsbefestigung,
Schinderhannes-
turm

Um das immer mehr um sich greifende Bandenwesen zu bekämpfen, war ein sog. „Tribunal criminel spécial“ (Kriminalspezialgericht) eingerichtet worden. Für das Departement Mont Tonnerre (Donnersberg) hatte es seinen Sitz in Mainz. Schon im April waren Mitglieder der Schinderhannesbande, die in anderen Landesteilen festgenommen worden waren, nach Mainz überstellt worden. Aber erst mit der Festnahme des Hauptmanns wurde das Verfahren richtig in Gang gebracht. Über ein Jahr dauerten die Ermittlungen und Untersuchungen. Schinderhannes, der in Mainz im Holzturm einsaß, zeigte sich durchaus kooperativ und gesprächsbereit, die Delikte der Bande konnten so weitestgehend aufgedeckt werden. Auch seine Haft und die Flucht aus dem Turm in Simmern wurden so zu Protokoll gebracht.

Im Oktober 1803 konnte schließlich der Prozess gegen 61 Angeklagte eröffnet werden. In der Anklage wurden ihnen über 200 Straftaten zur Last gelegt. Wegen des zu erwartenden Interesses an diesem Prozess wählte man als Tagungsort des Gerichts den Akademiesaal des Mainzer Schlosses, denn das Verfahren sollte öffentlich und für alle zugänglich sein. Tatsächlich waren die Eintrittskarten, die man erwerben konnte, höchst begehrt. 12 Anwälte vertraten die Angeklagten; bis zur Urteilsverkündung am 20. November wurden über 300 Zeugen vernommen. 20 Bandenmitglieder, darunter auch Schinderhannes, wurden zum Tod verurteilt, 21 Angeklagte zu teilweise langjährigen Haftstrafen. Unter ihnen war auch Juliana Bläsius, die in der Haft in Mainz einen Sohn geboren hatte. Sie erhielt eine zweijährige Zuchthausstrafe. Weitere 20 Beschuldigte wurden frei gesprochen.

Schon einen Tag später wurden die Todesurteile vollstreckt. Um auch hier dem zu erwartenden Zuschauerandrang gerecht zu werden, hatte man den Richtplatz auf das Gelände der ehemaligen Favorite verlegt. Dorthin schaffte man die Guillotine, die seit der Eingliederung nach Frankreich auch in Mainz Hinrichtungsinstrument war. Viele Tausend Zuschauer kamen zu Fuß, zu Pferd und mit dem Wagen zu diesem Ereignis. Innerhalb einer halben Stunde waren alle Verurteilten exekutiert, ihre Körper dienten als Objekte für medizinische Experimente. Nach übereinstimmenden Berichten ging Schinderhannes, der als erster hingerichtet wurde, gefasst in den Tod.

Schon zu Lebzeiten übte der Schinderhannes eine merkwürdige Faszination aus, schwankend zwischen Abscheu über seine Taten und Furcht sowie Verklärung als Teufelskerl, der den Armen half und gegen die Franzosen eintrat. Ein Bild, das, wie der Prozess zeigte, keineswegs gerechtfertigt war. Zur Mythenbildung trugen mehrere Romane bei, die bald nach seinem Tod erschienen sind, allesamt eher triviale Räuber-Postillen. Bis in das 20. Jh. blieb das Interesse an dieser Figur aus unterschiedlichen Gründen ungebrochen. Carl Zuckmayer verlieh in einem Schauspiel 1927 der Geschichte des Schinderhannes noch einmal populäre Gestalt, die Helmut Käutner sehr vordergründig und romantisch in seinem Film 1958 aufnahm. Die historische Person des Schinderhannes ist infolge einer über 200-jährigen, in verschiedene Richtungen tendenziösen Rezeption nicht mehr wirklich wahrzunehmen.

Literatur

Peter Bayerlein, Schinderhannes-Chronik, Mainz 2003.

Wolfgang Dobras, Schinderhannes – Prozess und Urteil 1803, Ausst. Kat. Mainz 2003.

Mark Scheibe, Schinderhannes – Nichtsnutz, Pferdedieb, Räuberhauptmann, Kelkheim [5]2010.

Erger habe ich genug gehabt weill die brücke so ich bey Caub Schlagen ließ zum teuffel gink, wo durch ich einen gantzen tag uf gehallten wurde.

(Generalfeldmarschall Blücher in einem Brief, 1814)*

MARSCHALL „VORWÄRTS" IN KAUB – BLÜCHERS RHEINÜBERGANG IN DER NEUJAHRSNACHT 1813/14

In der engen Metzgergasse in Kaub liegt das stattliche barocke ehemalige Gasthaus „Zur Stadt Mannheim". Während des wichtigsten Ereignisses in der Geschichte der kleinen Stadt am Rhein beherbergte es den berühmten Generalfeldmarschall Blücher.

Seit dem Mittelalter gehörte Kaub mit seiner vorgelagerten Zollstation, dem Pfalzgrafenstein, zur Kurpfalz. Im Jahr 1764 hatte Daniel Kilp, Bürger von Kaub, bei Kurfürst Carl Theodor von der Pfalz (s. Frankenthal S.124) um Erlaubnis nachgesucht und diese auch erhalten, ein Gasthaus einzurichten. Wenige Jahre später wurde in der Metzgergasse, der Hauptverkehrsachse in Kaub, das noch heute bestehende zweigeschossige Gebäude mit einem verschieferten Mansarddach errichtet. Der imposante, breitgelagerte Bau mit zehn Fensterachsen und einer großen Durchfahrt zum Hof ist mit großer Wahrscheinlichkeit ein Werk des kurpfälzischen Architekten Franz Wilhelm Rabaliatti, der auch die barocke Haube auf dem Pfalzgrafenstein gebaut hat. Die Innenräume, vor allem die Gesellschaftsräume, wurden mit aufwendigen Tapetenmalereien ausgestattet. So sind im großen Saal auf der Leinwandbespannung mit Ölfarbe Szenen aus der Geschichte Jakobs und Josephs gemalt. Im zweiten Raum finden sich handgedruckte Papiertapeten mit ländlichen Motiven. In seltener Vollständigkeit hat sich die Raumdekoration des 18. Jhs. bis heute erhalten.

Kaub war 1813/14 Schauplatz einer militärischen Aktion, die für die Geschichte der Befreiungskriege von großer Bedeutung wurde. Nach der Völkerschlacht bei Leipzig, in der Napoleon vernichtend geschlagen wurde, sollte nun durch einen Marsch in Richtung Frankreich seine Niederlage endgültig besiegelt werden. Einer der Verfechter einer direkten Verfolgung war Generalfeldmarschall Gebhard Leberecht von Blücher.

---

* zit nach: Karl Hahn, Führer durch Caub am Rhein, Caub o. J., S. 28.

Der aus einem pommerschen Adelsgeschlecht stammende Blücher, 1742 in Rostock geboren, begann seine militärische Karriere gegen den Willen der Eltern in schwedischen Diensten und trat dann 1760 in die preußische Armee ein. Unbotmäßigkeit führte 1773 zu seinem Ausscheiden, das Friedrich der Große mit den Worten „Rittmeister von Blücher kann sich zum Teufel scheren." kommentierte. Erst nach 14 Jahren wurde er unter dessen Nachfolger wieder eingestellt. Blücher führte seine Truppen in mehrere Schlachten und konnte sich auszeichnen. Er wurde mit verschiedenen Kommandos betraut. Der Kriegsdienst war sein Leben, ihm widmete er sich mit Leidenschaft und entschlossenem Einsatz, „Vorwärts, vorwärts" war sein Schlachtruf. Die zögerliche Haltung des preußischen Königs Friedrich Wilhelm III. gegen Frankreich war für Blücher schwer erträglich. Zeitweise musste er den Dienst verlassen. Erst als Preußen 1813 in den Krieg eintrat, wurde Blücher zurückgerufen. Mit 71 Jahren stand er wieder an der Spitze einer Armee und machte seinem Beinamen „General Vorwärts" alle Ehre. Nach der siegreichen Schlacht bei Leipzig drang Blücher mit der schlesischen Armee rasch nach Westen vor, um dort auf linksrheinisches und damit französisches Gebiet vorzustoßen. Die Rheingrenze wurde immer noch als Schmach empfunden, die man nun tilgen wollte.

Der Übergang bei Kaub bot sich an, da hier durch den Pfalzgrafenstein der Rhein in zwei Abschnitten überquert werden konnte. Allerdings war das Tal an dieser Stelle eng, der Platz am Ufer sehr eingeschränkt. Auch die Strömung im Fluss war nicht ungefährlich. Der Übergang sollte möglichst unbemerkt von Statten gehen, denn die linksrheinisch stationierten französischen Truppen wollte man nicht in Alarmbereitschaft versetzen. Deshalb versammelten sich die Truppen auf der Höhe des Taunus. Blücher blieb in Frankfurt, um die Gegner in Sicherheit zu wiegen. Erst am 31. Dezember zog er in Kaub ein und nahm im Gasthaus „Zur Stadt Mannhheim" Quartier. Eine russische Kompanie hatte im Lager auf dem Taunus Pontons aus Holz und geteertem Segeltuch für eine Brücke gefertigt, die man nun nach Kaub schaffte. Langsam vollzog sich der Einmarsch der Truppen, dennoch war die kleine Stadt innerhalb kurzer Zeit völlig überfüllt. Die etwa 1.000 Einwohner hatte man kurz zuvor informiert, dass sie sich auf Einquartierungen vorbereiten sollten. Nach Augenzeugenberichten standen die Soldaten bald Kopf an Kopf, alle Quartiere waren belegt, der größere Teil der Truppen kampierte im Freien. Die Versorgung gestaltete sich schwierig. Tag und Nacht musste Brot gebacken werden, das halbfertig aus dem Ofen geholt und verteilt wurde.

Die Schiffer aus Kaub mussten sich in der Kirche versammeln. Dort wurde ihnen mitgeteilt, dass sie bis zur Aufstellung der Brücke die Vorhut in ihren Nachen über den Rhein bringen sollten, voll Stolz und Begeisterung waren sie dabei. Noch in der Nacht wurde mit dem Aufbau der Ponton-Brücke begonnen. Bis zum Pfalzgrafenstein, der kürzeren Strecke, stellte dies kein Problem dar. Der Übergang zum linksrheinischen Ufer aber war durch die Strömung höchst kompliziert und kritisch. Erst am 2. Januar war die Brücke fertig, worüber sich der Generalfeldmarschall weidlich

Kaub, ehem. Gasthaus Stadt Mannheim (hist. Aufnahme)

ärgerte. Mittlerweile hatten die Schiffer aus Kaub schon 4.000 Mann mit ihren Kähnen auf die andere Seite gebracht, unermüdlich waren sie hin und her gefahren.

Jetzt begann der eigentliche Übergang, wahrscheinlich setzten hier etwa 80.000 Mann über. Die Zahlen wurden unterschiedlich überliefert. Massen von Soldaten strömten aus der engen Stadt über die Brücke. Nach etwa einer Woche war das Heer auf der linken Rheinseite. Die Franzosen hatten kaum Widerstand geleistet.

Nach dem Abzug glichen die Gärten und Weinberge zeitgenössischen Berichten zufolge einer „öden Wüste“. Bäume, Zäune und Weinstöcke waren verschwunden. Die Soldaten hatten in der eisigen Januarkälte damit Feuer gemacht. Sämtliche Lebensmittel waren aufgebraucht. Kranke Soldaten hatten einige Familien in Kaub mit Fleckfieber angesteckt, sodass viele Opfer zu beklagen waren.

Blücher rückte nach der erfolgreichen Eroberung des linksrheinischen Rheinufers – auch in Mannheim und Neuwied hatten gleichzeitig zwei weitere Korps (Truppen) den Rhein überquert – mit seinen Truppen auf Paris zu, das er im März 1814 erreichte. Damit war das Ende der Napoleonischen Herrschaft eingeläutet. In der Schlacht bei Waterloo im Juni 1815 wurde der endgültige Sieg über Napoleon errungen. Auch daran hatte Blücher großen Anteil, indem er den Truppen des englischen Generals Wellington zu Hilfe kam. Als Dank für seine Dienste in den Befreiungskriegen wurde Blücher zum Fürsten von Wahlstatt ernannt. Er bekam ein Stadtpalais in Berlin und ein Gut in Schlesien, auf das er sich jetzt zurückzog; dort starb er 1819.

In der Geschichtsschreibung des 19. Jhs. wurde dem Rheinübergang bei Kaub entscheidende Bedeutung für die Befreiung von der Napoleonischen Herrschaft zugesprochen. Unter diesem Blickwinkel ist die klassizistische Sandsteinstele zu sehen, die 1853 auf der gegenüberliegenden Rheinseite aufgestellt wurde. Ihr Text preist die „Wiedergeburt Preußens und des deutschen Vaterlands" durch diese Militäraktion. 1894 wurde dem großen Generalfeldmarschall Blücher in Kaub ein monumentales Bronzedenkmal errichtet, das den Mann ehrt, welcher der kleinen Stadt geschichtliche Geltung verschaffte.

www.kaubamrhein.de

Literatur

Magnus Backes, Kaub am Rhein mit Burg Gutenfels und dem Pfalzgrafenstein, Köln [2]1976.

Wilhelm Kimpel, 1000 Jahre Kaub am Rhein, Kaub 1990.

Von Bingen heraufwärts erstreckt sich, nahe am Strom, ein Hügel gegen das obere flache Land. Er läßt sich als Vorgebirg in den alten höheren Wassern denken. An seinem östlichen Ende sieht man eine Kapelle, dem heiligen Rochus gewidmet, welche soeben vom Kriegsverderben wiederhergestellt wird. An einer Seite stehen noch die Rüststangen; dessen ungeachtet soll morgen das Fest gefeiert werden.

(Johann Wolfgang von Goethe, 1814)*

DIE ROCHUSKAPELLE BEI BINGEN – GOETHE UND SEIN WALLFAHRTSERLEBNIS

Auf der linken Rheinseite gegenüber von Rüdesheim steht am südlichen Ende eines langgestreckten Berges die neugotische Rochuskapelle, ein außerordentlich filigraner und vielgestaltiger Bau mit einem hohen, weithin sichtbaren Turm. Die Geschichte des Ortes beginnt schon viel früher. Anlass für den Bau einer Kapelle, die ebenfalls schon dem hl. Rochus geweiht wurde, war eine Pestwelle 1666/67. Um künftig von der schrecklichen Seuche verschont zu bleiben, hatte der Binger Stadtrat ein Gelübde abgelegt, eine Kapelle zu bauen, diese dem hl. Rochus zu weihen und jedes Jahr eine Wallfahrt abzuhalten. Die erste Rochuskapelle wurde 1677 geweiht und bereits 1689 im Pfälzischen Erbfolgekrieg beschädigt und ausgeraubt. 1698 war sie wiederhergestellt und in Funktion. Auch nach der Zerstörung durch die französischen Revolutionstruppen 1795 wurden die Instandsetzungsarbeiten an der Kapelle erneut in Angriff genommen. Am Tag vor dem Rochusfest, am 15. August 1814, konnte die Weihe vorgenommen werden, auch wenn die Arbeiten zu diesem Zeitpunkt noch nicht ganz abgeschlossen waren.

Über die Rochuswallfahrt im Jahr 1814 sind wir sehr gut informiert, da in diesem Jahr Johann Wolfgang von Goethe die Kapelle besuchte und später über sein Wallfahrtserlebnis schrieb. Er war zur Kur in Wiesbaden, besuchte von dort aus in Winkel seine Freunde, die Familie Brentano, und setzte mit dem Boot über, um den Rochusberg zu erklimmen. Er war erstaunt über die Menschenmassen, die aus allen Dörfern der Umgebung heraufkamen. Goethe schildert sehr anschaulich die Prozession, bei der Fahnen, Figuren und ein Baldachin mitgeführt wurden, unter dem der Bischof mit dem Allerheiligsten schreitet. Er beschreibt den Platz vor der Kapelle,

* zit. nach: Goethes nachgelassene Werke Bd. 3, Stuttgart und Tübingen 1833, S. 246f.

die Buden mit Kerzen und anderen Devotionalien, die Kapelle mit Altären und Reliquien. Am meisten ist der Dichter beeindruckt von der Freundlichkeit der Menschen, von den üppigen Speisen, die zubereitet werden und besonders vom Weingenuss, dem sich die Wallfahrer hingeben, sogar schwangere Frauen. Ein Gast berichtete von der Fastenpredigt eines Weihbischofs über das Laster der Trunkenheit, wobei der Prediger, wahrscheinlich der aus Hattenheim im Rheingau stammende Mainzer Weihbischof Valentin Heimes, an seine Zuhörer appellierte Maß zu halten und anmerkte, dass Gott ihm die Gnade verliehen habe, sogar acht Maß Wein vertragen zu können, woraus man schließen darf, dass Maßhalten eine Frage der Konstitution und womöglich der Übung ist.

Bingen, Rochuskapelle, Eingangsfassade

In seiner Erzählung über das Rochusfest überliefert Goethe auch die Legende des Pestheiligen Rochus, der im 13. Jh. in Frankreich lebte. Er verschenkte sein Vermögen an die Armen und pflegte Pestkranke, woraufhin er sich selbst ansteckte. Er wurde verstoßen. Im Wald pflegte ihn ein Engel und ein Hund brachte ihm Brot. Nach seiner Heilung kehrte er zurück und wurde ins Gefängnis geworfen, da man ihn für einen Spion hielt. Erst nach Jahren erkannte man ihn an einem kreuzförmigen Muttermal. Der hl. Rochus wird häufig in Pilgertracht dargestellt. Meist zeigt er auf eine Pestwunde an seinem Oberschenkel.

Gemeinsam mit den Brentanos suchte Goethe am 5. September 1814 nochmals die Rochuskapelle auf. Bei dieser Gelegenheit fasste er den Entschluss, ein Rochusbild für die Kapelle malen zu lassen. Mit der Ausführung beauftragte er Louise Seidler in Jena. Goethe kannte die Malerin seit ihrer Kindheit, denn das Haus ihres Vaters lag neben seiner Amtswohnung in Jena. Nach einer tragischen Verlobung – der

Verlobte starb – hatte sich Louise Seidler entschlossen, Malerin zu werden; sie erhielt in Dresden eine Ausbildung. Das Bild des hl. Rochus war ihre erste große Arbeit. Goethe selbst fertigte eine Skizze dazu an, die Johann Heinrich Meyer, Direktor der Weimarer Zeichenakademie, in einen Entwurf umsetzte, den wiederum Louise Seidler mit kleinen Veränderungen ausführte. Goethe war recht zufrieden mit dem Bild des jugendlichen Heiligen. Ein dritter Besuch der Rochuskapelle war Goethe nicht möglich, obwohl er sich dies gewünscht hatte. Deshalb schickte er das Bild 1816 nach Bingen, wo es zunächst drei Jahre im Pfarrhaus verblieb, bis es dann seinen Platz in der Kapelle fand. Das Bild gilt allgemein als Stiftung Goethes, doch hatte er zur Finanzierung auch Spenden eingeworben.

Die Kapelle, die Goethe 1814 sah, brannte 1889 nach einem Blitzschlag ab. In Erfüllung des alten Gelübdes wurde ein Wettbewerb ausgelobt. Der Architekt Max Meckel ging als Sieger hervor und konnte 1891–1895 den Kapellenbau in den Stilformen der rheinischen Spätgotik errichten. Zum Rhein hin erhebt sich der Chor, nach Rheinhessen zeigt die Fassade, die über einer Terrasse erbaut wurde. Vor dem Eingang sieht man eine filigrane Kapelle mit der Figur des auferstehenden Christus. Sie ist zugleich letzte Station eines Kreuzweges, der von Bingen herauf führt. Unter der kleinen Kapelle auf der Terrasse befindet sich im Untergeschoss die sog. Betlehem-Kapelle, die für die Geburt Christi steht und zugleich an eine mittelalterliche, quellenmäßig nachgewiesene Betlehem-Kapelle auf dem Rochusberg erinnert. Nach Norden ist als architektonischer Höhepunkt ein großer Außenaltar mit einer monumentalen Kreuzigungsgruppe an die Kapelle angefügt. Hier finden die großen Wallfahrtsgottesdienste statt. Die Kapelle ist reich ausgestattet mit Glasfenstern, mehreren Altären, darunter auch mittelalterlichen. Das von Goethe veranlasste Rochus-Bild findet sich in einer Seitenkapelle.

Die Binger Rochuskapelle erinnert an eine jahrhundertealte Wallfahrtstradition, der durch Goethes Erzählung ein literarisches Denkmal gesetzt wurde. Sie ist zugleich ein zwar spätes, jedoch meisterhaftes Zeugnis neugotischer Architektur.

Literatur

Josef Krasenbrink, Johann Wolfgang von Goethe und die Binger St. Rochus-Kapelle, Bingen 1986.

Josef Krasenbrink, Die Binger St. Rochus-Kapelle von 1895 – eine 100 jährige Kapelle für eine über 300 jährige Wallfahrt, Bingen 1995.

... So entstand die Idee, seinem Schlosse einen alten teutschen Ritterthurm anzubauen, den er mit Bildern und Denkmälern seiner Zeit füllen, worin er künftig wohnen, denken, schreiben, studieren, beten wollte ... Hier hauste und wirkte er bei seinem Aufenthalt in Nassau am liebsten ...

(Ernst Moritz Arndt, Nachruf auf Stein, 1831)*

NASSAU, STEINSCHES SCHLOSS UND TURM – DAS VERMÄCHTNIS DES FREIHERRN VOM UND ZUM STEIN

Bereits 1158 werden die Herren vom Stein urkundlich erstmals genannt, 1234 dann im Zusammenhang mit der Burg Stein, Stammsitz des Geschlechtes, das mit Reichsfreiherr Heinrich Friedrich Karl vom und zum Stein 1831 ausstarb. Während die Burg Stein, unterhalb der Burg Nassau gelegen, schon seit dem 17. Jh. dem Verfall preisgegeben war, erfreute sich das sog. Steinsche Schloss, ein im Kern wohl mittelalterlicher Gutshof der Familie, im späten 18. und frühen 19. Jh. besonderer Wertschätzung.

Der 1757 in Nassau geborene Heinrich Friedrich Karl Reichsfreiherr vom und zum Stein begann seine Laufbahn mit dem Studium in Göttingen und trat nach einer ausgedehnten „Kavalierstour" durch Fürstenhöfe in Frankreich, Österreich und Ungarn in preußische Staatsdienste ein. Seine Beamtenlaufbahn gipfelte in der Ernennung zum Staatsminister für Wirtschaft und Finanzen 1804. Durch seine genaue Kenntnis der preußischen Administration stellte er Missstände im Staatssystem fest, die er durch Reformen zu verbessern suchte. Sein oftmals heftiges Wesen führte zum Konflikt mit König Friedrich Wilhelm III. und schließlich zu seiner Entlassung 1807 als „widerspenstiger Staatsdiener". Die Zeit nutzte vom Stein zur Formulierung grundlegender Reformvorschläge zur Modernisierung der Verwaltung.

Bereits im Oktober desselben Jahres wurde er wieder zurückberufen und zum leitenden Minister Preußens ernannt. Innerhalb weniger Monate kamen nun umfangreiche Reformen in Gang, wie die Städteordnung, die Befreiung der Bauern aus der Erbuntertänigkeit (Leibeigenschaft) und die veränderte Verfassung der obersten Verwaltungsbehörden in Preußen. Im November 1808 wurde er erneut entlassen,

* zit. nach: Gerhard Eimer, Quellen zur politischen Ikonographie der Romantik: Steins Turmbau in Nassau, Frankfurt 1987, S. 20.

Nassau,
Steinsches Schloss,
Arbeitszimmer im
Turm

diesmal auf Anweisung Napoleons. Von nun an galt sein ganzes Streben der Befreiung von der Herrschaft Napoleons. Nach dreijährigem Exil in Böhmen leitete er als Berater Zar Alexanders I. Verhandlungen ein, die auch den zögernden preußischen König Friedrich Wilhelm zum Umdenken veranlassten. Unterstützt wurde er von den Generälen Scharnhorst, Blücher (s. Kaub S. 156) und Gneisenau. Damit gilt er als einer der Wegbereiter der Befreiungskriege. Nach dem Sieg über Napoleon nahm er als Berater des Zaren wie auch der preußischen Regierung am Wiener Kongress teil, zog sich aber zurück, da er die Entwicklung nicht in seinem Sinne steuern konnte.

Nach dem Rückzug aus dem politischen Leben widmete er sich seit 1814 dem Familiensitz in Nassau. Hier plante und baute er sich ein besonderes Refugium. An den eher schlichten Schlossflügel wurde 1814/15 ein Anbau in Form eines neugotischen

Turmes nach Ideen des Reichsfreiherrn durch die Architekten Christian Zais aus Wiesbaden und Johann Claudius von Lassaulx aus Koblenz angebaut. Der dreigeschossige, achteckige Turm, ganz in Sandsteinrot gefasst, ist durch einen Zwischenbau mit dem Schloss verbunden. Statt eines Daches befindet sich oben eine Terrasse mit Balustrade. Die Ecken werden durch Lisenen (Wandpfeiler) akzentuiert. Große, zurückliegende Tore öffnen sich zur Hof- und Gartenseite. Darüber befinden sich Loggien mit flachen Balkonen. Alle übrigen Wandfelder enthalten je ein neugotisches Fenster, teilweise mit zierlichem gusseisernem Maßwerk.

Hinter dem Turmbau von Nassau stand die Idee, ein Denkmal, eine „Memorie“ zur Erinnerung an die Freiheitskriege, zu errichten, die vom Stein in besonderem Maße in die Wege geleitet hatte. So befinden sich seitlich der Portale die Schutzpatrone der Staaten der Allianz gegen Napoleon, der hl. Adalbert für Preußen, der hl. Georg für England, der hl. Leopold für Österreich und der hl. Alexander Newsky für Russland – Werke des Kölner Bildhauers Peter Joseph Imhof. Dass hier ganz persönliche Ideen des Freiherrn zugrunde lagen, zeigt sich darin, dass nicht der hl. Andreas, der eigentliche Patron Russlands, dargestellt wird, sondern der Namenspatron des Zaren Alexander, in dessen Diensten Stein stand. Die Personifikationen der Tugenden Einigkeit, Tapferkeit, Beharrlichkeit und Gottvertrauen zeigen die Werte, die das Leben des Freiherrn vom Stein bestimmten.

Seitlich sind in römischen Zahlen die Jahreszahlen 1812–1815 zu lesen; der Zeitraum der Freiheitskriege. Ergänzt wurde das Bildprogramm durch zwei Zitate über dem Haupteingang: „Nicht uns, Herr, nicht uns, sondern deinem Namen allein gebührt die Ehre.“ Und auf der anderen Seite der Anfang des von Luther verfassten Liedes: „Eine feste Burg ist unser Gott.“

Über eine enge Wendeltreppe erreicht man das erste Obergeschoss mit dem Arbeitszimmer Steins. In den achteckigen Turmgrundriss ist ein weiteres Achteck auf zierlichen Säulen eingestellt, die ein Gewölbe tragen. Entlang der Wände sind Bücherregale eingebaut. Über diesen befinden sich Porträts herausragender Persönlichkeiten der Reformation und der Freiheitskriege: Luther und Melanchton sowie die drei sächsischen Kurfürsten Johann der Beständige, Friedrich der Weise und Johann Friedrich der Großmütige (s. Worms, Lutherdenkmal S. 87). Ergänzt wird die Reihe durch die drei Feldherren der Freiheitskriege Scharnhorst, Gneisenau und Blücher sowie Herzog Friedrich Wilhelm von Braunschweig.

In diesem Arbeitszimmer, dem zentralen und zugleich wichtigsten Raum des dreigeschossigen Turmes, entwickelte vom und zum Stein die Ideen zu den „Monumenta Germaniae Historica“, der umfangreichsten Sammlung mittelalterlicher Geschichtsquellen. Einer Aufgabe, der er sich nach dem Ende seiner politischen Laufbahn besonders intensiv widmete. Mitten im Raum steht als zentrales Möbelstück der Schreibtisch Steins mit einer Marmorbüste des Freiherrn.

Der Raum über dem Arbeitszimmer ist konzipiert als Gedenkhalle an die Freiheitskriege mit Büsten für König Friedrich Wilhelm III. von Preußen, Kaiser Franz II. von Österreich und Zar Alexander I. von Russland; Werke in klassizistisch-antiker Manier von Daniel Rauch aus den Jahren 1817/18. Im Parkettboden eingelegt ist ein eisernes Kreuz, das 1813 als Orden gestiftet und in den Freiheitskriegen erstmals verliehen wurde. Neben der Jahreszahl 1813 findet sich folgender Text: „Mit Gott für König und Vaterland".

Der Turm beim Steinschen Schloss in Nassau gehört zu den frühen Beispielen neugotischer Architektur im Rheinland. Damit setzte vom Stein ein Zeichen, empfand man doch den gotischen Stil als vaterländisch und deutsch im Gegensatz zur klassizistischen, ebenfalls durch Stein veranlassten Ausstattung der übrigen Schlossräume. Stein lebte bis zu seinem Tode 1831 in Nassau und in Cappenberg in Westfalen, wo er ein säkularisiertes Kloster gekauft und umgebaut hatte. Bestattet wurde er in der Familiengruft in Frücht bei Nassau. Das neugotische Mausoleum geht ebenfalls auf seine Anregung zurück.

Freiherr vom Stein gehört zweifellos zu den großen Impulsgebern und Reformern, auch wenn er sich nicht in allen Bereichen durchsetzen konnte. Er war durch seinen protestantischen Glauben geprägt, zeigte durchaus liberale Ansätze und vertraute doch der Reformfähigkeit der – preußischen – Verwaltung. Als Persönlichkeit wird er bis heute differenziert gesehen, was wohl auch daran liegen mag, dass er selbst seinen Nachruhm zu befördern suchte. In solche Überlegungen gehört der Turm in Nassau, den schon manche Zeitgenossen kritisch bewerteten, der aber ein aussagekräftiges, wenngleich sehr persönliches Zeugnis für die Zeit um 1815 ist.

Literatur

Doris Fischer, Das Stein'sche Schloss in Nassau, in: Stadt Nassau – Geschichte und Geschichten, hrsg. v. d. Stadt Nassau, 1997, S.109ff.

Heinz Duchardt, Stein, eine Biographie, Münster 2007.

VOM WIENER KONGRESS ZUM ERSTEN WELTKRIEG – 100 JARE ENTWICKLUNGEN UND WIDERSPRÜCHE

In den Verhandlungen des Wiener Kongresses gelang es tatsächlich, die Kleinstaaterei des 18. Jhs. in Deutschland weitgehend zu beenden. Allerdings zerschlugen sich im linksrheinischen Raum, der unter der französischen Verwaltung zusammengewachsen war, die Hoffnungen auf ein eigenes Staatsgebiet endgültig. Das Gebiet wurde wieder aufgeteilt: Bayern bekam die Pfalz, die Bayerischer Rheinkreis genannte wurde. Preußen übernahm die gesamte Rhein-Mosel-Saar-Region, die zur preußischen Rheinprovinz wurde. Das Land zwischen Mainz und Worms fiel als Provinz Rheinhessen an das Großherzogtum Hessen. Im Nahe-Raum entstanden – ein Anachronismus – einige sehr kleine Territorien, um auch bescheidene Entschädigungen leisten zu können. Provinzialverwaltungen wurden eingerichtet, sie sollten die neuen Besitzungen allmählich in die Stammlande integrieren. Als eine der wenigen Errungenschaften blieb das französische Rechtssystem in Kraft. Die nun regierenden fürstlichen Familien bemühten sich, in den neuen Provinzen Präsenz zu zeigen.

Die 100 Jahre vom Wiener Kongress bis zum Ausbruch des Ersten Weltkrieges waren eine Epoche von außerordentlicher Vielfalt, gepaart mit Widersprüchen. Zum wirtschaftlichen Aufschwung, dem schnellen Ausbau der Verkehrswege, der fortschreitenden Industrialisierung, den Reformen in der Landwirtschaft kam die Entwicklung des Pressewesens in Verbindung mit immer neuen und besseren Wegen der Kommunikation. So konnten neue Ideen, vielfach aufbauend auf den Idealen der französischen Revolution, schnell verbreitet werden. Pressezensur und soziale Missstände führten zu politischen Demonstrationen und – bedingt erfolgreichen – Revolutionen. Trotz aller Rückschläge konnten demokratische und liberale Tendenzen nicht dauerhaft unterdrückt werden. Auch nationale Gedanken wurden vorangetrieben. Preußen stieg zur dominierenden Macht auf bis hin zur Proklamation des preußischen Königs zum deutschen Kaiser 1871.

Gerade im Gebiet des heutigen Rheinland-Pfalz spielten sich mit dem Hambacher Fest 1832 oder der „Emser Depesche" 1870 Ereignisse von nationaler und weltpolitischer Tragweite ab.

Ich komme dazu, wie jener zu einer Ohrfeige, ich weiß nicht wie. Was soll ich mit den Leuten, und was sollen sie mit mir ... Es ist doch ein wahrer Spott, mir ein Land jenseits des Rheins anzuweisen, und es macht den klugen Seelenverkäufern in Wien verzweifelt wenig Ehre.

(Herzog Peter Friedrich Ludwig, 1815)*

OLDENBURG AN DER NAHE? – SELTSAME ENTSCHEIDUNGEN BEIM WIENER KONGRESS

Nordwestlich des kleinteiligen Stadtkerns von Birkenfeld erstreckt sich ein Stadtbezirk im Bereich Schloss- und Schneewiesenstraße, der auffällt durch eine großzügige Planung und bemerkenswerte klassizistische Bauten, wie die ehem. Infanteriekaserne von 1839/41.

Das zweigeteilte Stadtbild spiegelt bis heute eine kuriose Entscheidung des Wiener Kongresses wider. In Artikel 49 der Schlussakte war festgelegt worden, dass fünf deutsche Fürsten ein Gebiet mit 59.000 Seelen erhalten sollten für besondere Verdienste oder erlittene Nachteile während der Befreiungskriege. Es waren die Herzöge von Oldenburg, Sachsen-Coburg, Mecklenburg-Strelitz, der Landgraf von Hessen-Homburg und der Graf von Papenheim. Zwei ließen sich mit Geld abfinden. Für die drei übrigen entstanden an der Nahe in großer Entfernung von den jeweiligen Stammlanden „drei Staatsgebilde, wie sie die Phantasie eines Tollhäuslers nicht wundersamer ersinnen konnte“, ein Rückfall in die Kleinstaaterei des 18. Jhs. Die Aufteilung wurde durch die Territorialkommission in Frankfurt vorgenommen. Der Landgraf von Hessen erhielt das Gebiet zwischen Nahe und Glan mit Meisenheim, wobei dieses Territorium 1869 an Preußen fiel. Das Gebiet südlich der Nahe mit dem Hauptort St. Wendel, das dem Herzog von Sachsen-Coburg zugefallen war, erhielt den Namen Fürstentum Lichtenberg. Dieses kleine Territorium wurde bereits 1834 durch Kauf preußisch. Herzog Peter Friedrich Ludwig von Oldenburg hatte auf ein Gebiet als Arrondierung seines Landes im Norden gehofft. Die Frankfurter Entscheidung war eine herbe Enttäuschung, sodass er erst einmal ablehnte. Inkognito sondierte ein Oldenburger Bevollmächtigter das Terrain und nach einigem Hin und Her war der Herzog schließlich bereit, die Gebietszuweisung anzunehmen. Den ihm damit verliehenen Titel eines Großherzogs führte er aber aus Verärgerung nicht.

* zit. nach: Klaus Kremb u. Peter Lautzas, Landesgeschichtlicher Exkursionsführer Rheinland-Pfalz Bd. 3 Regierungsbezirk Koblenz, Otterbach 1993, S.170.

Sein neues Territorium mit 20.000 Seelen erhielt den Namen Fürstentum Birkenfeld. Residenzort wurde das Städtchen Birkenfeld.

1817 besuchte der Herzog sein neues Fürstentum, das 500 km vom Stammland, das bedeutete 200 Postkutschenstunden, entfernt war. Zunächst musste eine Oldenburgische Verwaltung aufgebaut werden. In Birkenfeld wurde ein Regierungspräsident eingesetzt, der von einem Kollegium aus fünf Juristen unterstützt wurde. Regierungsgebäude und ein repräsentativer herzoglicher Wohnsitz waren nicht vorhanden, sodass Peter Friedrich Ludwig einen Neubau „in freier, gut gelegener Lage" anordnete, der fürstlicher Wohnsitz und Verwaltungsgebäude zugleich werden sollte. Als sparsamer Landesvater begrenzte er die Ausgaben dafür auf 20.000 Gulden. Das Gelände wurde von Privateigentümern billig verkauft, die sich so der Gunst des Herzogs würdig erweisen sollten.

Als Architekten engagierte man Professor Leonhard Brofft aus Frankfurt. Seine ersten Entwürfe waren zu aufwendig, eine schlichtere Planung war gewünscht. 1819 konnte schließlich der Bau am oberen Ende der Schlossstraße begonnen werden. Zur Beschaffung des Baumaterials eröffnete man einen eigenen Steinbruch, auch Abbruchmaterial fand Verwendung. Das Schloss, ein zweigeschossiger, an der Gartenseite dreiflügeliger Bau, nahm im Obergeschoss die Wohnung des Regierungspräsidenten und des Großherzogs auf. Im Erdgeschoss war ein Teil der Verwaltung des Fürstentums untergebracht. Zur Stadt hin rahmen den Platz vor dem Schloss in der Art eines Ehrenhofes zwei symmetrische Bauten. Sie fallen auf durch große Mittelgiebel, die eine hohe Rundbogenöffnung rahmen. Die Schlossfassade, die sieben Fensterachsen aufweist, ist sehr schlicht gehalten. Der Eingang wird flankiert von zwei schmalen Fenstern. Betont wird der Mittelteil durch einen flachen Giebel über den mittleren drei Achsen.

Das Innere weist eine großzügige Raumaufteilung auf. Zum Obergeschoss führt ein zweiläufiges, zentrales Treppenhaus. Möbel lieferte die damals berühmte Mainzer Kunstmöbelwerkstatt Knussmann, deren Werke auf den Weltausstellungen in London und Paris ausgezeichnet wurden.

Der Bau entspricht in seiner strengen, eleganten klassizistischen Architektur gleichzeitigen Bauten in Oldenburg, die sich wiederum an Dänemark und Berlin orientieren. Dies gilt gleichermaßen für die feine, zurückhaltende Ausstattung mit Stuckdekorationen. 1821 war das Schloss vollendet. Umgeben wird es von einer englischen Parkanlage.

1829 folgte Herzog Paul Friedrich August seinem Vater. Er nahm den Titel Großherzog an. Unter ihm wurde im Fürstentum Birkenfeld die Wehrpflicht eingeführt, die sein Vater ausgesetzt hatte, um dem durch die napoleonischen Kriege verarmten Land zu helfen. Für die Armee wurde in der Achse des Schlosses (Schneewiesen-

Birkenfeld, ehem. Oldenburgische Infanteriekaserne

straße 22) 1842 die Infanteriekaserne errichtet, ein außerordentlich qualitätvoller Bau in schönen klassizistischen Formen, dessen breitgelagerte Fassade eine Gliederung durch Rustika-Quader aufweist. Eine schwere, aufgelegte Umrahmung mit dem oldenburgischen Wappen fasst die drei Eingangsportale zusammen. Neben diesem Bau befand sich bis 1966 das Gefängnis, dessen Architektur in ganz ähnlicher Weise gestaltet war.

Als Teil des Regierungsviertels entstand als einer der letzten Bauten 1910 ein Museum, initiiert vom Großherzog, der darin eine bildungspolitische Aufgabe sah. Das Museum, entstanden aus einem Wettbewerb, lehnt sich an die Architektur römischer Landhäuser an.

Der Zugehörigkeit zu Oldenburg verdankt Birkenfeld eine deutliche Verbesserung der Infrastruktur bis hin zum Aufbau des Schulwesens. In den 87 Gemeinden wurden 60 neue Schulhäuser gebaut, Ausstattung und Lehrerbesoldung waren hervorragend. Regelmäßig besuchten die Großherzöge mit ihren Gattinnen ihr von Oldenburg so weit entferntes Fürstentum. Während des Hambacher Festes 1832 blieb es im Fürstentum Birkenfeld ruhig, ganz im Gegensatz zur Situation 1848, als heftige Revolutionsunruhen das kleine Fürstentum erschütterten. Das Ergebnis war die Einrichtung eines Provinzialrates, der allerdings nur beratende Funktion hatte. Die Staatsverfassung war liberal, Presse- und Religionsfreiheit garantiert. Im Fürstentum bildeten sich zwei Parteien heraus, von denen eine bei Oldenburg bleiben wollte, während die andere das Ziel hatte, sich Preußen anzuschließen, wovon man sich eine Verbesserung der wirtschaftlichen Lage, insbesondere für die aufstrebende Schmuckindustrie, versprach.

Von 1853 bis 1900 regierte Großherzog Nikolaus Friedrich Peter, der während seiner langen Amtszeit zu einer populären Figur wurde, an den verschiedene Orte erinnern, wie die Peterstraße und die Petersquelle. Seine Gemahlin Elisabeth Pauline Alexandrine wurde Schirmherrin des 1885 gegründeten Elisabeth-Krankenhauses.

Für die wirtschaftliche Entwicklung wesentlich war der Bau der Rhein-Nahe-Bahn, die seit den 1840er-Jahren geplant, jedoch erst 1856–1860 realisiert werden konnte. Entscheidende Veränderungen brachte der Erste Weltkrieg, an dessen Ende der Verzicht auf Krone und Regentschaft durch den Großherzog und sein Haus stand. Statt Fürstentum sprach man jetzt von „Provinz“, später von „Landesteil“, der von Regierungspräsidenten verwaltet wurde.

Die Geschichte des Fürstentums Birkenfeld war 1937 zu Ende, als das Territorium zu Preußen geschlagen wurde. Es kam als weiterer Bestandteil der Rheinprovinz hinzu. Auf diese Weise fand eine einerseits kuriose, andererseits für die betroffene Region keinesfalls nachteilige Epoche von doch immerhin fast 120 Jahren ihren Abschluss, deren Spuren in dem kleinen, eleganten Regierungsviertel von Birkenfeld noch zu finden sind.

Literatur

Kunst und Kultur im Birkenfelder Land, Hrsg. Kreissparkasse Birkenfeld, Birkenfeld 1982.

Das Oldenburgische Schloss Birkenfeld, Hrsg. Landkreis Birkenfeld, Idar-Oberstein 2002.

Der Geschmack altritterlicher Burgen ist hier beliebt geworden ... Ich hatte auch diese Pracht betrachtet und wollte eben zu meinem lieben Rhein wieder hinab steigen, als mir noch im Burghofe der mich soweit geleitende Preuße einen dort hängenden modern-altertümlichen Knappenrock zeigte und mir selbstgefällig versicherte: „Wenn der Prinz da sind, gehen wir alle im Mittelalter."

(Carl Gustav Carus, 1835)*

BURG RHEINSTEIN, PRINZ FRIEDRICH UND DIE PREUSSISCHE BURGENROMANTIK

Hoch über dem Rheintal bei Trechtingshausen thront malerisch Burg Rheinstein auf einem steilen Felsen, eine vielgestaltige Anlage mit Türmen, hohen Mauern, Zinnen und Fenstern, gemauert aus Grauwacke. Über einen Serpentinenweg erklimmt man vom Rhein den Burgberg, auch heute noch nur zu Fuß. Ein schweres Burgtor mit Zugbrücke und Fallgatter betont den wehrhaften Charakter. Zentrum ist der mehrgeschossige Wohnturm, zum Rhein hin durch zahlreiche Fenster geöffnet. Zwei Türme rahmen die Fassade. Gärten und Terrassen innerhalb des Burgberings bieten Orte der Muße und Erholung. Außerhalb des Zwingers steht auf hohen Substruktionen die elegante Kapelle, errichtet in filigranen neugotischen Bauformen.

Burg Rheinstein hieß ursprünglich Faits- oder Fautsberg. Der Mainzer Erzbischof Peter von Aspelt (reg. 1306 – 1320) erbaute sie im frühen 14. Jh. als Gegenburg zur benachbarten Burg Reichenstein, um so die Zollstätten innerhalb des Verteidigungssystems des Mainzer Territoriums am südlichen Mittelrhein zu sichern. Bald schon verlor die Burg jedoch ihre strategische Bedeutung und war dem allmählichen Verfall preisgegeben. Als Prinz Friedrich von Preußen die Burg im frühen 19. Jh. kennenlernte, stand sie als Ruine; die Steine wurden als Baumaterial verwendet.

Prinz Friedrich wurde 1794 als Sohn des Prinzen Ludwig, Bruder König Friedrich Wilhelms III. von Preußen und Prinzessin Friederike von Mecklenburg-Strelitz, Schwester der Königin Luise, geboren. Nach dem frühen Tod des Vaters 1798 wurde

* Carl Gustav Carus, Reisen und Briefe, ausgewählt von E. v. Sydow, 2. Teil, Leipzig o. J., zit. nach: Ursula Rathke, Preußische Burgenromantik am Rhein, München 1979, S. 33.

Friedrich zusammen mit den Söhnen des Königs erzogen. Dies führte zu einer lebenslangen engen, freundschaftlichen Verbindung der Vettern. Der Prinz schlug die militärische Laufbahn ein und konnte sich in den Kriegen gegen Napoleon erstmals bewähren. So nahm er am legendären Rheinübergang Blüchers bei Kaub in den ersten Januartagen des Jahres 1814 teil (s. Kaub S.156).

Seit einer Rheinreise 1815 zusammen mit den königlichen Cousins galt seine Liebe dieser Landschaft ganz im Sinne der Rheinromantik. Der Zauber des Mittelrheintals ließ ihn nicht mehr los. Nach der Niederlage Napoleons waren die linksrheinischen, ehemals französisch besetzten Gebiete neu geordnet worden. Die Rheinlande kamen zu Preußen. Prinz Friedrich wurde 1821 zum Kommandeur der in Düsseldorf stationierten 14. Division ernannt, eine Stellung, die er bis 1848 innehatte. Von Düsseldorf aus war er in der Lage, sich einen schon lange gehegten Wunsch zu erfüllen: den Besitz einer Rheinburg.

So erwarb er 1823 die Ruine und nannte sie Rheinstein. Sie sollte zu einem Sommersitz ausgebaut werden. Von der Burg waren damals noch die Mauern des Hauptbaus mit den beiden flankierenden Türmen sowie Teile der Zwingermauer erhalten, Dächer und Fenster fehlten.

Mit der Bauaufnahme und ersten Planungen wurde der Koblenzer Architekt und Bauinspektor Johann Claudius von Lassaulx beauftragt. Prinz Friedrich wünschte einen weitgehenden Erhalt der Ruine. Der Charakter einer mittelalterlichen Burg sollte deutlich werden. Damit waren dem Ausbau enge Grenzen gesetzt. Die erste Lassaulxsche Planung wurde verworfen, da zu viel neugebaut werden sollte. Lassaulxs Mitarbeiter Wilhelm Kuhn führte den Ausbau weiter, der 1829 vollendet war. Im Hauptbau wurden auf drei Etagen Wohnräume für den Prinzen und seine Familie, seine Frau Luise, geborene Prinzessin von Anhalt-Bernburg, die er 1817 geheiratet hatte, und die beiden Söhne Alexander und Georg geschaffen. Der Rittersaal als Hauptraum entsprach dem romantischen Mittelalterbild des Prinzen. Die beengten Raumverhältnisse ließen eine fürstliche Hofhaltung kaum zu. Die Unbequemlichkeiten wurden aber gerne in Kauf genommen, glaubte man doch so die Härten des Lebens in früheren Zeiten zu verspüren. Räume für Dienerschaft und Gäste wurden in den Nebengebäuden untergebracht. Die Inneneinrichtung war dem äußeren Erscheinungsbild angepasst. So wurden die Fenster mit historischen Scheiben verglast, die vornehmlich aus dem Kölner Kunsthandel stammten. Scheiben unterschiedlicher Zeiten, Themen und Herkunft wurden in den Fenstern zusammengefügt. Entscheidend war die historische Assoziation, die Stimmung, die damit bewirkt wurde. So hat sich in Rheinstein bis heute ein bemerkenswerter Bestand originaler Scheiben des 15.–18. Jhs. erhalten.

Das Gesamtbild der Innenräume wird maßgeblich durch die Wandgestaltung bestimmt. Der Düsseldorfer Dekorationsmaler Ludwig Pose bemalte die Räume mit

Rheinstein, Burg
(hist. Aufnahme)

illusionistischen Stuckdekorationen an Wänden und Decken, die durch meisterhafte Licht- und Schatteneffekte wirken. Ergänzt wird die Wanddekoration durch Holzvertäfelungen mit feinem neugotischem Maßwerk. Prinz Friedrich besaß eine umfangreiche Sammlung von historischen Möbeln, Gemälden und Waffen. Damit stattete er Rheinstein aus und vermittelte so das Bild einer über lange Zeit gewachsenen kostbaren Einrichtung.

Nach 1842 ließ Prinz Friedrich außerhalb des Burgberings eine Kapelle nach Plänen des Wiesbadener Architekten Philipp Hoffmann errichten. Der Wunsch des Bauherrn, „dass er im Tode dort gerne ruhen möchte, wo er so gern gelebt." war Motivation für den Bau. Die filigranen neugotischen Detailformen, sowohl der Fassade als auch des Sternengewölbes im Inneren, zeugen von hoher bildhauerischer Qualität. Im Unterbau der Kapelle befindet sich eine Gruft, in der der Prinz, seine Frau und ihr Sohn Georg ihre letzte Ruhestätte fanden.

Prinz Friedrich und seine Familie nutzten Rheinstein über viele Jahre als Sommersitz. Man lebte hier das Ideal romantischer Burgenbegeisterung, ging im Binger Wald auf die Jagd, kleidete sich entsprechend, bestritt ritterliche Turniere auf einem nahe gelegenen Turnierplatz. „Wenn der Prinz da sind, gehen wir alle im Mittelalter". So beschrieb ein Diener 1835 das Leben auf der Burg gegenüber dem Reisenden Carl Gustav Carus. Die königlichen Cousins waren häufig auf Rheinstein zu Gast, teilten sie doch die Begeisterung für das Rheintal und waren selbst Besitzer von Burgruinen. Um die Gäste unterbringen zu können, wurde nach 1842 das Schweizerhaus, etwa 1 km von der Burg entfernt, gebaut, ein zweigeschossiges Blockhaus in alpenländischem Stil. Nicht alle Besucher empfanden diese Lebensweise erstrebenswert. So schrieb Fanny Hensel, Schwester von Felix Mendelssohn-Bartholdy: „Da sind Becher, aus denen man nicht trinkt, Schwerter, die man nicht zieht, Stühle, die man nicht besetzt, allerliebst anzusehen und gräßlich zu bewohnen."

Von Anfang an war Rheinstein für Besucher geöffnet. Die erste gedruckte Beschreibung der Burg und ihrer Ausstattung entstand schon 1832 kurz nach Vollendung des Ausbaus. Durch die dramatische Lage auf dem Felsen, ihre Ausstattung und ihre Geschichte gehörte sie im 19. Jh. zu den beliebtesten Burgen und galt als die Ritterburg schlechthin.

Zum sehr persönlichen Interesse kam auch ein politischer Aspekt. Das preußische Königshaus war bestrebt, in der jungen Rheinprovinz, weit ab von der Hauptstadt Berlin, Präsenz zu zeigen, denn das Verhältnis zwischen den vorwiegend katholischen Rheinländern und den protestantischen Preußen war nicht ohne Spannungen. So erwarben Mitglieder des preußischen Königshauses weitere Burgen, u.a. Stahleck, Rheinfels, Fürstenberg, Rolandseck. Schloss Stolzenfels wurde für König Friedrich Wilhelm IV. ausgebaut, Sooneck für die Prinzen Albrecht, Wilhelm und Carl.

Burg Rheinstein ist der früheste Burgenausbau am Rhein und prägt damit maßgeblich das Bild des Rheintales. Heute ist die Burg in Privatbesitz und kann besichtigt werden. Mittelalter, 19. Jh. und die Rheinromantik in ihrer preußischen Ausprägung sind hier gegenwärtig.

www.burg-rheinstein.de

Literatur

Ernst Dietrich Baron von Mirbach, Prinz Friedrich von Preussen, Köln 2006.

Ulrike u. Joachim Glatz, Burg Rheinstein, Regensburg 2012.

„Hinauf, Patrioten! Zum Schloß, zum Schloß! Hoch flattern die deutschen Farben: Es keimet die Saat und die Hoffnung ist groß, schon binden im Geiste wir Garben: Es reifet die Aehre im goldem Rand, Und die golde Erndt` ist das – Vaterland".

(Philipp Jakob Siebenpfeiffer 1832)*

DAS HAMBACHER SCHLOSS – VON DER BISCHÖFLICHEN BURG ZUM FREIHEITSSYMBOL

Durch den charakteristischen gelben Sandstein beherrscht die Ruine des Hambacher Schlosses den Gipfel eines bewaldeten Vorhügels am Haardtrand. Die im Lauf der wechselvollen Geschichte auch als „Kästenburg" bzw. „Maxburg" bezeichnete Anlage hat vor allem durch das Hambacher Fest im Jahr 1832 besondere Berühmtheit erlangt.

Das Fest fand zu einem Zeitpunkt auf dem Hambacher Schloss statt, als sich nur die Ruine der ehemaligen, sog. „Kästenburg" (Kastanienburg) auf dem Berg befand. Funde auf dem Burggelände lassen den Schluss zu, dass es hier bereits im 3./4. Jh. zu römischen Ansiedlungen kam. In der ersten Hälfte des 11. Jhs. wurde innerhalb bereits bestehender Mauerteile eine salische Burg mit einem Bergfried erbaut. Diese vererbte Bischof Johannes I. von Speyer (1090–1104) 1100 testamentarisch dem Speyerer Domstift. Zwischenzeitlich wurde die Kästenburg zu einer der bedeutendsten Befestigungen des Stifts und erfuhr immer wieder umfangreiche Aus- und Umbauten, so besonders im 12. Jh. Der ungewöhnlich hohe, fünfgeschossige Palas wurde geschützt durch drei Ringmauern, sodass eine monumentale Burganlage entstand. Die Speyerer Bischöfe nutzten die Kästenburg gerne als Aufenthaltsort. In den folgenden Jahrhunderten verlor die Burg an Bedeutung und fiel im 15. Jh. Plünderungen und Brandzerstörung zum Opfer. Im Jahre 1688 kam es zur Schleifung der verlassenen Burg durch die Truppen Ludwigs XIV. im Pfälzischen Erbfolgekrieg. 1822/23 wurde die Ruine an 16 Bürger verkauft, allerdings unter der Bedingung sie „ nicht weiter zu demolieren". Nach dem Wiener Kongress kam die Pfalz als sog. Rheinkreis zu Bayern, die Begeisterung in der Bevölkerung war anfangs groß.

* Lied, gedichtet von Philipp Jakob Siebenpfeiffer für 300 Handwerksburschen, wurde auf dem Weg zum Hambacher Fest 1832 gesungen, zit. nach: Johann Georg Wirth, Das Nationalfest der Deutschen zu Hambach, S. 12f.

Hambach, Schloss, Ausbauprojekt, Stahlstich um 1845

Als 1829 König Ludwig I. mit seiner Gemahlin das neue Territorium besuchte, wurde er freudig begrüßt. Es gab glanzvolle Empfänge, deren Kosten noch Jahre später auf den Gemeinden lasteten. Missernten brachten die agrarisch ausgerichtete Pfalz in diesen Jahren in eine besondere Notlage, hinzu kam eine dramatische Überschwemmung 1831, die zu viel Elend führte. Der Boden für eine revolutionäre Stimmung war somit vorhanden.

Dem Hambacher Fest im Mai 1832 ging die Ausbreitung einer neuen öffentlichen Festkultur voraus, beeinflusst vor allem durch die Französische Revolution. Die Zeit war geprägt von einer weitreichenden Publizistik und einer immer stärker werdenden Vereinsbewegung. Insbesondere Jakob Philipp Siebenpfeiffer (1789–1845) und Georg August Wirth (1798–1848) taten sich als Hauptredner des Hambacher Festes hervor. Siebenpfeiffer war ehemals bayerischer Landkommissär, wurde aufgrund seiner oppositionellen Haltung jedoch aus dem Staatsdienst entfernt. Anschließend fungierte er als Herausgeber mehrerer liberaler Zeitschriften und profitierte auch von der zu dieser Zeit noch lockeren Pressezensur. Wirth war Gründer des Deutschen Preß- und Vaterlandsvereins, von dem das „Nationalfest der Deutschen" auf der Burgruine organisiert wurde. Ziel des Vereins war es, der Pressefreiheit durch eine gesamtdeutsche Organisation zum Durchbruch zu verhelfen, denn der verschärften Zensur waren mittlerweile fortschrittliche Zeitungen zum Opfer gefallen.

Für den 27. Mai 1832 wurde auf das Hambacher Schloss zu einem Fest eingeladen, das der bayerische Regierungspräsident zunächst verbot. Auf massiven Protest verschiedener Seiten erfolgte die Rücknahme des Verbots. So versammelten sich die Teilnehmer auf dem Marktplatz in Neustadt. Es kam zu einem bis dahin einmaligen Festzug mit vielen tausend Besuchern, die unter Musikbegleitung auf die Schlossruine zogen und im Vorgelände zusammenströmten. Zum ersten Mal wehten Fahnen in Schwarz – Rot – Gold in der Menschenmenge, angelehnt an die Farben des Lützowschen Freikorps in den Befreiungskriegen gegen Napoleon. Die Teilnehmer setzten sich vor allem aus Rheinpfälzern, insbesondere notleidenden Winzern, zusammen. Auch Bewohner der umliegenden Staaten, z. B. polnische Emigranten, die sich gegen die russische Unterdrückung aufgelehnt hatten, nahmen an der Veranstaltung teil. Das Fest war geprägt von neuen patriotischen Liedern und Reden, in denen ein besonderes Nationalgefühl zum Ausdruck kam, sowie Freiheit und Einheit für Deutschland gefordert wurden. Siebenpfeiffer und Wirth griffen in ihren Reden die Fürsten und ihre Regierungen teilweise heftig an. Immer wieder betonten sie den Zusammenhang der europäischen Freiheitskämpfe.

Die gemischte Sozialstruktur der Teilnehmer schlug sich auch in sozialrevolutionären Tönen nieder und einer spürbar wachsenden Distanz zum gemäßigten Liberalismus. Alles in allem sind die Bedeutung des Liedguts, der Farben und der Festsymbolik an sich hervorzuheben, die das Hambacher Fest und seine Ideen mit Hilfe der bereits bestehenden Presseorgane weit über den Tag hinaus verbreiteten und die politischen Feste zum Bestandteil der deutschen Demokratietradition werden ließen. Das Hambacher Fest gehörte mit 20.000–30.000 Besuchern nicht nur zu den größten seiner Zeit, sondern wurde zum Symbol einer Demokratie- und Freiheitsbewegung.

Die Teilnehmer konnten sich nach dem Ende des Festes am 30. Mai nicht auf eine gemeinsame Linie einigen. Wirth und Siebenpfeiffer wurden 1832 wegen Hochverrats verhaftet. Der Prozess endete für beide mit Freispruch und einer erneuten Anklage wegen Beleidigung der Behörden. Beide wurden zu zwei Jahren Haft verurteilt, Wirth saß seine Strafe ab und ging anschließend in die Schweiz ins Exil. Siebenpfeiffer floh und lebte ebenfalls im Exil in der Schweiz. Die Demokratie- und Einheitsbewegung wurde in den folgenden Jahren immer wieder durch repressive Maßnahmen unterdrückt.

Für das Hambacher Schloss begann ab 1842 eine neue Zeit. Zur bevorstehenden Hochzeit des Kronprinzen Maximilian suchte die Pfalz ein besonderes Hochzeitsgeschenk. Man hielt das Hambacher Schloss für eine sinnvolle Wahl, wollte damit zeigen, dass sich die Pfälzer gewandelt hatten, die Vorfälle der Vergangenheit – das Hambacher Fest – sollten damit gesühnt werden. Am Hochzeitstag fand eine Versammlung statt, die Ruine wurde fortan als „Maxburg“ bezeichnet. Sie sollte nach den Plänen von Oberbaurat August von Voit ausgebaut werden. Der Umbau geriet

1846 ins Stocken, denn er war zu teuer und der Kronprinz konnte sich nicht uneingeschränkt dafür begeistern. Es war schon zu einer erheblichen Umgestaltung der Wohnbauten im Norden und Osten gekommen, die Mantelmauer für den Neubau des Südflügels war bereits teilweise beseitigt. In den folgenden Jahrzehnten kam es nur zu kleineren Ausbesserungsarbeiten, sodass das Schloss zunehmend dem Verfall zum Opfer fiel.

So wechselvoll sich die Geschichte des Hambacher Schlosses von der ersten römischen Höhensiedlung über die Burg der Speyerer Bischöfe hin zur Maxburg und den umfangreichen Umbauten bis zum aktuellen Projekt Max Dudlers darstellt, so bleibt sie vor allem das Symbol der aufkeimenden Demokratiebewegung im 19. Jh. und Schauplatz eines der größten politischen Feste seiner Zeit.

Julia Glatz

www.hambacher-schloss.de

Literatur

Clemens Jöckle – Joachim Kermann, Das Hambacher Schloß, München/Zürich 1982.

Hambacher Fest 1832–1982, Ausst. Kat. Neustadt, Mainz 1982.

Hier hatten die Römer ein Castrum auf einem weit vorragenden Plateau ... Vom Römischen ist nichts mehr übrig als eine Menge Münzen, die täglich im Acker gefunden werden. Aber im Mittelalter hat sich eine Eremitage an diesen Felswänden etabliert, die mit allerlei wunderlichen Höhlen, Treppen, Kapellen p.p. am schönen Abhang einen reizenden Ort bildet, der häufig von Fremden besucht wird.

(Karl Friedrich Schinkel, Reisetagebuch 1826)*

KLAUSE KASTEL – DER BLINDE KÖNIG JOHANN UND EIN ROMANTISCHER KRONPRINZ

Südlich von Saarburg, rund 200 m hoch über der Saar, liegt auf einem großen, langgestreckten Sandsteinplateau der Ortskern des Dorfes Kastel. Die ausgeprägte und landschaftlich einmalige Situation veranlasste die Menschen zu allen Zeiten hier zu siedeln, wobei der Name Kastel auf eine Befestigung hinweist, die es bereits in keltischer Zeit gab. Die natürliche Festung der Hochfläche wurde genutzt und ausgebaut. In römischer Zeit verlor das keltische Oppidum seine Bedeutung, da die römischen Fernstraßen einen anderen Verlauf nahmen. Zahlreiche Funde belegen jedoch die Anwesenheit der Römer an diesem Ort südlich der Hauptstadt Trier.

Ein wohl schon in vorchristlicher Zeit kultisch geprägter Ort ist der über das Tal der Saar vorspringende Felsen am Rand des Plateaus, der spätestens seit romanischer Zeit bearbeitet wurde. Damals entstanden durch Aushöhlung des Felsens Kammern, Nischen und andere Räume. Ziel war es, angeregt durch die Kreuzzüge, die wichtigsten Orte in Jerusalem hier darzustellen. So gibt es ein Heiliges Grab, eine Kreuzauffindungskapelle und eine Kreuzkapelle. Eine Rolle hierbei dürfte die Zugehörigkeit von Kastel zum Benediktinerkloster St. Matthias in Trier gespielt haben, ebenso die dortige Verehrung der hl. Helena, der Mutter Konstantins d. Großen, die der Legende zufolge das Kreuz Christi entdeckt hatte.

Um 1600 baute der französische Eremit Ruméry, ein Franziskanerbruder, auf dem Felsvorsprung eine zweigeschossige Kapelle in nachgotischen Formen, die im Kern erhalten geblieben ist. Noch im 18. Jh. lebten hier Eremiten, bis die Klause in französischer Zeit an Bedeutung verlor und dem Verfall preisgegeben wurde. 1833 besuchte der preußische Kronprinz, der spätere König Friedrich Wilhelm IV., Kastel und die

* zit. nach: Eva Brues, Die Rheinlande, Karl Friedrich Schinkel Lebenswerk, Berlin 1968, S. 183.

Ruine. Man erkannte dort seine Neigung zu Altertümern und schenkte ihm die Klause. Friedrich Wilhelm war vorher zu Gast bei dem Industriellen und Steingutfabrikanten J. F. Boch-Buschmann in Mettlach, wo ihm die Gebeine des blinden Königs Johann von Böhmen überlassen worden waren. So lag der Gedanke nahe, die Klause für den aus dem Hause Luxemburg stammenden König als Grablege herrichten zu lassen. Mit dem Projekt wurde Karl Friedrich Schinkel, der Leiter der preußischen Baudeputation, beauftragt, wobei sich der Kronprinz intensiv um die Planung kümmerte und viele Anregungen einbrachte.

Klause Kastel, mit Grabkapelle für König Johann von Böhmen (links)

Johann Graf von Luxemburg war der Sohn Kaiser Heinrichs VII. und Neffe Erzbischof Balduins von Trier (s. Koblenz, Balduinsbrücke S. 66). Der Kaiser belehnte seinen vierzehnjährigen Sohn mit dem Königreich Böhmen, einem der wirtschaftlich reichsten Reichsterritorien, und verheiratete ihn, um die Legitimation zu sichern, mit der böhmischen Prinzessin Elisabeth, der Tochter des verstorbenen Königs Wenzeslaus II. 1346 wurde der Sohn Johanns, Karl, in Rhens (s. Rhens S. 69) als Karl IV. zum deutschen König gewählt. Damit kehrte das Haus Luxemburg wieder zu seiner Vormachtstellung im Reich zurück. Als die Engländer 1346 in Frankreich landeten, zog Johann, der seit 1342 erblindet war, als Verbündeter Frankreichs – das Haus Luxemburg war familiär mit dem französischen Königshaus verbunden – zu Felde und fiel in der Schlacht von Crecy. Der Legende nach ließ sich Johann, als die Schlacht für Frankreich verloren war, auf das Schlachtfeld führen und wurde dort getötet.

Sein Leichnam wurde nach Luxemburg gebracht und im Benediktinerkloster Altmünster beigesetzt. Infolge kriegerischer Ereignisse musste der Sarkophag in der Folgezeit in verschiedene Klöster gebracht werden, bis die Gebeine 1795 in den Besitz der Familie Boch in Mettlach gelangten.

Der preußische Kronprinz war nicht nur am tragischen Schicksal Johanns von Böhmen interessiert. Der blinde König war ein Glied sowohl im Stammbaum der Hohenzollern als auch in dem der Wittelsbacher. Es gab somit eine gemeinsame persönliche Beziehung zu ihm selbst und seiner Frau, der Tochter des bayerischen Königs.

Der Besitz der Gebeine Johanns von Böhmen und die Schenkung der Klause fügten sich somit sehr gut zusammen. Als Dank für die Überlassung erhielt die Gemeinde Kastel ein neues Schulhaus, das bis heute den Namen Schinkel-Schule trägt.

Seit 1835 arbeitete Schinkel am Umbau der Klause, wobei das Mauerwerk der Kapelle aus dem 17. Jh. erhalten blieb. Das Material war roter Sandstein, der Umgebung angepasst. Der Bau sollte malerisch in die Landschaft eingefügt werden, „klausartig, malerisch angeklebt". Auf Wunsch des Kronprinzen entstanden über der Kapelle wieder ein zweites Geschoss mit neoromanischen Drillingsfenstern, ebenso ein Turm in entsprechenden Stilformen. Der Kapellenbau war schnell vollendet, Schwierigkeiten bereitete jedoch der Sarkophag für die Gebeine Johanns, der im Untergeschoss aufgestellt werden sollte. Schinkel entwarf einen schlichten Steinsarkophag, der Umgebung angepasst. Doch Kronprinz Friedrich Wilhelm hatte sich inzwischen intensiv mit der Geschichte des blinden Königs beschäftigt und wünschte eine repräsentativere Ausführung. Schinkels zweiter Entwurf, der dann auch umgesetzt wurde, sah über dem Sarkophag eine in eine Marmorplatte eingelassene Bronzeplatte vor mit einer ausführlichen Inschrift über das Schicksal Johanns. Vier Bronzelöwen mit Wappenschilden, auf denen der Luxemburger Löwe dargestellt ist, tragen diese Platte. Darauf liegt als Zeichen des Königs die böhmische Krone, dazu der Reichsapfel. Der Kronprinz bestimmte als Vorbild die sog. Böhmenkrone aus der Münchner Schatzkammer, die allerdings eine Frauenkrone des 14. Jhs. ist. Friedrich Wilhelm hatte in allen Belangen die letzte Entscheidung. Er sah sich die fertigen Teile in der königlichen Eisengießerei in Berlin an, wo die Bronzeteile angefertigt wurden. Im Mai 1838 konnte der Sarkophag in der Klause aufgestellt werden, am 26. August fand die feierliche Beisetzung der Gebeine König Johanns statt. An die Westwand der Kapelle wurde ein Stammbaum gemalt, der die verwandtschaftliche Beziehung zwischen König Johann von Böhmen, Friedrich Wilhelm und seiner Gattin nochmals deutlich macht. Friedrich Wilhelm IV., mittlerweile preußischer König, besuchte 1842, von der Grundsteinlegung zum Weiterbau des Kölner Domes kommend, die Klause. Er vermisste den sakralen Charakter und stiftete deshalb noch einen Altar, um das Ensemble zu vollenden. Der Ausbau der Klause Kastel zeigt die romantische Mittelalter-Begeisterung des Kronprinzen in besonders eindrucksvoller Weise.

Anzumerken bleibt, dass die Gebeine des blinden Königs 1946 von französischen Besatzungssoldaten von Kastel nach Luxemburg gebracht und im dortigen Dom beigesetzt wurden.

www.region-saarobermosel.de

Literatur

Werner Bornheim, gen. Schilling, Klause bei Kastel, Mainz 1979.

Hans Nortmann u. Andreas Peiter, Kastel-Staadt, Köln 2004.

Dort Rolandseck schon! Von des Rheines Wogen
Zur andern Seit´ wend´ ich schnell den Blick; –
Ich schau´ empor; – ich fahr´ entsetzt zurück. –
O Gott, o Gott, verschwunden ist der Bogen!

(Ferdinand Freiligrath, 1840)*

DER ROLANDSBOGEN – EIN DICHTER UND DIE PREUSSISCHE PRINZESSIN

Hoch über dem Rhein bei Remagen steht weithin sichtbar ein großer überwucherter Bogen, dessen Geschichte eng verbunden ist mit der Rheinromantik im 19. Jh.; der Rolandsbogen, einer der wenigen Reste der Burg Rolandseck.

Burg Rolandseck, wohl im 12. Jh. vom Erzbischof von Köln erbaut als Demonstration der Macht und zum Schutz des Klosters Rolandswerth, heute Nonnenwerth, unterhalb auf einer Insel im Rhein, das vermutlich gleichzeitig mit der Burg vom Kölner Erzbischof gegründet wurde, da in seinem Bistum nach eigenem Bekunden kaum ein Nonnenkloster existierte. Die kleine Burganlage mit einem Palas, Bergfried und mehreren Türmen bestand bis in das frühe 17. Jh., bewohnt von einem Burgvogt und wenigen Dienstmannen des Kölner Erzbischofs. Sehr bald begann die Zerstörung, denn die Äbtissin von Rolandswerth konnte mit Steinen der ruinösen Burg ihre Insel befestigen. 1673 brachte ein Erdbeben weitere Mauern zum Einsturz, sodass nur ein Mauerrest mit einem hohen Bogen, vermutlich von einem Fenster, übrig blieb. Dieser wurde Rolandsbogen genannt und gehörte zu den beliebtesten Motiven der Rheinromantik, zumal seit dem 18. Jh. eine Sage damit verknüpft wurde:

Roland, ein Neffe Karls d. Großen, war Hildegund versprochen. Auf einem Kriegszug wurde er verletzt und für tot gehalten. Als Hildegund dies erfährt, entsagt sie der Welt und tritt in das Kloster Rolandswerth ein. Roland jedoch kehrt nach Hause zurück und hört von dem ewigen Gelübde Hildegunds; er lässt auf dem über dem Kloster gelegenen Berg die Burg bauen, durch deren Fenster er bis zu seinem Tod auf das Kloster schauen konnte. Die Sage ist in verschiedenen Varianten auch an anderen Orten verbreitet, hier jedoch beflügelte besonders die landschaftliche Gegebenheit mit Kloster und Burgruine die Fantasie der Romantiker.

---

* zit. nach: Ansgar Sebastian Klein, Ferdinand Freiligrath, Ernst Friedrich Zwirner und der Wiederaufbau des Rolandsbogens, in: Kölner Domblatt 75, 2010, S. 238.

Remagen, Rolandsbogen (hist. Aufnahme)

Auf dem Wiener Kongress wurde das Mittelrheingebiet Preußen zugesprochen. Der Rolandsbogen als ehemaliger kurkölnischer, dann französischer Besitz ging an den Preußischen Staat. Man war sich der Verantwortung bewusst, ließ den Weg zur Ruine, die ein besonders beliebtes Ausflugsziel geworden war, wegen ihres außerordentlichen Blicks über das Rheintal, in Ordnung bringen und Bänke aufstellen. 1831 wurde die Ruine von einem Herrn von Pomowitz, Geheimer Kriegsrath, erworben. Er gab sie noch im selben Jahr weiter an Prinzessin Marianne von Preußen, Gemahlin des jüngsten Bruders von König Friedrich Wilhelm III.

Das preußische Königshaus hatte seit 1815 mehrere Burgruinen am Rhein erworben (s. Rheinstein S. 172), um in seinem neuen Territorium, weit entfernt vom Stammland und der Hauptstadt Berlin, Fuß zu fassen und Präsenz zu zeigen. In diese Politik waren verschiedene Familienmitglieder eingebunden. Der Kauf des Rolandsbogens durch die preußische Prinzessin blieb allerdings zunächst geheim.

In den 1830er-Jahren hatte auch der Dichter Ferdinand Freiligrath den Weg an den Rhein gefunden. Geboren 1810 in Detmold, begann er eine kaufmännische Ausbildung und arbeitete in Amsterdam. Daneben schrieb er erste Gedichte. Die Mischung aus Exotik, Abenteuer und Pathos fand großen Anklang. Nach dem Erfolg seines ersten Gedichtbandes entschloss er sich 1839 den Kaufmannsberuf aufzugeben und als freier Schriftsteller zu leben. Der romantische Rhein war sein Ziel, hier wollte er mit Freunden in einer Arbeitsgemeinschaft leben.

In einer stürmischen Nacht vom 28./29. Dezember 1839 stürzte der letzte aufrecht stehende Mauerteil mit dem Bogen ein. Anfang Januar 1840 fuhr Ferdinand Freiligrath auf dem Weg von Köln nach Unkel am Rhein entlang. In der Nähe des Rolandsbogens wollte er Mitreisenden in der Postkutsche die Sage erzählen, als er zu seinem Entsetzen bemerkte, dass der Bogen nicht mehr stand. Zu Hause angekommen, beschrieb er diesen Moment dramatisch in einem Gedicht, noch ganz unter dem Eindruck des Geschehens. Verbunden war darin die romantische Schilderung des Bogens mit dem Aufruf zu Spenden für den Wiederaufbau. Wenige Tage später veröffentlichte die Kölnische Zeitung das Gedicht, binnen kurzer Zeit trafen von überall Spenden ein. Zu diesem Zeitpunkt erfuhr Freiligrath, dass Prinzessin Marianne von Preußen die Eigentümerin der Ruine war. Sofort wurde er sich der Problematik der Situation bewusst. Die Prinzessin verfügte über ausreichende Mittel und würde sich wohl selbst um ihren Besitz kümmern. In dieser prekären Situation war diplomatisches Geschick vonnöten, wenn das Projekt nicht scheitern sollte.

Freiligrath sah nun die Notwendigkeit, „... dem Frauenzimmer einen Fußfall thun! – Sie muß einsehen, daß es schöner ist, wenn das Volk den Bogen wieder aufbaut.“, wie er einem Freund schrieb. Die Spenden waren schon reichlich geflossen, als die Antwort der Prinzessin eintraf. Sie wollte den Bogen mit eigenen Mitteln aufbauen, die Spendengelder sollten zur Verschönerung der Umgebung der Ruine verwendet werden. Damit hatte sie keine befriedigende Lösung angeboten. Freiligrath wandte sich erneut an die Prinzessin, um das Vorhaben doch noch zu retten, indem er den „poetischen Zunder im Volk“ sah. Zwischenzeitlich hatte sich ein „ Comité“ zur Verwaltung der Spendengelder gegründet. Durch Vermittlung verschiedener mit der Prinzessin bekannter Personen konnte im April 1840 das „poetische Unternehmen“ doch noch in Gang gebracht werden. Prinzessin Marianne stimmte offiziell zu, dass die Restaurierung mit Spendengeldern finanziert werden könne. Ihren eigenen Anteil übergab sie für eine Schule in Rolandswerth.

Für den Wiederaufbau konnte der Kölner Dombaumeister Friedrich Ernst Zwirner gewonnen werden. Im Laufe des Sommers wurden die Bauarbeiten nach seinem Entwurf in Angriff genommen. Zwirner hatte einen sehr einfachen, hohen Bogen geplant, orientiert am eingestürzten Bau und an der überlieferten, schlichten Architektur der Burg. Beide noch stehenden Pfeiler des Bogens wurden grundlegend stabilisiert und das Halbrund darüber geschlossen. Probleme gab es, als Arbeiter eigenmächtig eine moderne Treppe bauten, um den Besuchern den Zugang zu erleichtern. Freiligrath, der ebenso wie Zwirner den originalen Charakter erhalten bzw. wiederherstellen wollte, hat sich „in großem Zorn seinen Bart gestrichen und sämtliche Arbeiter bis auf weitere Einberufung zum Teufel gejagt." Nach einigen Auseinandersetzungen wurde die Treppe wieder abgerissen. Im September endlich stand der Bogen. Nach Abrechnung der Gesamtbaukosten blieb noch ein Überschuss, der in die Mariannenstiftung der Prinzessin ging.

Prinzessin Marianne begegnete Ferdinand Freiligrath persönlich ein Jahr später bei einem Besuch in Darmstadt. Sie wollte den „Rolandsknappen" kennenlernen. Möglicherweise hat auch ihre Fürsprache dazu beigetragen, dass König Friedrich Wilhelm IV. Freiligrath ein kleines Gehalt aussetzte. Freiligraths weiterer Weg nach dieser schönen, romantischen Phase war mühevoll. Aufmerksam geworden auf Missstände, nahm er aktiv an der Revolution 1848 teil, musste später nach England emigrieren. Er machte die Bekanntschaft von Karl Marx (s. Trier, Karl-Marx-Haus S. 187) und Friedrich Engels, mit denen er zeitweise zusammen arbeitete. Im Kölner Kommunistenprozess war er in Abwesenheit neben Marx und Engels angeklagt. Erst nach einer Amnestie konnte er mit seiner Familie nach Deutschland zurückkehren. Er starb 1876 in Cannstadt. Seine Rettung des Rolandsbogens blieb unvergessen.

Nach dem Tod von Prinzessin Marianne erbte ihre Tochter, Prinzessin Elisabeth von Hessen, die Ruine mit dem Rolandsbogen. Mit Einverständnis des Großherzogs von Hessen wurde am Ende des 19. Jhs. eine kleine Restauration eingerichtet, um die vielen Besucher zu bewirten.

Der Rolandsbogen steht heute noch hoch über dem Rhein, Erinnerung an eine der ersten Bürgerinitiativen zum Denkmalschutz, mit der auf breiter Ebene das Interesse am historischen Erbe geweckt wurde.

Literatur

Josef Ruland, Der Rolandsbogen in Remagen-Rolandseck, Köln 1990.

Ansgar Sebastian Klein, Ferdinand Freiligrath, Ernst Friedrich Zwirner und der Wiederaufbau des Rolandsbogens, in: Kölner Domblatt 75, 2010, S. 226–259.

Die unterzeichnete Prüfungs-Kommission hat ihm demnach, da er jetzt das hiesige Gymnasium verläßt um Jurisprudenz zu studieren, das Zeugnis der Reife erteilt und entläßt ihn, indem sie die Hoffnung hegt, daß er den günstigen Erwartungen, wozu seine Anlagen berechtigen, entsprechen werde.

(Reifezeugnis von Karl Marx, 1835)*

KARL MARX – VOM TRIERER BÜRGERSOHN ZUM VERFASSER DES „KOMMUNISTISCHEN MANIFESTS"

Als am 5. Mai 1818 Karl Marx als Sohn des Trierer Rechtsanwalts Heinrich Marx in der heutigen Brückenstraße 10 das Licht der Welt erblickte, konnte sich sicherlich niemand vorstellen, dass er einmal nicht nur zum berühmtesten Trierer werden würde, sondern auch die Weltgeschichte nachhaltig beeinflussen sollte. Die Geschichte des Hauses liest sich ähnlich spannend, wie die ihres berühmten Bewohners.

Um das Jahr 1727 wurde das heutige Karl-Marx-Haus auf den Resten eines gotischen Bürgerhauses erbaut. Es zeigt eine zeittypische barocke Fassade mit einer Gliederung durch Fenstergewände aus Sandstein sowie ein aufwendiges Portal. 1856 wurde eine Remise im Empire-Stil als Hintergebäude angeschlossen. Seit der umfassenden Renovierung und Wiederherstellung 1930/31 sind beide Gebäude durch einen Übergang miteinander verbunden, von dem aus der Innenhof mit seinen Arkaden zu sehen ist. Vom Hinterhaus fällt der Blick in einen kleinen Garten.

Dass es sich bei diesem Haus tatsächlich um die erste Wohnstätte von Karl Marx handelt, wurde erst im Jahre 1904 von dem sozialdemokratischen Aktivisten Friedrich Schnetter herausgefunden. Zahlreiche Umnummerierungen erschwerten die Lokalisierung. Heute steht fest, dass Heinrich Marx in der Zeit seines beruflichen Aufstiegs in Trier mehrere Wohnungen anmietete, bis er am 1. April 1818 mit seiner Frau in der Brückenstraße 10, damals noch Brückengasse 664, zur Miete einzog. Dort kam am 5. Mai sein Sohn Karl zur Welt. Im Oktober 1819 zog die Familie in ein etwas kleineres, auf Raten gekauftes Haus in die heutige Simeonsstraße 8 um, das bis zu seinem Abitur 1835 der Wohnort von Karl Marx bleiben sollte. Karl Marx wuchs in bürgerlichen Verhältnissen auf. Beide Eltern stammten aus jüdischen Familien. Sein Vater hatte sich taufen lassen, um als Rechtsanwalt zugelassen zu werden, später wurden auch die Mutter und die Kinder getauft. Karl besuchte das

* zit. nach: Heinz Monz, Karl Marx und Trier, Trier 1964, S.196.

„Gymnasium zu Trier", später Friedrich-Wilhelm-Gymnasium, und erhielt eine humanistische Bildung.

Nach dem Abitur studierte Karl Marx an den Universitäten Berlin und Bonn Jura, Philosophie und Geschichte. Nach seiner Dissertation 1841 folgte zwei Jahre später die Heirat mit seiner Trierer Jugendfreundin Jenny von Westphalen. Mit zunehmender Schärfe wandte er sich gegen die Existenzberechtigung des bestehenden Staates und bezeichnete die politische Gleichheit ohne wirtschaftliche Gleichheit als Illusion. Er siedelte nach Paris über, wo er in engem Kontakt zur organisierten Arbeiterbewegung stand und erstmals Friedrich Engels traf, mit dem ihn zeitlebens eine enge Freundschaft und Zusammenarbeit verbinden sollte. Nach der Ausweisung aus Paris musste die Familie nach Brüssel übersiedeln, wohin auch Engels folgte. Dort verfassten Marx und Engels im Auftrag des Londoner „Bundes der Kommunisten" ihr wohl bekanntestes Werk, das sog. „Kommunistische Manifest". Die programmatische Schrift, der der Aufruf „Proletarier aller Länder vereinigt euch" vorangestellt ist, wurde 1848 in London veröffentlicht und avancierte zur am meisten verbreiteten Flugschrift der Welt. Darin wird der Kommunismus nicht als Utopie, sondern als notwendige Konsequenz aus der wissenschaftlichen Einsicht in die ökonomische Struktur der bürgerlichen Gesellschaft abgeleitet.

Nachdem Marx wiederum aufgrund seiner politischen Tätigkeit einer Stadt verwiesen wurde, zog er über Köln nach London, wo er sich wissenschaftlicher Arbeit widmete. Unter anderem entstanden dort zwei seiner Hauptwerke: „Zur Kritik der politischen Ökonomie" (1859) und „Das Kapital" (1867). Im „Kapital" entwirft er nicht nur den Plan einer sozialistischen Gesellschaftsordnung, sondern setzt sich vor allem mit der nationalökonomischen Literatur auseinander. Die Geschichte wird von ihm als Geschichte der Klassenkämpfe interpretiert und dargestellt. Am 14. März 1883 starb Karl Marx verarmt in London. Seine Lehren wurden nach seinem Tod vielfach weiter entwickelt, auch missverstanden und missbraucht. Der von ihm geprägte „Marxismus" bleibt jedoch Grundlage aller sozialistischen und kommunistischen Parteien.

Das Geburtshaus von Karl Marx blieb in Privatbesitz und geriet in Vergessenheit. Erst nachdem man in einer Anzeige in einer Trierer Zeitung aus dem Jahr 1818 eine Ankündigung von Heinrich Marx fand, die besagte: „Ich ziehe zum 1. Mai in das Haus der Madame Peillers, Brückengasse 664, Advokat Marx." konnte das Haus lokalisiert werden. Bis 1928 in Privatbesitz, wechselte es mehrmals den Besitzer. Nach langjährigen Bemühungen um einen Ankauf des Hauses verkündete die sozialdemokratische Zeitung „Volkswacht" am 28. April 1928, dass die Konzentration AG in Berlin, die Vermögensgesellschaft der SPD, es für 93.739 Goldmark gekauft habe. Das Haus wurde 1930/31 umfassend auf Basis der vorhandenen Dokumente durch den Architekten Gustav Kasel rekonstruiert. Der Bauzustand entspricht seither dem des frühen 19. Jhs. Das Haus sollte Erinnerungsstätte an Leben und Werk von Karl Marx und die Geschichte der Arbeiterbewegung werden. Immer wieder wurde die Einweihung trotz

Trier, Brückenstr. 10,
Karl-Marx-Haus

umfangreicher Vorbereitungen aufgrund schwieriger wirtschaftlicher und politischer Gegebenheiten verschoben und konnte nach der nationalsozialistischen Machtergreifung 1933 nicht mehr stattfinden. Nach einer antinazistischen Kundgebung der SPD kam es am 27. Februar 1933 zum Verbot der „Volkswacht", die seit 1932 im Gebäude ihren Redaktionssitz hatte, sowie zur Besetzung durch eine Gruppe von SA-Leuten. Jetzt wehte die Hakenkreuzfahne an dem Gebäude. In der Folgezeit wurde es zur Lokalredaktion des nationalsozialistischen „Trierer Nationalblatts", später auch zum Sitz der dazugehörigen Druckerei. Es kam zur Verbrennung, Zerstörung und Verschleuderung großer Teile der bereits zusammengetragenen Einrichtung, um deren Wiederbeschaffung man sich bis heute bemüht. Am 15. August 1933 wurde das Haus offiziell beschlagnahmt und zwangsenteignet.

Schon vor Ende des Krieges stellte Wilhelm Zunker seitens der Trierer SPD bei der amerikanischen Besatzung am 20. März 1945 den Antrag, das Karl-Marx-Haus als

Parteieigentum zurückzuerstatten. Unterstützt von der französischen Militärbehörde wurde vom Büro Dr. Kurt Schumacher in Hannover und von Alfred Nau, dem Kassierer der SPD, die Wiederherstellung vorangetrieben. Hans Schulz gründete im September 1846 in Paris ein „Internationales Komitee für den Wiederaufbau des Geburtshauses von Karl Marx und des Marx/Engels Museums in Trier." Zur Beschleunigung der Aktivitäten führte auch das Engagement des französischen Sozialistenführers und ehemaligen Ministerpräsidenten Léon Blum. Am 5. Mai 1947 konnte das wiederhergestellte Haus zum 129. Geburtstag von Karl Marx feierlich mit einer großen Festveranstaltung eingeweiht werden.

Ende 1967 übernahm die Friedrich-Ebert-Stiftung die Ausgestaltung des Hauses zum Museum. Am 5. Mai 1968 übergab der Vorsitzende der SPD, Willy Brandt, in einem Festakt das Geburtshaus seiner neuen Bestimmung als Museum und Forschungsinstitut, das auch die Einrichtung einer Spezialbibliothek beinhaltet, die heute mehr als 20.000 Bände umfasst.

Seit 2005 ist eine völlig neu konzipierte Ausstellung zu sehen. Im Mittelpunkt stehen nach wie vor Leben und Werk von Karl Marx, seine Bundesgenossen, aber auch seine Gegner.

Julia Glatz

www.fes.de/marx/

Literatur

Jürgen Herres, Das Karl-Marx-Haus in Trier, Trier 1993.

Karl Marx (1818–1883) Leben – Werk – Wirkung bis zur Gegenwart, Ausstellung im Geburtshaus in Trier, Hrsg. Friedrich-Ebert-Stiftung Bonn, Bonn 2005.

... daß die Hoffnung oder Vermutung, E.Kgl.Mj. (Eure Königliche Majestät) öfters in der Pfalz zu sehen, und einen Bau daselbst führen zu lassen gedenken, den größten Jubel bereitet hat, so zwar, daß Edenkoben und Rodt sich gegenseitig überbieten wollen, E.Kgl.Mj. den Ankauf des benötigten Raumes soviel zu erleichtern, als nur möglich ...

(Friedrich von Gärtner an König Ludwig, Juli 1845)*

LUDWIGSHÖHE – DIE ITALIENISCHE VILLA KÖNIG LUDWIGS I. IN DER PFALZ

Über den Weinbergen am Rand der Haardt leuchtet weithin sichtbar durch ihre gelbe Farbgebung die Villa Ludwigshöhe über Edenkoben. Bauherr war König Ludwig I. von Bayern.

Ludwig wurde 1786 in Straßburg geboren, wo sein Vater, Pfalzgraf Maximilian Joseph, jüngerer Sohn des Pfalzgrafen Friedrich Michael, (s. Oggersheim S. 127) als Kommandant mit seiner Familie lebte. 1799 zog er mit seinem Vater nach München als Maximilian Joseph überraschend die Nachfolge des Kurfürsten Carl Theodor (s. Frankenthal S. 124) antrat, der ohne legitime Erben geblieben war. Im Hause Wittelsbach kam zum wiederholten Male der Nachfolger des Kurfürsten aus einer Seitenlinie zur Herrschaft. Als Kurprinz erhielt Ludwig eine gute Erziehung, bestimmt vom Geist der Aufklärung. Seine sehr persönlichen Neigungen galten der Geschichte und der Kunst. 1804 brach er zu seiner ersten Italienreise auf, Landschaft und Kunst beeindruckten ihn nachhaltig. Im Laufe seines Lebens sollten noch viele Reisen in den Süden folgen.

Nachdem Bayern zum Königreich von Napoleons Gnaden wurde, war Ludwig Kronprinz. Er widmete sich nun vor allem der Kunst, gab die Hälfte seiner Einkünfte für seine Sammlung aus, da er auf Grund unterschiedlicher Vorstellungen wenig eingebunden war in die Regierung seines Vaters, zu dem er ein problematisches Verhältnis hatte. Erst als er 1825 dessen Nachfolge antrat, konnte er seine Ideen umsetzen. Politisch galt er als liberal, wollte seine Rechte als Herrscher jedoch uneingeschränkt wahrnehmen und selbst alle Entscheidungen treffen. Das führte dazu, dass der Kö-

* zit. nach: Kristin Sinkel, Pompejanum in Aschaffenburg – Villa Ludwigshöhe in der Pfalz, Aschaffenburg 1984, S.18.

Edenkoben, Villa Ludwigshöhe mit Nebengebäuden, Stahlstich um 1850

nig bei sich anbahnenden Unruhen hart durchgriff. Seine restriktive Politik, besonders die verschärfte Pressezensur, war letztlich Auslöser des Hambacher Festes im Jahr 1832 (s. Hambacher Schloss S. 176).

Schon während seiner Kronprinzenzeit hatte Ludwig ein Bauprogramm für die Residenzstadt München konzipiert, nun konnte er mit großem persönlichem Engagement die Umsetzung betreiben. Ludwigsstraße mit Siegestor, Feldherrnhalle und Ludwigskirche sowie Alte und Neue Pinakothek und Glyptothek gingen auf seine Initiative zurück. München veränderte sich, wurde zum Zentrum der Kunst mit großartigen Sammlungen, nicht zuletzt durch die Zusammenführung aller Wittelsbacher Kunstschätze. Bald nach seinem Amtsantritt hatte Ludwig in einem Brief an seinen Kunstagenten Martin von Wagner den Wunsch erwähnt, eine „Villa italienischer Art, nur für die schöne Jahreszeit bestimmt, und das in des Königreichs mildestem Teil" zu besitzen. Erst viele Jahre später konnte er sich diesen Wunsch erfüllen. Auf einer Reise mit Kronprinz Maximilian und dessen junger Frau in die Pfalz, in deren Verlauf auch das pfälzische Hochzeitsgeschenk für das Kronprinzenpaar, die Maxburg (s. Hambacher Schloss S.176), besichtigt wurde, zeigte sich die Prinzessin begeistert von der Landschaft um Edenkoben. Damit war der Anstoß für den Erwerb von geeignetem Gelände gegeben. Die Gemeinden Edenkoben und Rhodt unterstützten das Vorhaben, ergaben sich doch aus der Anwesenheit des Königs durchaus Vorteile.

Mit der Planung des königlichen Sommersitzes beauftragte Ludwig den Hofarchitekten Friedrich von Gärtner. Nach der Grundsteinlegung 1846 ging das Bauvorhaben nur zögernd voran. Bereits ein Jahr später starb der Architekt Friedrich von Gärtner; sein großer Konkurrent Leo von Klenze übernahm die Fortführung des Projekts nach Gärtners Plänen. Zu einer längeren Bauunterbrechung kam es 1848, als König Ludwig auf Grund revolutionärer Unruhen, ausgelöst durch seine Affäre mit der Tänzerin Lola Montez, zu Gunsten seines Sohnes Maximilian abdankte.

So konnte Ludwig schließlich erst im Sommer 1852 zusammen mit seiner Frau Therese und seiner Tochter, Großherzogin Mathilde von Hessen, zum ersten Mal die Villa beziehen. Das gesamte Anwesen bestand aus drei Gebäuden, auf dem höchsten Punkt mit freiem Blick in die Landschaft stand der königliche Wohnsitz, dem Ludwig den Namen „Ludwigshöhe" gegeben hatte. Etwas unterhalb war für Gäste, den Hofstaat und Personal der sog. „Cavaliersbau" errichtet worden. Ein Stück davon entfernt der Marstall, der Platz für über 70 Pferde bot. Unverändert erhalten ist heute nur die Villa, die von Anfang an bescheiden als solche und nicht als Schloss bezeichnet wurde. Der schlichte, vierflügelige Bau aus gelb verputztem Ziegelmauerwerk umgibt einen offenen Innenhof. Einige architektonische Elemente, wie die dorischen und ionischen Säulen der doppelstöckigen, offenen Loggia zur Rheinebene hin, bestehen aus hellem Pfälzer Sandstein. Diese Loggia sowie die flachen Dächer mit kleinen Giebeln erinnern an südländische Architektur, die ihren Ursprung in der römischen Landvilla hat. Die Repräsentationsräume liegen zur Ebene hin. Ihre Ausstattung mit kostbaren mosaikartig eingelegten Fußböden aus verschiedenen Hölzern in unterschiedlichen Mustern verleihen, ebenso wie die Wanddekorationen im pompejanischen Stil, eine heitere, mediterrane Atmosphäre. König Ludwig hatte bei seinen Italienreisen auch die im 18. Jh. entdeckten Ruinenstädte Pompeji und Herculaneum besucht. Sein Architekt Friedrich von Gärtner zeichnete dort Fußböden und Wandmalereien. In Aschaffenburg ließ Ludwig das sog. Pompejanum, die Kopie eines pompejanischen Hauses, bauen. Auch für die Ludwigshöhe war eine solche Wanddekoration vorgesehen. Die Deckenmalereien wurden sofort ausgeführt, die Bemalung der Wände entstand wohl erst am Ende des 19. Jhs. nach älteren Entwürfen.

Dass die Villa nicht von einer Gartenanlage umgeben ist, war Wunsch des Bauherrn, der meinte: „Ein besonderer Garten ist überflüssig, alles Land ringsherum, soweit das Auge reicht, ist ein großer Garten." Der umliegende Kastanienwald führte fast zu einem Zerwürfnis mit der Gemeinde Edenkoben. Diese beabsichtigte, den Wald abzuholzen und dort einen profitablen Weinberg anzupflanzen. Ludwig wünschte nun das Gelände zu kaufen, doch die Forderung der Gemeinde erschien ihm zu hoch, sodass er mit der Beendigung seines Engagements bei der fast fertigen Villa drohte und damit auch nicht mehr mit einem Besuch seinerseits in Edenkoben zu rechnen gewesen wäre. Man einigte sich auf einen reduzierten Betrag; Ludwig ließ im Laufe der Zeit 25.000 Kastanienbäume in der Umgebung der Villa anpflanzen.

Der König war entzückt von seinem Landsitz, vor allem vom Klima, was er so beschrieb: „Welch milde Luft weht da." Er beschloss alle zwei Jahre im Sommer zu einem längeren Aufenthalt zu kommen und seinen Geburtstag am 25. August hier zu feiern. Für den Winter war die Villa schlecht geeignet, es mangelte an einer Heizung. Insgesamt acht Mal war Ludwig bis zu seinem Tod 1868 in der Pfalz, erhielt Besuch von seinen Angehörigen, unternahm weite Spaziergänge, genoss Abendunterhaltungen bei seinen Pfälzern. Er fühlte sich seinem alten Wittelsbacher Stammland, das jetzt neue Provinz war, verbunden, sah darin nicht nur die politische Aufgabe Präsenz zu zeigen. Die Aufenthalte waren ihm ein persönliches Vergnügen, ähnlich wie die des Prinzen Friedrich von Preußen auf der Burg Rheinstein (s. Rheinstein S.172).

Nach Ludwigs Tod kaufte sein Enkel, König Ludwig II., den Besitz, den Ludwig I. seinem Enkel Ludwig Ferdinand, Sohn des Prinzen Albert, vermacht hatte. Der Sohn, König Maximilian II., war schon vor dem Vater gestorben. Ludwig II. hat allerdings die Pfalz nie gesehen, auch wenn er von einem „eifrigst gehegten Wunsch" sprach, in der Pfalz eine würdige Wohnung zu besitzen. Villa Ludwigshöhe blieb Eigentum des Hauses Wittelsbach, bis 1975 das Land Rheinland-Pfalz das italienische Refugium des bayerischen Königs erwarb.

www.schloss-villa-ludwigshoehe.de

Literatur

Bertold Roland, Villa Ludwigshöhe: Ludwig I. und sein Schloß in der Pfalz, Amorbach 1986.

Agnes Allroggen-Bedel, Villa Ludwigshöhe, Regensburg 2005.

Das sich in großer Menge um uns sammelnde Publikum hielten der Prinz (Albrecht) und wir Adjutanten etwas zurück, damit das Gespräch des Königs mit dem Botschafter nicht von Unberufenen belauscht werden konnte. Der König, erregt mit Benedetti sprechend, verabschiedete diesen bald, zog seinen Hut und ging eiligen Schrittes nach seiner Wohnung.

(Adjutant Hermann von Chappuis in seinen Erinnerungen, 1902)*

BAD EMS – EIN KURAUFENTHALT KÖNIG WILHELMS VON PREUSSEN UND DIE DIPLOMATIE

Auf engem Raum an beiden Ufern der Lahn drängen sich die weißen, klassizistischen Kurbauten mit Promenade und Kurpark.

Bereits die Römer hatten die Thermalquellen genutzt, deren besondere Heilkraft man dann im Mittelalter erneut entdeckte. Krankheiten wie Gicht, Krämpfe, Darmleiden, Nierensteine und Rheuma sollten geheilt werden können. Die gesundheitsfördernde Wirkung der Bäder lockte viele Menschen an, seit dem 16. Jh. auch die Landesfürsten, die mit großem Gefolge kamen und sich neben dem ausgiebigen Baden die Zeit mit Jagen, Würfel- und Kartenspielen vertrieben. Mit dem großen Ansturm auf die Bäder vollzog sich auch eine städtebauliche Entwicklung. Die Quellen wurden neu gefasst, ein Badehaus entstand. Mit dem Mainzer Haus (Logier- und Badehaus), erbaut vom Mainzer Kurfürsten Franz Anselm von Ingelheim, dem Haus „Vier Türme" und weiteren Logierhäusern konnte man im 17. Jh. den vielen Gästen eine angemessene Unterkunft anbieten.

Im 19. Jh. nahm der Kurbetrieb erneut einen Aufschwung, der sich in imposanten Bauten niederschlug. Von besonderer Bedeutung ist dabei das Kursaalgebäude an der Lahnfront, erbaut 1836–1839 vom königlich-bayerischen Hofbaumeister Johann Gottfried Gutensohn. Das repräsentative Gebäude hat die Form des Buchstabens H, wobei die Seitenflügel ein Geschoss höher sind und somit den quadratischen, zweigeschossigen Kursaal umschließen. Dem Kursaal, der eine Kassettendecke mit vergoldeten Rosetten besitzt, ist eine umlaufende Galerie mit Säulen aus rotem Lahnmarmor vorgelagert. Aufwendige Malereien an Decke und Wänden, mehrere

* zit. nach: Hans-Jürgen Sarholz, Geschichte der Stadt Bad Ems, Bad Ems [2]1996, S. 223f.

Bad Ems, Kursaalgebäude an der Lahn (Aufnahme um 1950)

Kronleuchter sowie vergoldete Spiegel geben dem großen Raum ein prunkvolles Aussehen. Der Saal wurde zum Mittelpunkt des gesellschaftlichen Lebens auch durch die Spielbank, die von 1839–1872 dort ihren Sitz hatte. In anderen Ländern wie Preußen oder Frankreich war das Glücksspiel zu dieser Zeit verboten. Bei Musikabenden traten u. a. die Komponisten Franz Liszt, Carl Maria von Weber oder Jacques Offenbach auf. Neben den regierenden Fürstenhäusern besuchten auch die Aristokratie und das wohlhabende Bürgertum in den Sommermonaten Bad Ems. Auch bei ausländischen Gästen und Diplomaten war die Kurstadt beliebt. Davon zeugt der Bau der Russisch-Orthodoxen Kirche, der von der Gemahlin des russischen Zaren Nikolaus II. finanziert wurde.

Der Aufschwung von Bad Ems, in gesellschaftlicher wie kultureller Hinsicht, lockte im 19. Jh. auch die politische Elite an. König Wilhelm I. von Preußen war seit 1830 häufiger Kurgast in der Stadt an der Lahn. Während eines solchen Besuches Wilhelms im Jahre 1870 gelangte Bad Ems zu weltpolitischer Bedeutung durch die sog. „Emser Depesche". Schon vor 1870 gab es Pläne, ein Deutsches Reich unter der Vormacht Preußens zu vereinigen. Diese nationalen Tendenzen empfanden vor allem die Franzosen als Bedrohung, zumal Frankreich in dieser Zeit die führende Macht auf dem europäischen Festland war. Die spannungsgeladene Situation entlud sich schließlich im Konflikt um den spanischen Königsthron. Dieser war vakant und wurde 1870 dem Prinzen Leopold von Hohenzollern-Sigmaringen angeboten, der verwandt war mit dem preußischen Königshaus. Auf Betreiben König Wilhelms sowie des preußischen Ministerpräsidenten Otto von Bismarck nahm er dieses Angebot an. Frankreich jedoch fürchtete von deutschen und deutsch beeinflussten Gebieten umklammert zu werden. Deshalb gab die französische Kammer eine Erklärung ab, in der sie die Besetzung des spanischen Königsthrons mit Leopold von Hohenzollern-Sigmaringen vehement ablehnte.

Inzwischen hatte sich Wilhelm I. in Bad Ems bereits mit dem russischen Zaren Alexander getroffen, um sich dessen Unterstützung in einem immer wahrscheinlicher werdenden Ausbruch eines ernsthaften Konfliktes mit Frankreich zu sichern. Seit dem 21. Juni 1870 verweilte Wilhelm, laut Kurlisten, mit seinem Gefolge in Bad Ems. Kurz darauf bekam der französische Botschafter Benedetti vom französischen Außenminister Gramont den Auftrag, direkt mit König Wilhelm I. zu sprechen und den Konflikt diplomatisch zu lösen. Deshalb reiste Benedetti ebenfalls nach Bad Ems. Zwischen dem 8. und 12. Juli trafen sich König Wilhelm und Benedetti des Öfteren zu Gesprächen, ohne dabei das gesellschaftliche Leben zu vernachlässigen. Da diese Gespräche erfolglos waren, schien der Thronverzicht des Prinzen Leopold von Hohenzollern-Sigmaringen die Lösung des Konfliktes zu bringen. Diese Rücknahme der Kandidatur stellte einen diplomatischen Erfolg für Frankreich dar und die vorläufige Sicherung des Friedens.

Frankreich reichte dieser Verzicht jedoch nicht. Man wollte das Versprechen von Wilhelm, dass er nie wieder eine solche Kandidatur Leopolds billigen würde. Eine derartige Garantieerklärung sollte Benedetti dem König von Preußen in Bad Ems abringen. Am 13. Juli 1870 traf der französische Botschafter mit König Wilhelm zusammen, der gerade mit seinem Bruder Prinz Albrecht und den Adjutanten Graf Lehndorff und Hauptmann Chappuis seine morgendliche Brunnenpromenade unternahm. In dieser kurzen Begegnung, die vielfach beschrieben, gezeichnet und diskutiert wurde, erreichte es Benedetti jedoch nicht, von Wilhelm I. die gewünschte Erklärung zu bekommen. Der preußische Geheimrat H. Abeken schickte im Namen des Königs von Preußen eine Depesche aus Bad Ems an Bismarck, in welcher er ihn über die Geschehnisse unterrichtete. Bismarck nahm an dieser Emser Depesche deutliche Kürzungen vor und ließ sie veröffentlichen. Die Kürzungen veränderten und verschärften den Sinn des Schreibens, sodass der Eindruck entstand, Benedetti habe den König beleidigt. Dem Botschafter wurde deshalb ein unangemessenes Verhalten unterstellt. Die von Bismarck veröffentlichte Depesche war eine Brüskierung des Botschafters wie auch der französischen Nation. Deshalb erklärte Frankreich am 19. Juli 1870 Preußen den Krieg. Die preußischen Truppen besiegten Frankreich mit der Unterstützung durch die süddeutschen Armeen. Dies war der entscheidende Schritt zur Einigung Deutschlands. Am 18. Januar 1871 wurde im Spiegelsaal des Versailler Schlosses das Deutsche Reich ausgerufen und Wilhelm I. zum Kaiser ernannt. Otto von Bismarck wurde Reichskanzler. Auch als Kaiser blieb Wilhelm I. Bad Ems als einer seiner treuesten Besucher verbunden.

Die Emser Depesche war vor dem Hintergrund der damaligen politischen Situation sicher nicht der entscheidende Faktor für die Gründung des Deutschen Reiches, wohl aber der Auslöser, dessen es bedurfte. Dass das Treffen des französischen Botschafters mit dem König von Preußen hier stattfand, war kein Zufall, denn in dieser Zeit traf sich im eleganten Kurort Bad Ems die politische, geistige und gesellschaftliche Elite Europas.

Franziska Glatz

www.bad-ems.info

Literatur

Hans-Jürgen Sarholz, Geschichte der Stadt Bad Ems, Bad Ems [2]1996.

Hermann Sommer, Zur Kur nach Bad Ems, Stuttgart 1999.

In der Geschichte der Baukunst aber und der unserer Akademie und in unserer Erinnerung wird der Meister fortleben und neben den ruhmvollen Namen eines Semper, eines Rietschel, eines Richter wird künftig erglänzen der unseres Wallot!

(G. Bestelmeyer in einer Gedächtnis-Rede auf Paul Wallot am 7. November 1912)*

PAUL WALLOT – EIN ARCHITEKT AUS OPPENHEIM FÜR DEN REICHSTAG IN BERLIN

Das historische Stadtbild von Oppenheim überragt der mächtige, langgestreckte Bau der Katharinenkirche, einer der bedeutendsten gotischen Sakralbauten zwischen Köln und Straßburg. Während des Pfälzischen Erbfolgekrieges wurde bei der Zerstörung Oppenheims auch die Katharinenkirche schwer beschädigt. 1701 stürzten noch die Gewölbe des Westchores ein. Nach eher provisorischen Instandsetzungsarbeiten im 18. Jh. folgten im 19. Jh. mehrere Restaurierungen, die entscheidende 1878–1889. Aus dieser Zeit stammt ein großes Taufbecken, dessen Entwurf Paul Wallot fertigte.

Als Nachfahre hugenottischer Flüchtlinge wurde Paul Wallot am 26. Juni 1841 im Haus Krämerstraße 7 in Oppenheim geboren, als vierter von sechs Söhnen von Johann Wilhelm Wallot und seiner Frau Genofeva Beer. Schon während der Schulzeit zeigte Paul Wallot großes künstlerisches, vor allem zeichnerisches Talent. Dies beweisen zahlreiche Zeichnungen mit Motiven aus seiner Heimatstadt. Auf Wunsch seines Vaters schlug er allerdings nicht die Laufbahn eines Künstlers ein, sondern studierte Architektur an der technischen Hochschule in Hannover, an der königlichen Bauakademie in Berlin und an der Universität Gießen, wo er 1862 sein Diplom ablegte. Nur kurze Zeit war er im hessischen Staatsdienst tätig, danach in verschiedenen Architekturbüros in Berlin und München, bis er sich 1868 als „Privatarchitekt" in Frankfurt am Main selbstständig machte. Ausgedehnte Studienreisen führten ihn nach Italien, Griechenland und die Türkei.

* zit. nach: Sigrid Düll, Paul Wallot und die Katharinenkirche in Oppenheim, in: Oppenheimer Hefte Nr. 3, 1991, S. 36.

Oppenheim, Katharinenkirche, Taufstein nach Entwurf von P. Wallot

In Frankfurt plante Wallot repräsentative Wohn- und Geschäftshäuser. Auch in Rheinhessen und Oppenheim war er als Architekt tätig. Regelmäßig beteiligte er sich an Wettbewerben, so zum Bau des Niederwalddenkmals und für den Bahnhof in Frankfurt, bei dem er den zweiten Platz belegte. 1882 beginnt der Höhepunkt seines Schaffens mit seinem wichtigsten Projekt. Unter knapp 200 Teilnehmern belegte Paul Wallot den ersten Preis beim Wettbewerb zum Bau des Reichstages in Berlin. Ein Auftrag, den viele dem unbekannten, erst 41-jährigen Architekten nicht gönnten. Es war das bedeutendste Bauprojekt im geeinten Deutschen Reich und sicherte großes Renommee. Seitens der Baukommission gab es zahlreiche Änderungswünsche am Entwurf, aber auch von Kaiser Wilhelm I. höchst selbst, der sich in den Planungsprozess einmischte.

Wallot siedelte mit seiner Familie nach Berlin über, wo er eine gut dotierte, zunächst auf acht Jahre befristete Anstellung erhielt. Dort war er mit der Ausarbeitung der Pläne beschäftigt, bis 1884 der Grundstein gelegt werden konnte. Seit der Amtsübernahme des jungen Kaisers Wilhelm II. gestaltete sich die Zusammenarbeit schwieriger. Wallot lag als selbstbewusster Architekt regelmäßig mit dem Kaiser im Streit, so über die Gestaltung der Kuppel des Reichstagsgebäudes. Er lehnte Vorschläge des Kaisers entschieden ab und schuf sich so einen Feind. Wilhelm II. bezeichnete den Reichstag bei einem Staatsbesuch in Italien sogar öffentlich als „Gipfel der Geschmacklosigkeit". Von Kaiser Wilhelm II. soll auch die spöttische Bezeichnung „Reichsaffenhaus" stammen. Wallot sprach daraufhin in einem Brief an einen Freund vom „kaiserlichen Gassenbuben". Die Auseinandersetzungen zwischen dem Kaiser und seinem Architekten gingen so weit, dass dieser bei der feierlichen Einweihung des Reichstags am 5. Dezember 1894 nicht, wie viele andere, mit einem Orden ausgezeichnet wurde, was ihn sehr kränkte. Er erhielt lediglich den Titel „Geheimer Baurat". Umso größer war die Anerkennung in Fachkreisen und bei seinen Freunden. Wallot nahm schon vor Vollendung des Reichstages eine Professur in Dresden an. Hier baute er das Ständehaus, den sächsischen Landtag, in den Jahren 1896 – 1907. In Berlin entstand nach seinen Plänen das Palais für den Reichstagspräsidenten. Über seine Tätigkeit als mittlerweile bekannter Architekt hinaus war er vielerorts als Experte gefragt, so beim Bau des neuen Parlamentsgebäudes in Stockholm, bei der Restaurierung des Mainzer Schlosses oder als Preisrichter bei Wettbewerben im In- und Ausland.

Die Verbindung zu seiner Heimatstadt Oppenheim hielt er immer aufrecht, so war er aktives Mitglied im Comité des „Vereins zur Wiederherstellung der Katharinenkirche". Für dieses große Vorhaben nutzte er seine Beziehungen insbesondere bei der Beschaffung von Finanzmitteln.

In diesen Zusammenhang gehört schließlich das Taufbecken in der Katharinenkirche, das 1888 nach seinem Entwurf gefertigt wurde. Es war eine Stiftung seines Vaters Johann Wilhelm in Höhe von 1.000 Mark. Am Sockel ist dessen Name zu lesen.

Das Taufbecken hat monumentalen Charakter. Auf vier gedrungenen Säulen mit Blattkapitellen, die wiederum auf einem profilierten Sockel stehen, liegt eine schwere Steinplatte, in die das Taufbecken eingelassen ist. Eine umlaufende Inschrift zitiert aus dem Markus-Evangelium: „Lasset die kindlein zu mir / kommen und wehret ihnen / nicht, denn solcher ist das / reich gottes ev. marci 10.14“. Das Becken ist überdeckt von einem kupfernen Deckel, der von den vier Seiten in eine achteckige Bekrönung überführt, besetzt mit Krabben. Darüber folgt eine Kreuzblume. Diese Haube erinnert in ihrer Großform an die Reichstagskuppel.

Von Dresden aus siedelte Wallot nach Biebrich über. Er plante für sich in den nach dem Tod seines Bruders Julius 1912 leer stehenden Frankensteiner Hof in Oppenheim zurückzukehren. Dies war ihm jedoch nicht mehr vergönnt. Am 10. August 1912 starb Paul Wallot im Alter von 71 Jahren während eines Kuraufenthaltes in Bad Schwalbach. Bestattet wurde er auf dem Oppenheimer Friedhof. Seinen Grabstein gestaltete der Architekt Friedrich Bluntschli, mit dem Wallot seit Frankfurter Tagen eine enge Freundschaft verband. Der klassizistische Grabstein zeigt als Schmuckelemente zwei dorische Säulen, über denen ein Dreiecksgiebel sitzt. Darunter befindet sich ein Bronzerelief mit dem Porträt Paul Wallots, signiert von Robert Diez 1915.

Ein weiterer Ort in Oppenheim, der an den Ehrenbürger dieser Stadt erinnert, wurde 2008 als „Wallot-Salon“ im Restaurant Völker im Geburtshaus Wallots in der Krämerstraße 7 geschaffen.

www.katharinen-kirche.de

Literatur

Susanne Bräckelmann, Ein berühmter Unbekannter – Der Oppenheimer Paul Wallot (1841–1912) – Architekt des Reichstags in Berlin, in: Oppenheimer Hefte Nr. 37, 2009, S. 35ff.

Dorothea Held, Zur Wiederherstellung von St. Katharinen in Oppenheim 1689–1889, Alzey 2009.

Der Kunst eine Stätte,
der Freude ein Tor,
dem Stifter ein Denkmal,
so rag` ich empor!

(Inschrift über dem Eingang der Landauer Festhalle, 1907)*

DIE JUGENDSTIL-FESTHALLE IN LANDAU UND IHR – UNBEKANNTER – STIFTER

Am östlichen Rand der Kernstadt von Landau steht in einer kleinen Parkanlage ein monumentales, aufwendig gestaltetes Gebäude aus gelbem Pfälzer Sandstein, die 1905–1907 erbaute Jugendstil-Festhalle, wie sie seit ihrer umfassenden Restaurierung vor einigen Jahren genannt wird.

1689 war Landau wie so viele kurpfälzische Städte im Pfälzischen Erbfolgekrieg durch die Truppen des französischen Königs Ludwig XIV. verwüstet worden. Zum Schutz der besetzten linksrheinischen Gebiete ließ der Sonnenkönig Landau durch seinen Festungsbaumeister Sébastien le Prestre de Vauban (s. Mont Royal S. 98) ausbauen. Dieser konzipierte eine regelmäßige, achteckige Anlage mit vorgelegten Bastionen und einem Fort. Da die ältere Bebauung des Stadtkerns zerstört war, wurde auch der Stadtgrundriss in regelmäßiger Form neu geordnet. Hier entstanden Kasernen, Magazinbauten, ein Hospital und der Paradeplatz.

Erst nach dem deutsch-französischen Krieg 1870/71 wurde die Festung Landau geschleift, da sie strategisch endgültig keine Bedeutung mehr hatte. So ergab sich auch die Möglichkeit, notwendige Erweiterungsflächen der Stadt zu planen, was wegen der schnell ansteigenden Einwohnerzahlen unbedingt erforderlich war. Die von Stadtbaumeister Wilhelm Schech konzipierten Erweiterungsgebiete führten zu einer Verdoppelung der Stadtfläche. An Stelle der Wallanlagen, die den achteckigen Rahmen der Festung bildeten, entstanden großzügige Ringstraßen mit repräsentativen Wohnbauten, Villen und öffentlichen Gebäuden.

Bereits 1843 – 1846 wurde in Kaiserslautern die Festhalle errichtet. 1871–1873 bekam Neustadt mit dem Saalbau einen repräsentativen Veranstaltungsraum. So entstand auch in Landau, nicht zuletzt wegen der Bevölkerungsentwicklung, der

* zit. nach: Festhalle Landau, Hrsg. Förderverein zur Sanierung der Festhalle, Landau o. J., S. 3.

Landau, Jugendstil-Festhalle

berechtigte Wunsch nach einem Festsaalgebäude, was jedoch lange Zeit an den finanziellen Möglichkeiten der Stadt scheiterte, bis Bürgermeister Friedrich August Mahla am 29.5.1903 im Stadtrat verkünden konnte, dass „eine Persönlichkeit, welche unter keinen Umständen genannt sein" wollte, 380.000 Mark für die Errichtung einer Festhalle gestiftet hatte. Außerdem habe der Stifter weitere Mittel in Aussicht gestellt. Ein Wettbewerb, der noch im Oktober des Jahres ausgelobt wurde, erbrachte 172 Einsendungen. Das Preisgericht, dem neben Stadtbaumeister Schech und Bürgermeister Mahla einige renommierte Architekten angehörten, wählte sechs Entwürfe aus, einen ersten bis dritten Preis und drei Ankäufe. Allerdings entschied man sich gegen den ersten Preisträger Heinrich Lömpel, Hannover, da er die vorgesehenen Kosten deutlich überschritt. Die beiden anderen Architekten galten als zu unerfahren, weshalb man sich für Hermann Görke aus Düsseldorf entschied, dessen Entwurf unter den drei Ankäufen war. Görke war in Landau außerdem bereits von anderen Bauten her bekannt. Es ist anzunehmen, dass sich vor allem Stadtbaumeister Schech für ihn eigesetzt hatte.

Der Bau der Festhalle entstand im Ostpark zwischen der Kernstadt und dem Hauptbahnhof. In dieser Parkanlage hat sich als Rest der Festung der sog. Schwanenweiher erhalten, als Kessel 80, Bestandteil der Wasserverteidigungsanlagen. Durch die Nutzung der Queich und eines Schleusensystems war es möglich, verhältnismäßig schnell das Vorfeld der Festung Landau zu fluten, wobei der Kessel 80 immer gefüllt war, da er auch als Trinkwasserreservoir diente.

Der Wettbewerb fand ebenso wie der Bau der Festhalle großen Widerhall in den zeitgenössischen Architekturzeitschriften. Neben der Architektur behandeln die Veröffentlichungen ausführlich die Konstruktion des eisernen Dachstuhls.

Die Festhalle mit ihrer ungewöhnlichen und monumentalen Architektur wurde schon bald nach ihrer Einweihung 1907 ein Wahrzeichen der Stadt Landau. Überragt wird der Bau vom mächtigen Bühnenturm. Zur Mahlastraße hin liegt der Haupteingang, flankiert durch hohe Baukörper mit Fensterelementen. Am Portalvorbau findet sich – in Stein gemeißelt – die große Widmungsinschrift. Den Vorbau rahmen Pylonen mit Darstellungen von Musen. Am nördlichen Giebel befinden sich Porträtbüsten von Goethe, Schiller, Mozart und Beethoven. Hinzu kommt eine Fülle ornamentaler und figürlicher Jugendstilreliefs. Die Schmuckfreude setzt sich im Inneren fort durch plastische und gemalte Dekorationen, wobei es hier zu Verlusten in der Nachkriegszeit kam, als man Decken abhängte, Wandflächen verkleidete und Schmuckelemente beseitigte. Ein großer und ein kleiner Saal sowie Foyer-Bereiche und eine Restauration stehen für Veranstaltungen jeglicher Art zur Verfügung.

Während der Bauzeit verteuerte sich das Projekt dramatisch, sodass der Stifter nochmals 200.000 Mark beisteuerte. Erst 1925 wurde sein Name bekannt, als er die Pfalz in Richtung Teneriffa verließ. Es war August Ludowici aus der Familie der Ziegeleibesitzer Ludowici in Jockgrim.

August Ludowici wurde 1866 in Ludwighafen geboren. Nach einem Studium der Landwirtschaft unternahm er auf Wunsch seiner Familie zum Zweck der Fortbildung ausgedehnte Studienreisen nach England, Nord- und Südamerika, Japan und Indien. Nach seiner Rückkehr führte er seine Studien fort, bis ihn sein Bruder Wilhelm um Mithilfe in der weltbekannten Jockgrimer Fabrik bat. Der Betrieb entwickelte sich dank seiner Konzepte und Ideen sehr gut. Gleichzeitig gab es Auseinandersetzungen mit seinen beiden Brüdern, sodass August 1886 wieder aus der Firma ausschied. Aus seiner Abfindung stammte der erste Betrag für die Festhalle. Wirtschaftlich immer unabhängig, lebte er einige Jahre in Genf, wo er unter anderem Philosophie studierte. Seine zunächst erfolgreichen Aktivitäten im Ziegelwerk eines Schweizer Unternehmers schlugen auf Grund unbrauchbarer Tonvorkommen fehl.

In Genf wurde August Ludowici 1912 deutscher Konsul und setzte sich während des Ersten Weltkriegs für deutsche Staatsangehörige und ihre Heimkehr nach Deutschland ein. Auch diese Tätigkeit beendete er vorzeitig 1916. In dieser Zeit trafen ihn schwere Schicksalsschläge. Zwei seiner Söhne schieden durch Selbstmord aus dem Leben; der dritte fiel 1917 als Soldat in Flandern. Seit 1886 war der Geilweiler Hof unweit von Landau zum Wohnsitz ausgebaut worden, an den August Ludowici immer wieder zurückkehrte. Dort beschäftigte er sich intensiv mit der Züchtung von Reben und publizierte darüber ein anerkanntes Handbuch. Auf Grund seiner konservativen politischen Einstellung musste er 1923 die französisch besetzte Pfalz verlassen. Bis 1933 lebte er mit seiner Frau als Siedler in Teneriffa, als er „heimwehkrank" nach Deutschland zurückkehrte und bis zu seinem Freitod 1945 in Heidelberg lebte.

August Ludowici, der eine umfangreiche Autobiografie verfasste, war eine außerordentlich zwiespältige Persönlichkeit. Wirtschaftlich abgesichert führte er ein rastloses Leben an unterschiedlichsten Orten. Gleichzeitig versuchte er sich immer wieder als bodenständiger Landwirt, seine eigentliche Berufung, dann wieder als Industrieller. Auch seine unterschiedlichen Studien spiegeln letztlich die Zerrissenheit dieses hochintelligenten Mannes. Er selbst charakterisierte sich als „stachliges Wesen und ein Träumer".

In diesem von vielen Umbrüchen gekennzeichneten Leben blieb die Verbundenheit zur Heimat eine Konstante, die in der Stiftung der Festhalle ihren Ausdruck fand. Für Landau bleibt August Ludowici der Mäzen, der der Stadt vor über 100 Jahren den Bau ihrer prächtigen Festhalle ermöglichte. Zu seinem Gedenken ist eine Straße nach ihm benannt.

Literatur

Georg Peter Karn, „Der Kunst eine Stätte" – Die Landauer Festhalle und ihre architektonische Stellung, in: Festhalle Landau, Hrsg. Förderverein zur Sanierung der Festhalle, Landau o. J., S. 5ff.

Die Jugendstil-Festhalle, Hrsg. Förderverein zur Sanierung der Festhalle Landau, Landau 2002.

Glossar

Apsis, Chorapsis halbrunder oder mehreckiger, überwölbter Abschluss des Chores einer Kirche

Assimilation Anpassung, Angleichung

Beletage Hauptgeschoss eines Gebäudes mit den Repräsentationsräumen

Bergfried hoher, wehrhafter Turm einer Burg, letzter Rückzugsort für die Bewohner, ohne ständige Wohnfunktion

Blendmaßwerk einer geschlossenen Mauer vorgeblendetes Maßwerk

Bogenfries eine Reihe von kleinen, der Wand vorgeblendeten Bögen

Dombering auch Domfreiheit, im Mittelalter abgegrenzter Bezirk um die Bischofskirche mit besonderen Rechten

Enfilade Zimmerflucht, bei der die Türen in einer Achse liegen, bei geöffneten Türen ist eine Durchsicht durch alle Zimmer möglich

Fiale schlankes, spitzes Türmchen als Bekrönung eines Pfeilers, häufiges Ziermotiv in der gotischen und neugotischen Architektur

Hausmeier im fränkischen Reich Vorstand der königlichen Hofhaltung

Kanonikerstift Kollegium von kanonisch lebenden Geistlichen mit der Aufgabe des Chorgebetes

Kapitell ausladendes Kopfstück einer Säule oder eines Pfeilers, meist verziert

Kelchknospenkapitell Kapitell mit an Knospen erinnernde Detailformen

Kapitelsaal Versammlungsraum eines Klosters oder Stiftes

Kleeblattabschluss oder -form dreiteilige, an Kleeblätter erinnernde Form

Krabben auf Kanten von Turmhelmen und Giebeln angebrachte Zierform, meist als plastisches Blattornament gestaltet

Konklave Versammlung der Kardinäle zur Papstwahl

Lisene flache Wandvorlage ohne Basis und Kapitell, dient als Gliederung

Manual mit der Hand zu spielende Klaviatur der Orgel

zweimanualig zweiteilige Klaviatur

Maßwerk Schmuckform in der gotischen Architektur, meist zur Unterteilung von Fenstern

-bögen aus Maßwerkformen gebildetes Rippengewölbe

-rosetten Zierform eines aus Maßwerk gebildeten Rippengewölbes

Mikwe rituelles Tauchbad

Palas Hauptwohngebäude einer Burg, meist zweigeschossig

Pilaster Wandvorlage, Wandpfeiler

rustiziert Gestaltung durch aufgesetzte oder aufgeputzte Quader bzw. Fugen

Refektorium Speisesaal eines Klosters

Schildmauer hohe, feste Sperrmauer an der Angriffsseite einer Burg, häufig mit Wehrgang

Solbank nach vorne geneigte und über das Mauerwerk vorstehende Fensterbank

Spolie wieder verwendetes Bauteil aus einem abgebrochenen oder zerstörten Gebäude

Vierung Raumteil, der aus der Durchdringung von Langhaus und Querhaus einer Kirche entsteht

Vierungskuppel Gewölbe über einer Vierung

Vierungsturm Turm über einer Vierung, kann zum Innenraum gehören, oft nur außen sichtbar

Vita Lebensgeschichte

Zwerggalerie kleiner Laufgang mit Säulen und Arkaden, meist unterhalb des Dachansatzes einer Kirche

Allgemeine Literatur

Georg Dehio, Handbuch der Deutschen Kunstdenkmäler Rheinland-Pfalz Saarland, München/Berlin 1984
Die Kunstdenkmäler (Inventar) im Gebiet des Landes Rheinland-Pfalz, erschienen ab 1887 (Kreis Worms)
Denkmaltopographie Bundesrepublik Deutschland, Kulturdenkmäler in Rheinland-Pfalz erschienen ab 1985 (Stadt Speyer), wird fortgeschrieben

Geschichte des Landes Rheinland-Pfalz, hrsg. v. Franz-Josef Heyen, Freiburg/Würzburg 1981
Ludwig Petry, Handbuch der historischen Stätten Deutschlands Rheinland-Pfalz und Saarland, Stuttgart ³1988
Franz-Josef Heyen, Spuren der Geschichte, Koblenz 1998 (Wegweiser Mittelrhein)
Zweitausend und Fünfzig Jahre Rheinland-Pfalz, hrsg. v. d. Landesbank Rheinland-Pfalz, Mainz 1997
Lukas Clemens – Franz J. Felten – Matthias Schnettger (Hrsg.), Kreuz – Rad – Löwe Rheinland-Pfalz. Ein Land und seine Geschichte Bd. 1 Von den Anfängen der Erdgeschichte bis zum Ende des Alten Reiches, Mainz 2012
Friedrich P. Kahlenberg – Michael Kißener (Hrsg.), Kreuz – Rad – Löwe Rheinland-Pfalz. Ein Land und seine Geschichte Bd. 2 Vom ausgehenden 18. bis zum 21. Jahrhundert, Mainz 2012

Gebhardt, Handbuch der deutschen Geschichte, zehnte völlig neu bearbeitete Auflage, erschienen ab 2001:
Bd. 1–8 Spätantike bis zum Ende des Mittelalters, hrsg. v. Alfred Haverkamp
Bd. 9–12 Frühe Neuzeit (1495–1806), hrsg. v. Wolfgang Reinhard
Bd. 13–17 19. Jh. (1806–1918), hrsg. v. Jürgen Kocka
Neue Deutsche Biographie, hrsg. v. d. Kommission der Bayerischen Akademie der Wissenschaften, erschienen ab 1953, wird fortgeschrieben
www.ndb.badw-muenchen.de

Ortsregister